U0139700

本书系河北省社会科学基金项目"宋代《大学》文献整理与思想研究"（HB19ZX004）的研究成果。

光明社科文库
GUANGMING DAILY PRESS:
A SOCIAL SCIENCE SERIES

·政治与哲学书系·

朱熹四书学思想研究

张 伟 | 著

光明日报出版社

图书在版编目（CIP）数据

朱熹四书学思想研究 / 张伟著. -- 北京：光明日报出版社，2023.3

ISBN 978 - 7 - 5194 - 7122 - 4

Ⅰ.①朱… Ⅱ.①张… Ⅲ.①朱熹（1130—1200）—四书—哲学思想—研究 Ⅳ.①B244.7

中国国家版本馆 CIP 数据核字（2023）第 052681 号

朱熹四书学思想研究

ZHUXI SISHUXUE SIXIANG YANJIU

著　　者：张　伟

责任编辑：李壬杰　　　　　　　　责任校对：李佳莹
封面设计：中联华文　　　　　　　责任印制：曹　净

出版发行：光明日报出版社

地　　址：北京市西城区永安路 106 号，100050

电　　话：010-63169890（咨询），010-63131930（邮购）

传　　真：010-63131930

网　　址：http://book.gmw.cn

E - mail：gmrbcbs@ gmw.cn

法律顾问：北京市兰台律师事务所龚柳方律师

印　　刷：三河市华东印刷有限公司

装　　订：三河市华东印刷有限公司

本书如有破损、缺页、装订错误，请与本社联系调换，电话：010-63131930

开　　本：170mm×240mm

字　　数：272 千字　　　　　　　印　　张：15.75

版　　次：2023 年 3 月第 1 版　　　印　　次：2023 年 3 月第 1 次印刷

书　　号：ISBN 978 - 7 - 5194 - 7122 - 4

定　　价：95.00 元

版权所有　　翻印必究

目 录
CONTENTS

引 言

以性命之学为特征的宋代理学，在中国两千多年的学术发展史上居于崇高的地位。宋代理学思想的兴起、发展和完成，在社会政治制度、价值信仰、个人安身立命的道德修养等方面有着深远影响，标志着古典儒家文明的最终定型。之所以说它是儒家文明，是因为理学的兴起也是通过对儒家经典典籍的诠释来构建其思想体系的。这点与历代儒学思潮一样。之所以会成为理学，即，与其他儒学思潮所不同之处，则在于理学家开启了儒家人生哲学的讲法，以及与此相适应的对儒家经典文本的拣择上。自两汉儒学独尊始，儒学就作为官方学术登上了政治舞台。这样的儒学在政治生活中有着明显的"治国"优势，而在精神生活领域却难以同佛老二教相抗衡以慰藉人心。宋代儒者以此为鉴，试图从儒学中讲出人生哲学，以兼治身心。于是，理学家需要一套能够开出人生哲学的儒家典籍文本。先秦至汉唐的儒家学者多以《诗》《书》《礼》《周易》《春秋》即"五经"为诠释重点。宋代理学家把研究目光从转投到对《论语》《大学》《孟子》《中庸》四部典籍的诠释上。朱熹作为南宋理学之集大成者，其对《论语》《大学》《孟子》《中庸》的探究更是倾注一生之心血，先后完成了《论语要义》《孟子要略》《中庸辑略》《论孟精义》等一系列"四书学"著述，并首次将《论语》《大学》《孟子》《中庸》合刊著成《四书章句集注》，构建了庞大的"四书学"理论体系。正是其《四书章句集注》的问世，才使"四书"最终取代"五经"成为儒学典籍中的核心经典。可以说，对朱熹"四书学"的研究其实就是对儒学真精神地再反思，以及对儒家人文关怀和道德修养的再认识。每一个理论学说的产生都伴随着该时代的文化思潮，研究朱熹"四书学"亦离不开宋代的理学思潮，而理学思潮的产生又是与宋朝的社会形态紧紧相扣的。所以，在探讨朱熹"四书学"理论体系之前，有必要对宋朝的特殊社会背景以及该背景下的文化思潮做一历史梳理。

一

在中国历史长河中，宋代是一个充满了内忧外患的转型时代。王安石变法的失败以及"靖康之变"，不仅是造成南宋之初政局动荡、民族危亡的政治因素，也是致使宋代人文精神发生巨变的关键之因。宋代人文精神的巨变主要就体现在理学思想的构建和兴起。所以，就理学的发端而言，内忧外患的特殊社会形势是早期理学思想得以构建的时代背景。就理学的发展而言，南北宋迥异的政治特点造成了文化领域中理学的不同阶段，正如刘子健所言："11 世纪是文化在精英中传播的时代。它开辟新的方向，开启新的、充满希望的道路，乐观而生机勃发。与之相比，12 世纪，精英文化将注意力转向巩固自身地位和在整个社会中扩展其影响。它变得前所未有地容易怀旧和内省，态度温和，语气审慎，有时甚至是悲观。一句话，北宋的特征是外向的，而南宋却在本质上趋向于内敛。"[①] 表现在思想文化上，就是北宋理学思潮的兴起和南宋转型所带来的理学发展与定型。

宋朝是中国历史中比较屡弱的朝代。在此历史时期内，家国始终面对着北方民族的严重威胁。北宋时期，中原王朝不仅承受着来自辽国的强势压迫，而且即使在与西北较弱的西夏政权的对抗中也是败多胜少，以至于每年都以沉重的"岁币"来换取一时的和平。这种耻辱的对外政策严重伤害了士大夫阶层的民族自尊。然而，更大的灾难则源于金国的异军突起。从 1125 年金兵灭辽后即发动了对宋朝的战争。1127 年金兵一举攻占东京（今河南开封），掳走徽钦二帝，北宋灭亡。南宋初期，面对支离破碎的家国和步步紧逼的来自金国的侵扰，士大夫们愈发感到国家未来的昏暗，继而愈发忧心于道统的传承与延续。金兵的摧残致使宋廷多地沦陷，百姓不得不背井离乡，四处逃离，过着居无定所的日子。在颠沛流离的生活中，生抢豪夺、杀人越货之事随时可能发生，对南宋的基层社会秩序造成了严重的破坏。可悲的是，在此情此景下，高宗不但不予以积极安抚管制，相反，却对内施行武力、血腥镇压，不仅助长了南宋武将在兵权与政权上的欲望之心，而且加剧了朝廷与百姓之间的矛盾。一时间，人心

---

① 刘子健．中国转向内在：两宋之际的文化内向 [M]．赵冬梅，译．南京：江苏人民出版社，2002：7．

之贪、民心之诈、君心之危、敌心之凶充斥了南宋整个朝纲。

在特殊的时代背景下，如何拯救国家于危难，救治百姓于水深火热之中，成为士大夫们所面临的最具有挑战性的问题。北宋中期的儒学复兴运动引发了理学思潮的兴起。在儒释道三足鼎立的冲突中，士大夫们逐渐意识到只有儒家思想能够肩负拯救之重任，于是承续先贤治世之道以救世成为宋儒家国关怀的一条门径。但是，原始儒家思想又确实存在着理论上的先天不足之处，所以努力吸收佛老之学，援佛老以入儒，使儒、释、道三家交汇发展，从而带来传统经学上的革新，成为宋儒致力之处。在先儒学术探索道路的基础上，宋代涌现出一大批有建树的理学大家，其中以周敦颐、张载、二程（程颢、程颐）最具影响力，是理学基本理论体系的奠基者，对实现内圣外王的儒家政治理想有突出贡献。周敦颐以儒家的伦理道德为理论核心，吸收佛老宇宙生成模式，建构出以"太极"为核心的本体论，进而以"天人合一"理论为人性论、道德修养论、外王的政治学说奠定形上基础，指明了理学的基本方向，成为后来学者公认的理学之鼻祖。张载则站在肯定客观世界的角度，引入气论，提出"太虚即气"的本体学说，与周敦颐的"太极"本体论形成了鲜明的对比。但换个角度亦可说是与周敦颐的本体理论形成了互补。因为后来的二程正是在吸收周敦颐和张载等人思想精髓的基础上有所创新的。虽然他们的理论在内容上、逻辑上都有所欠缺，但是经过周敦颐、张载，再到二程，可以说形成了理学早期的理论系统。

到南宋初期，在内忧与外患的交困中，"人心惟危，道心惟微"得到了现实印证。如何求得内圣外王之道以拯救国家于危难之中更是成为南宋初期思想家们最棘手的儒学问题。士大夫们通过君子小人之辩、德才之争提出了行之有效的立国政纲和招贤纳士的人才选拔制度，认为这才是根本，倡导要先由"为己之学"达到内圣之极，继而才能开出外王之才，成就尧舜之伟业。但是这种为政之风并未达到士大夫们所设想的结果，而是呈现出混沌的现实异化，最终导致了"庆元党禁"事件的发生。

内忧外患对南宋士大夫思想的影响，集中体现在对天下国家理想关怀的丧失，即对内圣外王精神的丧失。如朱熹所言："人才政事，分为两途，是此者非彼，乡左者背右，既不可得而同矣。"①南宋初期的民族危机、因循政风以及后来的朝廷内斗等使得天理愈加不明、人欲横流，孔孟倡导的仁义道德、"敬德保

---

① 李元度．南岳志：卷十七［M］．刘建平，点校．长沙：岳麓书社，2013：546.

民"的礼乐之治和尧舜之治的王道主义都已不复存在。整个南宋社会，无论国政的外王之道还是个人的内省之德都面临着现实的困境，这也是宋代理学所面对的历史困境。在此困境面前，对社稷安危、民族危亡和社会现实问题的关心，以及由此激发的社会使命意识和历史忧患意识，使南宋士大夫们开始更多地关心人文信仰问题。他们开始放弃与君主共定"国是"的外王追求，将理想实现的切入点转投到对主体德性的塑造之功上，内圣的"为己之学"被予以更多的关注，以内圣开外王的理想得到进一步发掘。而如何求得内圣，更如何由内圣开出外王，这又成了南宋理学家们所面对的新的理论问题。

在这种对社稷和民族的关怀下，以恢复儒家道统，寻求万物之本根，由道德重构开拓王道功业的学术思潮逐渐兴起并发展起来。以内圣为进路的外王理想，使得理学家更多地关注德性修养和心性之学的研究，表现出浓厚的内倾化学术趋向。在这种情况下，"五经"的训释已远不能满足士大夫的学术要求，他们还需广泛地涉猎其他儒家经典，于是《论语》《大学》《孟子》《中庸》四部典籍开始被予以更多的关注。

二

从王安石变法、新旧党争、靖康之耻再到建炎南渡，一系列内忧外患引发的社会动荡、民族危机等现实问题使得士大夫们也愈发意识到佛老出世思想并不能给予圆满解决和理论指导，对于社会之变乱很难做出客观的、理性的判断。于是人们不得不探索家国何以长治久安？不得不反思人何以安身立命？且怎样安身立命？为了建构安身立命的社会场所，为了拯救黎民百姓于危难之中，背负社会政治使命以及精神慰藉功能的重担自然且必然地由佛老转到了儒学。尽管传统儒学在解决这一问题时亦有不足，但是儒家学者不辱使命努力探索，发明义理，完善理论体系，以求找到完美的解决办法，同时捍卫儒学之官学地位。"明道求理"思潮就是在这种历史机遇下产生的。

"明道求理"，简单来说，就是以儒家传统之道寻找万事万物的本体之根，申明一切事物之所以存在的根本和一切事物的本质规律，彰显仁义礼智信等道德理性或道德意识在政治、伦理领域的作用。在内忧外患的社会环境下，人们要想生存下去，就必须杜绝将心之贪、民心之诈，回归道德文明，求得本性的复明。只有将民团结、君臣一心，国家才能强大，才能抗击外族的入侵，拯救百姓于危亡祸乱之际。反过来，百姓亦能救国救主，保驾护国，强有力地抵御外敌。可以说，"明道求理"思潮的兴起，是一种时代需要，也是一种时代必然。一时间，君主以"明理"自居，而臣民的"言理"之风、士大夫的"求理"内省也逐渐扩散开来。

北宋建立之初，君主为维护其君权的合法性而遍寻有力可靠的理论根据，可以说这是"明道求理"思潮兴起的根基。960 年，后周大将赵匡胤举兵建朝，定都东京。后灭后蜀、南汉、南唐三国，一心希望统一全国。976 年，太祖赵匡胤突然离世，由太宗赵光义即位，这就是"烛影斧声"之事。虽然太宗继续国家统一大业，但是对其政权的合法性受到民间百姓乃至为官大臣的怀疑。毕竟靠兵变夺取的政权既没合法性又不易使人臣服，对于执政者而言，这是远远不能慰藉统治心理和权力欲望的。所以宋初君王亟须肯定权力的合法性，为自己的政权寻找可靠的理论依据。《上太宗论彗星》记载了一段反映宋太宗心理的话："今捡寻故事，闻达宸聪，冀将师古之文，卿证顺情之说。伏望陛下勤求理道，独出前王。虽然彗星呈妖，自有皇天辅德。臣所愿者，除旧布新之事，专乞陛下亲行；变灾为福之祥乃为陛下已有。如此则商高宗之桑楮，遂至中兴；周武王之资财，须行大赉。"① 对理论论证政权合法性的迫切需要正是宋初皇帝的心理写照。因为对宋初君王而言，政权的合法性和正当性既是稳固当前政局的需要，又是维护宋朝根基的需要。所以当宋太祖问赵普"天下何为大"时，赵普曰"道理最大"，"此言一立，气感类从，五星聚奎，异人间出"（《雪坡集》卷第七）。自北宋建国以来，君主就开始大力宣扬"道理最大"的正统治道，彰显其统治地位的合法性和至上性。

除此以外，"明理"还可为行使权力、树立王道纲常寻找理论依据，以"理"服人，确保自己江山的恒久永固。《续资治通鉴长编》记载宋太宗励精图治，对官吏任职者一律第其优劣，廉察官吏。《续资治通鉴长编》卷二十五记载，日本国僧人奝然与其徒弟五六人从日本国来到中国，称其王氏国君自始祖至今历经了六十四世，然称王者八十五人。且文武大臣、官僚吏史皆世代为官。宋太宗听此叹息，对宰相说道："此岛夷尔，尚存古道。中国自唐季海内分裂，五代世数尤促，大臣子孙皆鲜克继祖父之业。朕虽德不及往圣，然孜孜求理，唯恐庶狱有冤，未尝敢自暇逸，以田游声伎为乐，冀上穹降鉴，庶几作子孙长久计，

---

① 赵汝愚. 宋朝诸臣奏议：卷三十七 [M]. 上海：上海古籍出版社，1999：364.

使运祚悠远，大臣亦世守禄位。卿等宜各尽心辅朕，无令远夷独享斯庆也。"①这么一个小岛尚且能遵循古道。中国自夏建朝始，朝代更替，政权跌宕，都不及周王朝历时之久。究其之因，乃不能承其德业而为。太宗虽然德行远不及古圣先贤，然而以德自省，唯恐处事不公，民有怨言。太宗从不以悠闲自得之生活为乐，一心为后世之长久呕心沥血。大臣们同样要安守职责，尽心尽力辅佐皇上，唯有这样才可能长治久安。自宋君主处处讲理，以"明理"自居，在此带动下，求理、言理成了政治家大臣们谏言的根据和理由。陈靖在《上太宗乞天下官属三年替移一年一考》中言："臣今日内殿起居，次当转对。自量荒昧，莫识变通。当求理之朝，唯思进说；顾犯颜之罪，不敢避诛。庶同千虑之愚，少助万几之智。"② 同样以理谏言的还有王禹偁："臣愚以为国家度人众矣，造寺多矣，计其费耗，何啻亿万！先朝不豫，舍施又多，佛若有灵，岂不蒙福？事佛无效，断可知矣。陛下深鉴前王，精求理本，亟宜沙汰，以厚生民。若以嗣位之初，未欲惊骇此辈，且可一二十载不令度人，不许修寺，使自销铄，渐而去之，亦救弊之一端也。"③ 随着君王明理、大臣言理风气的推动，到北宋中期时，"理"已远远超出"道理之大"的原始意义，而上升为治道之本和纲纪效法的根据。明道求理成了一种社会意识和言论语境。至南宋，理学大盛，明道求理更是广涉政治领域，成为南宋普遍的社会思潮。

与君臣明理、言理不同，宋代士大夫们的明道求理多体现在现实关怀和价值安顿上。就为政而言，明道求理是为了维护政治统治和实现社会治理，也是政治人物争夺权力话语权的方法和手段。就人文而言，明道求理是一种人文关怀，即人何以安身立命及如何安身立命。在他们看来，宋王朝动荡不安、战事不断、危机重重、异端四起等社会现实问题都是源于去圣久远，致使道德沦丧、人格丧失。所谓孔子开出的以发自人的血缘亲情唤起的道德理性和社会伦理责任已不复存在。正所谓"去圣久远，师道不立，儒者之学几于废熄"④。唯有重新开德育之风，才有望回归三代文明之序。《宋史》卷四百二十七中亦有此类记载说，社会动荡不安、邪怪之谈泛滥、百姓惶恐、外族侵扰，本质原因实在于道之不明。"道之不明，异端害之也。昔之害近而易知，今之害深而难辨。昔之

---

① 李焘. 续资治通鉴长编：卷二十五 [M]. 上海师范大学古籍整理研究所，华东师范大学古籍整理研究所，点校. 北京：中华书局，2004：574.

② 赵汝愚. 宋朝诸臣奏议：卷七十二 [M]. 上海：上海古籍出版社，1999：788.

③ 赵汝愚. 宋朝诸臣奏议：卷一百四十五 [M]. 上海：上海古籍出版社，1999：1651.

④ 赵汝愚. 宋朝诸臣奏议：卷七十八 [M]. 上海：上海古籍出版社，1999：850.

惑人也乘其迷暗，今之惑人也因其高明。自谓之穷神知化，而不足以开物成务，言为无不周遍，实则外于伦理，穷深极微，而不可以入尧、舜之道。天下之学，非浅陋固滞，则必入于此。自道之不明也，邪诞妖妄之说竞起，涂生民之耳目，溺天下于污浊，虽高才明智，胶于见闻，醉生梦死，不自觉也。是皆正路之蓁芜，圣门之蔽塞，辟之而后可以入道。"① 古人以德为本，以礼践行，倡导仁爱亲亲原则，所以社会安定、君民一心、国力强大。而今，天下百姓君臣皆是不明天理，不行人道，私欲横流，道德渐微，所以才异端四起，祸事连连。此乃"道之不明，异端害之也"。那么，道究竟怎样不明呢？士大夫们意识到，天下之学问并非浅陋无益，百姓学者亦非愚笨无知，只是个个醉生梦死，消极堕落，才出现了"正路之蓁芜，圣门之蔽塞"的现象。而要整治这种社会面貌，只需要剔除这些恶习，崇尚古圣先贤的为德之风即可使道明，这就是社会现实对"明道求理"思潮的迫切需要，也是宋初重开尚儒之风的缘由。

在他们看来，佛老之学虽可以提供一种具有普适性的精神安顿方式，通过彼岸此岸、三世报应等解决人如何安身立命的问题，但是"两个世界"的世界观难免使人过于追求所谓真实的彼岸世界，忽视现实世界，进而导致世人消极应世，于家国天下与个体存在都是一大弊端。所以，在佛老之学影响下，如何重新唤起世人的治世抱负，又如何实现精神安顿与现实关切的合一，这是当时士大夫们在现实关怀下的文化思考。

在当时儒释道三足鼎立的文化形态中，佛老属于宗教文化形态，多涉及心灵哲学，可以很好地发挥"治心""治身"的功效，但在家国治理的政治领域则远不及经学化的儒学。在宋初这种文化需求下，儒学想要脱颖而出，除了发挥其自身理论魅力，更要弥补其理论缺陷得以抗衡佛老方可。儒学在两汉经学化之后，其"治国"功能在政治领域中占有明显的优势，但却无法在人生领域中安顿人的精神价值。换句话说，庄子可以通过"逍遥游"走出屈原的悲哀，在群体夹缝中找到个体的立足之地，却没人能够帮助王充化解德福不一致的无奈与困惑。毕竟人非圣贤，每个个体既是一种肉体的存在，又是一种精神的存在，既要物质生活的满足，也要心灵之所的安顿。然而，"一个世界"的中国固有思维，是没有办法搭建起一个独立的、高于现实世界的、可以作为价值安顿之所的"精神世界"或"价值世界"的。虽然魏晋时期的玄学家从对现实世界

---

① 脱脱，等. 宋史：卷四百二十七［M］. 中华书局编辑部，点校. 北京：中华书局，1985：12717.

的观照转向了对本体的追问，找到了"玄冥之境"的"独化"本体，但是由于这个本体过于玄妙，仅仅是开始思考精神生活如何安顿的问题，并没有最终搭建起一个独立且超越的精神世界，没能提供一个"安身立命之地"。直至佛学传入中国，其用往世、现世、来世三个时间观念的流转来解释德福不一致的现象，告诉人们此岸世界是不真实的，彼岸世界才是精神的安顿之所，人生的终极价值目标不在此岸，而在彼岸，不要苦恼于现实世界，因为一切烦恼在彼岸世界都能化解。这样，玄学家无法解决的精神安顿问题，在佛学这里给予了一种完美的终极解答。在佛学传入之前，哲学家们更多地是关注政治哲学，其所关心的多是上层社会，讲究人的群体性，而很少论及精神世界的搭建，很少关心普通民众，忽视人的个体性。所以说，儒学在宋代之前，有很大的激励功能，而安慰功能很少。这是佛老当前，儒学最大的短板。所以，如何使儒学在发挥"治国"功效的同时兼具"治身""治心"功能，就成为宋初士大夫们的努力方向。于是，明道求理开始由外在的政治需求逐渐转变为内在的修养之功。比如，宋儒阐发义理所遵循的文本典籍就由原来的"五经"转变为"四书"。因为"五经"着眼于文献性，在义理阐发上多侧重于社会治世的外王之道，而"四书"则更注重个体身心安顿和修养的内圣工夫。宋初士大夫们已经意识到，仅靠外在的、表面的、权威性的"明道求理"并不能求得事物的本质与规律，也就不能成为人们日常践行的行为准则和价值目标。只有转向内在自觉，努力体悟一切事物之所以运动变化的根本，准确地把握事物的本质与规律，进而找到人之所以如此且如何为此的生存方式。《横渠易说·卷三》曾这样描述，"故形而上者，得辞斯得象，但于不形中得以措辞者，已是得象可状也。今雷风有动之象，须谓天为健。虽未尝见，然而成象，故以天道言；及其发则是效也，著则是成形，成形则是道也。若以耳目所及求理，则安得尽！如言寂然湛然亦须有此象。"① 看来，南宋理学家之所以注重追求事物本质，其目的就在于辟佛老、开新儒。所以，内圣之修和外王之道才是宋初士大夫们孜孜以求的理想探寻和问学目标。

在宋初君主的政治需求的提倡下，加之理学家们理想追求的推动，"明道求理"思潮至南宋已广成风气，在一定程度上影响了政治、文化的走向。正是这种明理、言理、求理的人文之因的推动加速了理学思潮的兴起与形成，为朱熹"四书学"理学思想的兴起营造了大的学术环境。

---

① 张载．张载集：横渠易说［M］．章锡琛，点校．北京：中华书局，1978：231.

三

在穷理明道思潮内在转向的需求下，理学家们自然需要注入更多新的儒家精髓，"五经"已远远不足以解决理学家们的困惑，因其更多地着眼于文献性，而非思想性，所以在理学家们看来"《六经》工夫多，得效少"。① 而《大学》《论语》《孟子》《中庸》则心性理论资源丰富，像《大学》中的"正心""诚意"，《论语》中的"性与天道"，《孟子》中的"良心"，《中庸》中的"诚"等，更适合理学家们构建出和佛老相抗衡的心性修养哲学。所以在学术史上，就出现了一个极富影响的里程碑——"四书"升格运动。

汉初以降，在经历了秦始皇焚书坑儒之后，儒家典籍毁损严重，使得儒家典籍"从其文字言，则有古今之殊；从其地域言，则有齐鲁之异"②。在汉代，《论语》的完整版本主要有三：一是《鲁论语》20 篇，为鲁人所传，今日流行之《论语》版本即依此而定。二是齐人所传的《齐论语》22 篇，多《问王》和《知道》两篇。三是《古论语》21 篇，得之于孔子住宅夹壁中，以古体文字书写，没有《问王》《知道》两篇，但是《尧曰》篇中的"子张问"却单为一篇，且整体篇次和《鲁论语》《齐论语》也不尽相同。其中《齐论语》和《古论语》相传不久便亡佚，而西汉末年张禹，以《鲁论语》为主兼采《齐论语》《古论语》，择善而从，另成《论语》一论即《张侯论》，成为当时的权威书籍。汉代是《论语》注疏的发轫时期，不同的版本创生了不同的注本。这些注疏活动积累起丰富的研究资料，为以后的注疏发展奠定了深厚的理论基础。到三国两晋南北朝时期，玄学大盛，儒学式微，而《论语》学成果却颇为丰富，比如王弼的《论语释疑》、皇侃的《论语集解义疏》以及何晏的《论语集解》等，这些注疏充分展示了玄学家注释《论语》之独特风格，玄学味道浓郁，因此魏晋以降对《论语》进行注疏的几乎所有成品都彰显了玄学的时代精神。隋唐时期，大一统完成，文化领域表现出儒、释、道三家并立的特征，这一时期，儒学思想又逐渐获得了世人的认可，在一定程度上带来了儒学的复兴。韩愈的《论语

---

① 朱熹.朱子语类：卷第十九［M］.黎靖德，编，王星贤，点校.北京：中华书局，1986：428.

② 马宗霍.中国经学史［M］.上海：商务印书馆，1936：35.

注》《论语笔解》就是这一时期《论语》注疏的重要著作。到了北宋，较有代表性的是邢昺所作的《论语正义》，其开启了宋代义理解经的学风。在儒学复兴的大潮中，虽然《论语》学研究颇有成就，但是与"四书"中其他各书的研究成就相比反而略显平淡。直到朱熹所作《论语集注》，方成为《论语》学史上的巅峰之作，并于元代始成为后世公认的官方学本。

在汉代，《大学》《中庸》一直都未能脱离《礼记》而被进行单独研究。在《四库全书总目》中记载："唯《大学》自唐以前无别行之本。"事实上，汉代的《大学》《中庸》只是作为《礼记》中的两篇普通篇目，"是两种解说《仪礼》的通论性著作而已，并没有赋予其他形上的、超越文本的意义与价值"①。魏晋南北朝时期，《中庸》虽已有了单独的训释之作，但是《大学》仍没独立出来。直到中唐时期，《大学》《中庸》才开始受到一些学者的重视，修身、明诚、尽性、明德等思想内蕴被逐渐挖掘出来。诸如，韩愈在《原道》中就以《大学》"三条目""八纲领"之意阐发："然则古之所谓正心而诚意者，将以有为也。今也欲治其心，而外天下国家，灭其天常，子焉而不父其父，臣焉而不君其君，民焉而不事其事。"② 以此作为反抗佛老心性修养所追求的消极的出世之道的思想武器。而李翱在《复性书》中则以《中庸》性命之道、性情关系等思想精髓为主进行阐释，力图建立有关心性修养的思想体系。其中对"致知在格物"命题的阐释则开启了宋儒重格致思想的先河。虽然朱熹在《中庸集解序》中说："至唐李翱，始知尊信其书，为之论说。然其所谓灭情以复性者，又杂乎佛老而言之，则亦异于曾子、子思、孟子之所传矣。"③ 我们也承认韩愈、李翱等人的阐释存在些许缺陷和漏洞，但值得肯定的是，在学术发展的历程中，它们无疑是极具意义的一笔。

以儒家传道为己任的《孟子》一书在版本与注本上也随着历史的变迁而显现出不同的时代特征。在汉代时，《孟子》虽隶属子书，却颇受人重视，其言常被用以释经明义，注《孟》之作颇丰，《孟子》之地位明显高于别之子书。但由于时间久远，保留至今的注本只有东汉时赵岐的《孟子章句》和《孟子题辞》。在赵岐看来，《孟子》涵盖了世间万物之理，只要悟《孟子》之意，行

---

① 朱汉民，肖永明. 宋代《四书》学与理学［M］. 北京：中华书局，2009：30.

② 韩愈. 韩愈全集：卷一［M］. 钱仲联，马茂元，点校. 上海：上海古籍出版社，1997：121.

③ 曾枣庄，刘琳. 全宋文：第二百五十册·卷五六二〇［M］. 上海：上海辞书出版社；合肥：安徽教育出版社，2006：314-315.

《孟子》之言，循《孟子》而为就一定有所收获和作为。赵岐甚至还把孟子与孔子、《孟子》与《论语》相比拟，成为宋初以后孔孟并称的先声，极大地影响了《孟》学的发展。魏晋时期，学者对《孟子》的青睐程度不比汉代，记载甚少，注释之作仅有《隋书·经籍志》和《新唐书·艺文志》中所记载的《孟子注》九卷。到了隋唐之际，《孟子》跟《大学》《中庸》一样，地位得到了空前提升。其中贡献甚大的当数韩愈，他与李翱大力宣扬《孟子》一书，努力提高《孟子》之学术地位以及孟子之孔孟传承的正统地位，掀起了儒学思潮的复兴以及尊孟风潮的始端。"惟孟轲师子思，而子思之学出于曾子。自孔子没，独孟轲氏之传得其宗。故求观圣人之道者，必自孟子始。"① 除此之外，还涌现出大量诸如《孟子注》等有关《孟子》的著述。至宋代，继韩愈之后，二程竭力尊孟，认为"孟子有大功于世"，将孟子的地位提升到一个新的高度。虽然孟子其人其书的地位得到空前提升，超"子"入"经"，但是从北宋中期到南宋中期，文化思想领域中却发生了尊孟与贬孟的百年之争。直至朱熹在《读余隐之尊孟辩》中大讲应该且必须尊孟，才完结了尊贬之争，继而巩固了《孟子》的学术地位。

　　《论语》《大学》《中庸》《孟子》虽都是反映孔子及思孟学派思想的先秦儒家典籍，但是纵观历史发展，这四部典籍在不同时期所受到的重视程度亦不尽相同，且各自之间也少有关联。直到宋代理学产生之后，这四部典籍在特定社会历史条件和时代背景下才渐行渐近。总的来看，"四书"升格运动主要表现在《论语》经典地位的提升，《大学》《中庸》脱离《礼记》单为专经以及《孟子》的超"子"入"经"，最后由朱熹合而刊之为"四书"。

四

　　"五经"在内容义理上多论及社会治世之道，而很少关注人之个体的心性问题，更不注重德性修养的自觉。因此对"五经"的研究多是应用于社会制度的建立与完善，换言之，即重外王之道，而轻内圣之学。在和平发展的年代，"五经"对于如何求得社会的持续繁荣和制度的相对完善无疑是有借鉴和指导意义的。但在战乱纷纷的年代，其对于如何唤起人们的民族自尊和道德意识以求得

① 朱熹.四书章句集注［M］.北京：中华书局，1983：198.

民族团结，保家卫国，抵御外敌似乎就缺少点儿什么了。这就是相对于佛老之学庞大的心性系统，儒学显得异常薄弱之所在，即心性修养的缺席。如此看来，在社会政治方面，要想有效地指导和服务于社会，就要寻求和开拓新的学术资源以化解政治困惑，谋求出路；在思想文化方面，要想对抗佛老之学，重塑儒学之正统，就不但要吸收佛老心性之学，最重要的还要发掘其自身固有的心性理论。可是，先秦至汉唐所关注的"五经"内容繁多，体系庞杂，含义难明，研习起来甚是不易。"诸经之奥，多所难明。"[①] "易非学者之急务也。……易与诗中所得，似鸡肋焉。"[②] 所以，宋代理学家要想继续用功于"五经"的诠释来构建自己的心性哲学体系是相当不够和不易的。为了构建完善的儒家心性哲学，就必须要寻找、择选新的学术资源和经典文本。而"四书"所蕴含的丰富的工夫修养和德性价值恰巧直接地反映了儒家孔孟之道及其后学的思想，而且重点突出，提纲挈领，在为学次第、工夫境界、心性修养等诸多问题上都有系统且详细的阐述。在此机遇下，"四书"理念与时代需求一拍即合。于是，"四书"逐渐被提升并取代了"五经"的地位，开启了宋代"四书学"研究的领域，也为宋代理学思想奠定了心性义理基础。

宋儒为了更系统地完善儒学体系，除了在经典文本的转换上用力，还用力于文本阐释之思维模式的创新上。诠释方法的变化是促使宋代"四书学"兴起的又一原因。确切说是朱熹"文献—语言"和"实践—体验"[③] 的诠释方法使得"四书学"呈现出与以往不同的学术形态。以朱熹的诠释来看，"四书"是一个统一整体。这个"统一"就是"明道求理"思潮的核心——"理"。《朱子语类》中载："或云：'《论语》不如《中庸》。'曰：'只是一理，若看得透，方

---

① 曾枣庄，刘琳．全宋文：第八十册·卷一七五六 [M]．上海：上海辞书出版社；合肥：安徽教育出版社，2006：328.

② 朱熹．朱子语类：卷第一百四 [M]．黎靖德，编，王星贤，点校．北京：中华书局，1986：2614.

③ 朱熹诠释"四书"的根本目的在于传承孔孟之道、开拓外王功业。其诠释方法是达到此根本目的的途径或手段。"文献—语言"之诠释方法是通过对经典文本的阅读理解、文字的训诂来先达其言，再通其意，最后究其理。但对于朱熹来说，读书不是目的，如何将经典学习与身心实践结合起来才是朱熹学术之关怀。"实践—体验"的诠释方法就是融通经典文本与现实践行相分离而产生的矛盾。"'文献—语言'的诠释方法是一种理性的方法，它要求以一种理性的态度去诠释《四书》的字、词、句、章所包含的历史意义，而'实践—体验'的方法则要求诠释主体充分调动全部认知的、情感的、意志的'精神—心理'形式来把握经典。"参见：朱汉民，肖永明．宋代《四书》学与理学 [M]．北京：中华书局，2009：258-271.

知无异。《论语》是每日零碎问。譬如大海也是水，一勺也是水。所说千言万语，皆是一理。须是透得，则推之其他，道理皆通。'又曰：'圣贤所说只一般，只是一个'择善固执之'。《论语》则说'学而时习之'，《孟子》则说："'明善诚身'，下得字各自精细，真实工夫只一般。'"① 正是由于朱熹用这种诠释方法对"四书"进行了新的理论界定，才使得"四书学"适应了封建社会后期的时代要求而得以遍地生辉。

　　朱熹理学的确立是"四书学"定型和"四书"升格运动完成的标志。因为他的理学思想很大程度上都是以对"四书"的研读为基础构建起来的。对于"四书"的研读，朱熹可谓用尽一生之精力。"朱熹之于《四书》，为其一生精力之所萃；其剖析疑似，辨别毫厘，远在《易本义》《诗集传》等书之上。名物度数之间，虽时有疏忽之处，不免后人之讥议，然当微言大义之际，托经学以言哲学，实自有其宋学之主观之立场。"② 朱熹对"四书"的贡献亦是前无古人后无来者，主要表现在：首先，将《论语》《大学》《中庸》《孟子》合而刊之，产生了经学史上的"四书"，掀起了"四书学"风潮。其次，就经学方面，朱熹重新编排《大学》《中庸》，形成了系统的义理解经模式。最后，就理学方面，朱熹通过对"四书"研习次第的确定和对其义理阐释的完善，构建了一整套完整的理学思想体系，不仅寻得了宋代理学家不断追求的内圣外王理想境界的修养进路，还极大地推动了儒家典籍精髓思想的传播。"四书"弘扬道统、克明俊德、继善成性、修己安人等思想内涵，为维护社会和谐与稳定，促进百姓安居乐业做出了突出贡献，由此才得以异军突起，取代"五经"的地位而成为官方意识形态。

　① 朱熹.朱子语类：卷第十九［M］.黎靖德，编，王星贤，点校.北京：中华书局，1986：428.
　② 周予同.周予同经学史论著选集［M］.朱维铮，编.上海：上海人民出版社，1983：169.

第一章　朱熹"四书学"的发轫

　　在内忧外患的社会环境与明道求理的学术风气下孕育出来的儒学复兴大潮，使得朱熹从小就受到理学思想的熏染。尤其是其父朱松在"内圣外王"的追求下，对幼年朱熹正统儒学的言传身教，使得朱熹早早地就被潜移默化地根植了理学人生观。朱松对朱熹求"为己之学"的培养和引导，开启了朱熹成圣之旅的探索之路。朱熹曾言："自幼记问言语不能及人，以先君子之余诲，颇知有意于为己之学。"① "少而鲁钝，百事不及人，独幸稍知有意于古人为己之学。"② "熹自年十四五时，即尝有志于此。"③ 可见，在朱熹十四五岁时，就已立志于为己之学。刘述先从三个方面总结了其父朱松对朱熹思想的影响：一是"朱子的思想渊源二程，好文学、好治史"受其父影响；二是"朱子通达时务，好贾陆之学，又精熟北宋一朝史事，其生平力排和议，都有家风熏陶作为背景"；三是朱松对佛道的宽容态度。④ 这正是朱熹精通文字训诂和义理体悟之基础所在，也正是在此基础上，朱熹能够援佛入儒，借佛老之学完善儒学，从而构建出新的学说理论。绍兴十三年（1143）其父朱松病卒。次年，朱熹随其母迁至崇安，受教于刘子翚、胡宪、刘勉之三先生。⑤ 私塾浓厚的理性主义精神，加之对儒家

---

① 曾枣庄，刘琳. 全宋文：第二百四十六册·卷五五〇四 [M]. 上海：上海辞书出版社；合肥：安徽教育出版社，2006：10.
② 曾枣庄，刘琳. 全宋文：第二百四十六册·卷五五一〇 [M]. 上海：上海辞书出版社；合肥：安徽教育出版社，2006：111.
③ 曾枣庄，刘琳. 全宋文：第二百四十八册·卷五五五七 [M]. 上海：上海辞书出版社；合肥：安徽教育出版社，2006：75.
④ 刘述先. 朱子哲学思想的发展与完成 [M]. 台北：学生书局，1984：2-4.
⑤ 《朱熹年谱》卷一载："先人疾病时，尝顾语熹曰：'籍溪胡原仲、白水刘致中、屏山刘彦冲，此三人者，吾友也。其学皆有渊源，吾所敬爱。吾即死，汝往父事之，而唯其言之听，则吾死不恨矣。'熹饮泣受言，不敢忘。既孤，则奉以告于三君子而裹学焉。"（王懋竑. 朱熹年谱：卷之一 [M]. 何忠礼，点校. 北京：中华书局，1998：4.）此段话记录了朱熹遵父命从学于三先生的由来。

经典研读的重视，使得内圣修养之学更深刻地烙印在朱熹思想中。这就是朱熹成圣之旅的开端。从此，朱熹开始了漫长的"内圣"进路的探索。

第一节　理学熏陶

宋代重文轻武的社会政治取向是朱熹探索"内圣"进路的政治基础。儒学复兴大潮开出的理学思想以及"明道求理"的治学风气是朱熹求内圣开外王的理论基础。本章开篇即言，其父朱松的言传身教为朱熹开启了理学之大门。在思想进路上，朱松热衷于对"内圣外王"的追求，重视《大学》与《中庸》中"致知诚意"的理学精神，对理学修养工夫表现出笃敬的精神。朱松对道德本心的重视以及对"内圣外王"理学终极目标的追求，无形中为朱熹的人生观注入了理学血液，指出了德性修养的根本方向，并最终将朱熹引到了理学的门槛前。

朱松初"以诗文名"，倾心于辞章之学，后来师事罗豫章，转向经学。理学兴起后，在由道德重构开拓王道功业浪潮的覆盖下又转向对理学的拣择，专意道学，并最终归宿于洛学。《韦斋集》中，朱松曾自述："某少而苦贫，束发入乡校，从乡先生游学，为世俗所谓科举之文者，藐然儿童尔。又方汲汲进取，校得失于豪厘间。然独喜诵古人文章，每窃取其书玩之，矻矻而不知厌。乡先生呵而楚之，不为改也。于是时，固已厌薄其学，以为无所用于世，而无足尽心也。既冠，试礼部，始得谢去场屋。中更忧患，端居无事，复取六经、诸史与夫近世宗公大儒之文，反复研核，尽废人事，夜以继日者余十年。其于古今文章，关键之阖开，渊源之渟滀，波澜之变态，固已得其一二矣。间尝自念，士之于学，要以求为圣人而后止，推所以善其身者以治天下国家，此岂口耳笔墨之蹊径所能至哉！"① 朱松初从乡先生时就厌薄科举之文，无心于此，却独喜前儒古文，虽遭到先生呵骂，但不肯更改。成年后，更是复取六经，反复研核十余年，逐渐体悟出"要以求为圣人而后止，推所以善其身者以治天下国家"的认识。同时，他对诗歌的看法也发生了转变。如在《上赵漕书》中他言："夫自诗人以来莫盛于唐，读其诗者皆粲然可喜，而考其平生，鲜有轨于大道而厌足人意者，其甚者曾与间阎儿童之见无以异。此风也，至唐之季年而尤剧，使

---

① 曾枣庄，刘琳．全宋文：第一百八十八册·卷四一四六［M］．上海：上海辞书出版社；合肥：安徽教育出版社，2006：293.

人鄙厌其文，惟恐持去之不速。"① 朱松承认诗盛于唐且其诗确实"粲然可喜"，但以道衡之，却鲜有合于大道者。北宋以来，道学始兴，道先于文、道重于文的观念得到相当一部分学者的认可。② 朱松早年诗学江西派一路，然而后起的江西诗人创作流于生涩枯硬、奇险雕琢，朱松正是针对此种颓风，力挽江西学派而言。正如汉代毛亨所言："在心为志，发言为诗。"一旦"诗有工拙之论，而葩藻之词胜，言志之功隐矣。"③ 诗歌的价值不在于言语文辞，而是其"志"，其"志"价值的高下决定了诗歌价值的高下，如果诗歌过多地追求文辞形式，志就会被忽略或遮蔽，诗歌也就失去了其价值所在。这也是朱松所谓"鲜有合于大道者"的缘由。正是这一缘由，暗示了朱松必然要转到对"道"的向往与关注上。他在《上谢参政书》中自述曰："复取六经、诸史，与夫近世宗公大儒之文，反复研核，尽废人事，夜以继日者余十年。"朱松取六经诸史，通上下古今，出入三教，反复研觅和思索，就是为了对自己所寻求的"道"有所了解和体悟。直至二十七八岁，"闻河南二程先生之遗论，皆先贤未发之奥，始捐旧习，朝夕从事于其间。"④。朱熹在为其父所撰行状中也有所述："少长，游学校，为举子文，即清新洒落，无当时陈腐卑弱之气。及去场屋，始放意为诗文。其诗初亦不事雕饰，而天然秀发，格力闲暇，超然有出尘之趣。远近传诵，至闻京师，一时前辈以诗鸣者，往往未识其面而已交口誉之。其文汪洋放肆，不见涯涘，如川之方至而奔腾蹙沓，浑浩流转，顷刻万变，不可名状，人亦少能及之。然公未尝以是而自喜。一日，喟然顾而叹曰：'是则昌矣，如去道愈远何？'则又发愤折节，益取六经、诸史、百氏之书，伏而读之，以求天下国家兴亡理乱之变，与夫一时君子所以应时合变、先后本末之序，期于有以发为论议，措之事业，如贾长沙、陆宣公之为者。既又得浦城萧公子庄、剑浦罗公从彦仲素而与之游，则闻龟山杨氏所传河洛之学，独得古先圣贤不传之遗意。于是益

---

① 曾枣庄，刘琳．全宋文：第一百八十八册·卷四一四六［M］．上海：上海辞书出版社；合肥：安徽教育出版社，2006：293.

② 史向前．为有源头活水来：朱松道学思想及其对朱熹的影响［J］．安徽大学学报（哲学社会科学版），2009，33（6）：16-19.

③ 曾枣庄，刘琳．全宋文：第二百四十六册·卷五五〇六［M］．上海：上海辞书出版社；合肥：安徽教育出版社，2006：37.

④ 曾枣庄，刘琳．全宋文：第二百一十一册·卷四六七六［M］．上海：上海辞书出版社；合肥：安徽教育出版社，2006：33.

自刻厉，痛刮浮华，以趋本实。"① 从朱熹所言来看，朱松的思想确有一个发展的过程。从最初放意诗文，到喟然感叹去道愈远，再到搜取六经诸史以求家国兴亡理乱之变，最终得杨时所传程氏之学，认为此实为推本古圣先贤特别是子思、孟轲之意，于是益自刻厉，"日诵《大学》《中庸》之书，以用力于致知诚意之地"。《延平先生李公行状》中亦记曰："（李侗）闻郡人罗仲素先生得河洛之学于龟山杨文靖公之门，遂往学焉。……熹先君子吏部府君亦从罗公问学，与先生为同门友，雅敬重焉。"② 朱松从罗从彦问学，归本伊洛，认为二程之遗论，皆先贤未发之奥，"达天德之精纯，而知圣人之所以圣，诚意正心于奥突之间，而天下国家所由治，推明尧舜三代之盛，修己以安百姓，笃恭而天下平者，始于夫妇，而其极也，察乎天地，此程氏之学也"③。朱松认为二程之学的要旨在于"达天德""知圣人""诚意正心""修己安民""家国平治"。所以朱松以通达天德而体圣，以诚意正心而治国，以修己而安百姓，始于夫妇察乎天地，认为只要通过践行《大学》八条目，提升个人德性修养后，自然能够解决自然、社会、人等一切问题。很明显，这是从个体心性修养进达社会家国的安治。至此，朱松认为找到了家国兴亡理乱之方，便舍弃旧习，朝夕从事于其间。

从朱松求道过程来看，他在理学上的探究主要用力于两点：一是体道，二是平治。首先是体道。这个"道"就是仁义之道。仁义之道在朱松为科举之学时当已熟悉，但仁义之道的究竟要义，却并不知晓。虽然之后朱松亦曾艰辛求道，然仍未能真正地自觉见道。这是因为在二程之前，儒家的仁学并未真正触及天道、本体的高度，而主要是创建一个日常践行的道德依据。至于这个依据何以能够成为依据，又如何承担道德依据并未详尽展开论述。正如子贡感叹言："夫子之言性与天道，不可得而闻也。"④ 孟子从"心"，《中庸》从"诚"，《易传》从"生"，董仲舒从"神"等不同的方向努力发掘，但都未能真正进入本体论的层次。⑤ 直到二程提出"天理"，提出"性即理""发明本心"等认识，

---

① 曾枣庄，刘琳．全宋文：第二百五十二册·卷五六六九［M］．上海：上海辞书出版社；合肥：安徽教育出版社，2006：321.

② 曾枣庄，刘琳．全宋文：第二百五十二册·卷五六七○［M］．上海：上海辞书出版社；合肥：安徽教育出版社，2006：330-333.

③ 曾枣庄，刘琳．全宋文：第一百八十八册·卷四一四六［M］．上海：上海辞书出版社；合肥：安徽教育出版社，2006：294.

④ 朱熹．四书章句集注［M］．北京：中华书局，1983：79.

⑤ 史向前．为有源头活水来：朱松道学思想及其对朱熹的影响［J］．安徽大学学报（哲学社会科学版），2009，33（6）：16-19.

主张通过主敬致知而发明性理，彰显道德主体，进而实现修、齐、治、平的社会理想，才从逻辑上打通了仁义与道体之间的路径，完善并确立了儒家的仁义之道。朱松拜于罗从彦门下，认为二程之学就是要立志成圣贤，故其主张"士之于学，要以求为圣人而后止，推所以善其身者以治天下国家。"①，而通往圣贤之境的工夫精髓就在于"以德为车而志气御之，则朝发轫乎仁义之涂，而夕将入《大学》之门，以蹰《中庸》之庭也"②。他以水喻道，指出人乃万物之一，自然道存乎于人，但是形气之拘使道不复自明，所以就要不断通过心性修养工夫，即格物穷理或反求诸己等工夫，不断地扩充，不断地拂拭，终会与天地之道相通，达到感通为一、与道合一的境地。而一旦达到此境地，就能够把握天地之道，也就寻得了安身立命之地，从而能够体验到精神的安顿与满足。冯友兰曾说过："道学并不是一种知识，而是一种享受品。它不能使人增加知识，而只能予人一种'受用'（享受的意思）"③ 人一旦与道相通，就能够在精神上获得高度自由与快乐。所以如何体道正是朱松用力之处。朱熹曾忆其父："日诵《大学》《中庸》之书，以用力于致知诚意之地。"罗从彦也曾说："朱乔年得尤溪尉，尝治一室，聚群书，宴坐寝休其间。后知《大学》之渊源，异端之学无所入于其心。"④ 在朱松看来，讲究致知诚意，重视"为己之学"，都是体道的路径。而致知诚意、为己之学多承载于《大学》《中庸》之中。如他在《答汪德粲书》中指出《礼记》杂糅鲁国诸儒之学说，唯有《中庸》出于孔氏之学，而《大学》则是尊德成圣的入道之门，意在阐明"欲明明德于天下者，在致知格物以正心诚意而已"⑤。所以，朱熹尚二程，喜文学，尊德性，志道学，求"为己之学"以成就儒家圣贤的志向，无疑是受到其父的影响。

其次，平治。朱松归本伊洛之缘由，或许与其切身体会不无关系。当时，内忧外患的动荡时局对包括朱松在内的士大夫的影响无论在思想精神方面还是物质生活方面都极大。朱松在《韦斋集》中说："天下有大戒二，无所逃于天地

---

① 曾枣庄，刘琳. 全宋文：第一百八十八册·卷四一四六 [M]. 上海：上海辞书出版社；合肥：安徽教育出版社，2006：293.
② 曾枣庄，刘琳. 全宋文：第一百八十八册·卷四一四五 [M]. 上海：上海辞书出版社；合肥：安徽教育出版社，2006：280.
③ 冯友兰. 三松堂全集：第十卷 [M]. 郑州：河南人民出版社，2001：309.
④ 曾枣庄，刘琳. 全宋文：第一百四十二册·卷三〇六〇 [M]. 上海：上海辞书出版社；合肥：安徽教育出版社，2006：171.
⑤ 曾枣庄，刘琳. 全宋文：第一百八十八册·卷四一四五 [M]. 上海：上海辞书出版社；合肥：安徽教育出版社，2006：280.

之间。父子主恩，君臣主义。如人呼吸食息于元气之中，不可以须臾离也。自古志士仁人非苟自轻其生以立区区之私义而已，盖深畏夫君臣之义废，则为人上者不能一日保其天下国家，斯人之祸，可胜言邪！"① 朱松从切身境遇中明白，政权的稳定，社会的安定，不仅是君王的利益与追求，也是普通百姓对生活的向往，就像呼吸与饮食一样，于人而言都是不可离弃的。而当时内忧外患的南宋时局之所以形成，就在于"君臣之大义不明于天下"②。朱松曾说："靖康之变，殉利卖国交臂以事贼者，非失职不逞之流，皆朝坐燕与，谋帷幄而柄庙堂者也。"③ 靖康之难中，大臣们逐利卖国。身为人臣的朱松在国家、民族大义的问题上立场非常鲜明。绍兴八年（1138），朱松等六人联名上书反对秦桧对金媾和："殚竭膏血，以养骄惰之兵，屯戍不用，郁其愤懑，缓急曰讲和讲和，使此辈一旦借口而召乱，将何以弭其变哉！……而况敌国无厌，所从来久，恃强侮弱，彼其志不在小，岂可嗜其甘言，信之不惑，其料事亦疏矣！彼以和之一事得志于我，十有二年矣。以覆我王室，因以弛我边备，以竭我国力，以解体我将帅，以懈缓我不共戴天之仇，以绝望我中国讴吟思叹之赤子，奈何至今而犹未悟也！"④ 所以如何寻得家和国安？这是他在体道之后的又一推进。正如余英时所指出的，宋代儒学的核心问题就是重建"三代治道"，其追求道德性命也是为了"推明治道"，即重建"人间秩序"。⑤ 朱松之所以特别重视《大学》，就在于《大学》中的"修齐治平"正好可以为此承当载体。如朱熹在《壬午应诏封事》中言："古者圣帝明王之学，必将格物致知以极夫事物之变，使事物之过乎前者，义理所存，纤微毕照，了然乎心目之间，不容毫发之隐，则自然意诚心正。……盖'致知格物'者，尧舜所谓'精一'也。'正心诚意'者，尧舜所谓'执中'也。自古圣人口授心传而见于行事者，惟此而已。至于孔子，集厥大成，然进而不得其位以施之天下，故退而笔之以为《六经》，以示后世之为天下国家者。于其间语其本末始终先后之序尤详且明者，则今见于戴氏之

① 曾枣庄，刘琳.全宋文：第一百八十八册·卷四一四八［M］.上海：上海辞书出版社；合肥：安徽教育出版社，2006：316.
② 曾枣庄，刘琳.全宋文：第一百八十八册·卷四一四六［M］.上海：上海辞书出版社；合肥：安徽教育出版社，2006：286-287.
③ 曾枣庄，刘琳.全宋文：第一百八十八册·卷四一四八［M］.上海：上海辞书出版社；合肥：安徽教育出版社，2006：316.
④ 徐梦莘.三朝北盟会编：卷一百八十六［M］.上海：上海古籍出版社，1987：1341.
⑤ 余英时.宋明理学与政治文化［M］.长春：吉林出版集团有限责任公司，2008：3.

《记》，所谓《大学》篇者是也。"① 又说："臣闻大学之道，自天子以至于庶人，一是皆以修身为本，而家之所以齐，国之所以治，天下之所以平，莫不由是出焉。然身不可以徒修也，深探其本，则在乎格物以致其知而已。"② 虽然此论述出自朱熹，但朱熹自幼随父亲学习诗文及儒家"四书"，所以二人在学行传承上还是较为一致的。孔孟道统所宣扬的儒家之精髓就是尊德教、倡道义、讲名节。"先王设为礼乐政刑，所以维持胶固者甚备，而夫子、孟轲之徒道既不行于天下，退而与其徒讲说论著，丁宁深切至矣。遗泽余风，被于末世。"③ "士惟有得于是也，抗颜不让，自任以天下之重。"④ 道德的最终根据在于一个既内在又超越的天理，而不仅仅是以现实制度或君主名位为标准。这并不是说现实的制度与名位不再作为道德评价的客观基础，而是说在道学的视野内，只有体现天道的制度、符合天道的君主才能提供这一基础。因此，不是制度、君主，而是天道才是最终的道德根据。所以，朱松主张当以明"君臣之义"为第一要务。这是朱松对当时南宋政权的深刻反思，也是朱松在悟道、体道之后行道的表现。

朱熹从幼年时代就在其父的严格要求下，开始了正规的儒家经书的训蒙熏染。五岁始读"四书"，入小学始诵《孝经》并将二程的《论语说》作为读物。"熹少好读程氏书。"⑤ 在朱松眼中，程学是求得孔孟真精神的门径。尚程之风的影响和朱松对其有意识的洛学培养，奠定了朱熹走向程学的思想进路，也奠定了朱熹追寻孔孟"圣人"真精神的进路。整个少年时代，朱熹的进学修业都是在父亲的教育和熏染下进行的，特别是朱松志于道学、成就圣贤的志向给予朱熹最为直接、最为深刻的影响。同时，朱松作为一个正统的儒家知识分子，有着强烈的忧患意识和家国情怀，在为秦桧不容而罢官居家时，朱松就通过文与史，把自身对家国的社会关切和民族大义，潜移默化地植入朱熹心中。所以，朱松的义理之思和经世之学对后来朱熹理学思想，特别是其"四书学"思想的

① 曾枣庄，刘琳. 全宋文：第二百四十三册·卷五四二八［M］. 上海：上海辞书出版社；合肥：安徽教育出版社，2006：9.
② 曾枣庄，刘琳. 全宋文：第二百四十三册·卷五四三一［M］. 上海：上海辞书出版社；合肥：安徽教育出版社，2006：60.
③ 曾枣庄，刘琳. 全宋文：第一百八十八册·卷四一四六［M］. 上海：上海辞书出版社；合肥：安徽教育出版社，2006：287.
④ 曾枣庄，刘琳. 全宋文：第一百八十八册·卷四一四五［M］. 上海：上海辞书出版社；合肥：安徽教育出版社，2006：282.
⑤ 曾枣庄，刘琳. 全宋文：第二百四十七册·卷五五二九［M］. 上海：上海辞书出版社；合肥：安徽教育出版社，2006：21.

形成有着很大影响。正如《韦斋集·序》说:"夫人有一行之善、一艺之美,未有不本于父兄师友者,而况于道有以参天地之运,学有以绍前圣之统者乎?……文公集群儒之大成,绍周程之正统,而于熙宁、元祐诸公之是非得失,则未尝有所偏主焉,岂亦本于家学而然欤!"① 中国古代社会宗承以血缘为基础的氏族社会,思想、精神、传统的继承与发展自然也是以家族为基本单位,好比我们熟悉的家风、家谱,都是在家学背景下家族精神的积累、熏陶与继承。而朱松与朱熹父子在学术传承与精神熏染等方面也无一例外地显透出这一文化特征,所以研究朱熹思想,不能忽视朱松思想的发展与特征。

第二节 求"为己之学"

朱松因秦桧不容,奉祠家居,"日以讨寻旧学为事,手抄口诵,不懈益虔。盖玩心于义理之微而放意于尘埃之外,有以自乐澹如也。旧喜赋诗属文,至是非有故不徒作,乃其文气则更为平缓,而诗律亦益闲肆,视诸少作,如出两手矣"②。在朱熹十四岁那年,朱松病卒,临终前"手书告诀所善胡公宪原仲、刘公勉之致中、刘公子翚彦冲,属以其子,而顾谓熹往受学焉"③。据《鹤林玉露》记载:"初,文公之父韦斋疾革,手自为书,以家事属少傅。韦斋殁,文公年十四,少傅为筑室于其里,俾奉母居焉。少傅手书与白水刘致中云:'于绯溪得屋五间,器用完备,又于七仓前得地,可以树,有圃可蔬,有池可鱼。朱家人口不多,可以居。'"④ 于是,朱熹遵父遗命,随母迁至崇安,从师于其父朱松的好友刘子翚、刘勉之、胡宪三先生。

三先生皆是二程思想的忠实追随者。刘子翚,字彦冲,号屏山,又号病翁,世称"屏山先生"。三先生中对朱熹影响最大的当推屏山先生。朱松临终将朱熹托付于刘子羽(朱熹义父),刘子羽视朱熹如己出,在其宅第旁筑室安置朱熹母子,使得朱熹得以朝夕侍从当时收徒授举的刘子翚(刘子羽之弟)学习。朱熹

---

① 朱松,朱槔.韦斋集:附玉澜集 [M].朱熹,编.朱杰人,严佐之,刘永翔,主编.上海:华东师范大学出版社,2010:1-2.
② 曾枣庄,刘琳.全宋文:第二百五十二册·卷五六六九 [M].上海:上海辞书出版社;合肥:安徽教育出版社,2006:328.
③ 曾枣庄,刘琳.全宋文:第二百五十二册·卷五六六九 [M].上海:上海辞书出版社;合肥:安徽教育出版社,2006:328.
④ 罗大经.鹤林玉露:卷之二 [M].王瑞来,点校.北京:中华书局,1983:24.

曾说："余年十五时与子厚相遇于屏山刘氏之斋馆，俱事病翁先生。"① 又说当时屏山先生对其以举子见期，"病翁先生壮岁弃官，端居味道，一室萧然，无异禅衲，视世之声色权利，人所竞逐者，漠然若亡见也。熹蚤以童子获侍左右，先生始亦但以举子见期。而熹窃窥观，见其自为与所以教人者若不相似"。② 尽管屏山先生以科举功业为主授受朱熹，但在思想上，尤其是在求为己之学的路径拣择上对朱熹也有影响。特别是当朱熹发现屏山先生"与所以教人者若不相似"而有请焉时，屏山先生"欣然嘉其有志，始为开示为学门户，朝夕诲诱"。屏山先生早年留意佛老之学，后从儒学，两相比较后，认为儒学之道乃佛老之所不及。于是以"味道"为事，以《易》为入德门户，以"不远复"为三字符，志于古人"为己之学"，这对朱熹求"为己之学"的路径拣择以及后来弃佛崇儒奠定了基础。朱熹在《屏山先生刘公墓表》中回忆道："熹时以童子侍疾。一日，请问先生平昔入道次第。先生欣然告之曰：'吾少未闻道，官莆田时，以疾病始接佛老子之徒，闻其所谓清净寂灭者而心悦之，以为道在是矣。比归，读吾书而有契焉，然后知吾道之大，其体用之全乃如此。抑吾于《易》得入道之门焉，所谓"不远复"者，则吾之三字符也。佩服周旋，罔敢失坠。于是尝作《复斋铭》《圣传论》以见吾志。然吾忘吾言久矣，今乃相为言之，汝当勉哉。'熹顿首受教。"③ 刘子羽对朱熹期许甚重，虽然他的三字符并未被当时的朱熹立刻接受，但是，屏山先生"不远复"的思想结晶已经积淀在朱熹的思想文化结构中了，成为其理论生长点。

刘勉之，字致中，号白水，又号草堂。朱熹曾作《聘士刘公先生墓表》称："逾冠，以乡举诣太学。时蔡京用事，禁士挟元祐书制。师生收书连坐，罪至流徙。名为一道同风，实以钳天下之口。先生知其非是，阴访伊洛程氏之传，得其书藏去，俟深夜同舍生熟寐，乃探箧燃膏，潜抄默诵。涪陵谯天授尝从二程游，兼邃《易》学，适以事至京，即往叩焉，得其本末，遂弃录牒，挈诸生归。道南都，见刘元城；过毗陵，见杨龟山，皆从请业。元城尤奇之，留语数十日，

---

① 曾枣庄，刘琳. 全宋文：第二百五十册·卷五六二三 [M]. 上海：上海辞书出版社；合肥：安徽教育出版社，2006：353.

② 曾枣庄，刘琳. 全宋文：第二百五十一册·卷五六三三 [M]. 上海：上海辞书出版社；合肥：安徽教育出版社，2006：135.

③ 曾枣庄，刘琳. 全宋文：第二百五十三册·卷五六七七 [M]. 上海：上海辞书出版社；合肥：安徽教育出版社，2006：55.

告以平生行己，立朝大节，以至方外之学，无不倾尽。"① 胡宪，字原仲，世称籍溪先生，胡安国之侄胡宏之表兄，曾从胡安国习二程之学。朱熹师事胡宪最久。"稍长，从文定公学，始闻河南程氏之说，寻以乡贡入太学。会元祐学有禁，乃独与乡人刘白水致中阴诵而窃讲焉。既又学《易》于涪陵处士谯公天授，久未有得。天授曰：'是固当然。盖心为物渍，故不能有见，唯学乃可明耳。'先生于是喟然叹曰：'所谓学者，非克己工夫也耶？'自是一意下学，不求人知。一旦揖诸生，归隐于故山。"② 由此可知，他还曾和刘勉之一起，问学于与程颐游的谯定。三先生都是理学的崇信者，也都对佛老思想有不同程度的兴趣。三先生相互过从讲学时，朱熹皆侍读左右，所以使得朱熹"无所不学，禅、道、文章、楚辞、诗、兵法，事事要学"③。

在朱熹从学三先生期间，三先生除了对其"为己之学"志趣的培养外，还强调用力于儒家经典尤其是"四书"的研读。朱熹曾述读"四书"之情形："某年十五六时，读《中庸》'人一己百，人十己千'一章，因见吕与叔解得此段痛快，读之未尝不竦然警厉奋发"④，"某从十七八岁读至二十岁，只逐句去理会，更不通透。二十岁已后，方知不可恁地读。元来许多长段，都自首尾相照管，脉络相贯串，只恁地熟读，自见得意思。从此看《孟子》觉得意思极通快，亦因悟作文之法"⑤。正是"四书"的立身成人之学、内圣精神的教养和积极阳刚的人格标准兴发了少年朱熹的为学之志，培养了其开阔的胸襟，激发了他积极的圣人情怀并以成圣为志。朱熹说："孔子曰：'吾十有五，而志于学。'只十五岁时，便断然以圣人为志矣。二程自十五六时，便脱然欲学圣人。"⑥ 也正是这种激发，才使他小小年纪得以从丧父之痛中摆脱出来。但是正如朱熹自己所述："盖自十五六岁时知读是书，而不晓格物之意，往来于心，余三十年。

———————

① 徐公喜，等. 闽中理学渊源考：卷六［M］. 南京：凤凰出版社，2011：103-104.
② 曾枣庄，刘琳. 全宋文：第二百五十二册·卷五六六九［M］. 上海：上海辞书出版社；合肥：安徽教育出版社，2006：318.
③ 朱熹. 朱子语类：卷第一百四［M］. 黎靖德，编，王星贤，点校. 北京：中华书局，1986：2620.
④ 朱熹. 朱子语类：卷第四［M］. 黎靖德，编，王星贤，点校. 北京：中华书局，1986：66.
⑤ 朱熹. 朱子语类：卷第一百五［M］. 黎靖德，编，王星贤，点校. 北京：中华书局，1986：2630.
⑥ 朱熹. 朱子语类：卷第一百四［M］. 黎靖德，编，王星贤，点校. 北京：中华书局，1986：2623.

近岁就实用功处求之，而参以他经传记，内外本末反复证验，乃知此说之的当。"① 虽然朱熹研读经典亦有所得，但并非自得之学，虽然在儒家经典方面做了大量工夫，但对经典义理的理解和领悟还不够。"某是自十六七时下工夫读书，彼时四旁者皆无津涯，只自恁地硬着力去做。至今日虽不足道，但当时也是吃了多少辛苦，读了书。"② "某从十七八岁读（《孟子》）至二十岁，只逐句去理会，更不通透。二十岁已后，方知不可恁地读。"③ 尽管当时的朱熹对经典义理的参透还不够，但是刘氏私塾这种扎实的文本研读之功是朱熹一生的学术财富。同时，家学传统下对儒家传统之礼的严格践履也是此时期在内圣外王思想规模上的发展奠定。正如朱熹所说的："某自十四岁而孤，十六而免丧。是时祭祀，只依家中旧礼。礼文虽未备，却甚齐整。先妣执祭事甚虔。及某年十七八，方考订得诸家礼，礼文稍备。"④

青年时期的朱熹在刘屏山的教引下开始用功于心性的锤炼。"主体心的修养、理性主义精神的经典研习与反身而诚的道德体证方法是刘氏私塾中理学内圣之学的教育特色。"⑤ 但是，刘屏山在朱熹身上看到了张扬的思想和高蹈豪放的人格气象，这与"汝心之休，处此如游；汝心之流，处此如囚。……诵书琅琅，其神乃扬。杂虑横心，圣言则忘。讲书默默，精义乃得。借聪于人，终焉必惑。……时习之说，反身之乐。瞻忽茫茫，匪伊情度"⑥ 的刘氏私塾学规似乎有些格格不入。经过刘屏山对其思想的洗礼，朱熹虽亦不能真正领悟刘屏山所训示的理学内圣工夫，但是朱熹开始从心性上用功来求理学成圣之进路。可惜的是，朱熹却走上了一条禅学迂回之路。这有着一定的必然性。所谓理学成圣之进路实则儒家传统的内圣外王精神之追求。而儒家这种内在的道德修养与外在的事功之道本身就是一对矛盾统一体。余英时说："在讲求'内圣'之学

---

① 曾枣庄，刘琳. 全宋文：第二百四十六册·卷五五二四 [M]. 上海：上海辞书出版社；合肥：安徽教育出版社，2006：361.

② 朱熹. 朱子语类：卷第一百四 [M]. 黎靖德，编，王星贤，点校. 北京：中华书局，1986：2612.

③ 朱熹. 朱子语类：卷第一百五 [M]. 黎靖德，编，王星贤，点校. 北京：中华书局，1986：2630.

④ 朱熹. 朱子语类：卷第九十 [M]. 黎靖德，编，王星贤，点校. 北京：中华书局，1986：2316.

⑤ 张勇. 朱熹理学思想的形成与演变 [D]. 西安：西北大学，2008.

⑥ 曾枣庄，刘琳. 全宋文：第一百九十三册·卷四二六〇 [M]. 上海：上海辞书出版社；合肥：安徽教育出版社，2006：208.

时，他们是站在理学家的特殊立场上，其精神是向内收敛的；但在推动'外王'事业时，他们又回到了一半儒家的立场，其精神是向外发舒的。分析到这里便可看出，'内圣'与'外王'之间的紧张落实到个人身上即是理学家的特殊角色与儒家的一般角色必然逆向而行。"① 这种对个体人性的理一赋予与社会政治的分殊境遇的恰当把握，对于 17 岁的朱熹来说自然是难以驾驭的。② 在这种难以驾驭的双向对立的困境下，刘子翚与佛老之徒的交往点拨了朱熹，使得朱熹开始究心于二氏之学③，试图以佛老心性之学来求解儒家"内圣外王"的内在冲突。从朱熹"以先君子之余诲，颇知有意于为己之学，而未得其处，盖出入释老者十余年"④ 等说中可知，其出入佛老是源于对为己之学的未得，在他看来，佛老的心性之学也是为己之学，因为刘屏山对朱熹讲为学次第时，并不排斥佛老在入道门径上的作用，所以对朱熹而言，出入佛老只是求为己之学的一个入道途径。正如陈来先生所言："他（朱熹）主要是从心性修养下手，寻求一个'安心'的自在境界，他从这个角度理解'为己之学'，并肯定儒与佛老合。"⑤

但是"佛禅'不要思量''不要强承当'的去执之方并没有使朱熹获得精神的安宁"⑥，况且朱熹当时并没有抛弃儒学，更没有放弃对儒家经典的研读。

---

① 余英时. 朱熹的历史世界：宋代士大夫政治文化的研究［M］. 北京：生活·读书·新知三联书店，2004：411.

② 这里笔者想从内、外两个维度来分析一下儒家的"内圣外王"。它"一方面强调人的社会性，认为人的社会性与人之所以为人有其密不可分的关系"。站在这个由内而外的维度上来看，"外王"似乎就是主体价值的一部分。"另一方面，儒家的'内圣'思想具有超越意识，儒家相信人的本性是来自天赋，因此，在这一基础上，个性永远得保存其独立自主，而不为群性所淹没。"这又说明从内在来看，主体是独立且超越的个体。个体人性的理一赋予（内在）与社会政治的分殊境遇（外在）就是"内圣外王"的两个维度，即由内推外，由外烁内。内与外的圆融，个体修养与社会事功的合一，无论在理论还是践履上都实属不易。它不仅需要有经验的自得之见，还要有心性的锤炼。这种二维的理论追寻对于当时的朱熹来说无疑是有着强烈的冲击力的。参见：李明辉. 儒家视野下的政治思想［M］. 北京：北京大学出版社，2005：146-147.

③ 朱熹的禅学迂回经历却是受到大慧禅师和道歉禅师的影响，但是与刘屏山过从较多的佛禅之徒，抑或说在刘屏山家中偶遇的禅学大师是否是大慧、道歉，目前还没有确切史料予以说明。关于这点，陈来先生在《朱子哲学研究》中有详细解说。参见：陈来. 朱子哲学研究［M］. 北京：生活·读书·新知三联书店，2010：34-39.

④ 曾枣庄，刘琳. 全宋文：第二百四十六册·卷五五〇四［M］. 上海：上海辞书出版社；合肥：安徽教育出版社，2006：10.

⑤ 陈来. 朱子哲学研究［M］. 北京：生活·读书·新知三联书店，2010：40.

⑥ 张勇. 朱熹理学思想的形成与演变［D］. 西安：西北大学，2008.

正是因为朱熹没有从根本上背弃孔孟，所以之后才能在李侗的劝告下，专攻圣贤之书，并终觉佛学之非。于是在禅学心性论的启发下，孔子之"忠恕""一贯"说，孟子之"求放心"等儒家传统思想成了朱熹道德修养的基点。尽管对克己归仁、知言养气等修养工夫不甚明了，但不可否认的是，此时的朱熹确实从道德直觉体悟的为学进德之路开始逐渐向"内"理解。正是向外的泛观博览和向内的本心追问这两条思想路线在朱熹身上的并肩而行，才使得对儒家"内圣外王"的理想追求扎根于朱熹思想深处。

第三节　归本伊洛

如果说朱松指引了朱熹日后的为学路向，那么李侗则奠定了朱熹日后的为学之基，特别是李侗有关《大学》格物致知的思想。正如《文集》卷三十九《答柯国材》朱熹自言："熹自延平逝世，学问无分寸之进，……于致知格物之地，全无所发明。"[①] 可见，在朱熹看来，李侗对其格致思想的影响是相当大的，具体而言就是李侗"理一分殊"思想对其确立格物穷理思想的影响。

绍兴十七年至二十三年（1147—1153）是朱熹留意于佛老之学的时期。但是禅学迂回之路并没有带领朱熹突破道德本心与社会事功二维的困境。于是朱熹开始了对儒家多元思想的汲取，在心性涵养的本心追问和儒家真精神的探源上用力。而朱熹在24岁问学李侗时，正困惑于如何通过佛老心性之学去贯通儒学，从而获得儒家修养工夫之进路。朱熹回忆说："某年十五六时亦尝留心于此（禅）。一日在病翁所会一僧，与之语，其僧只相应和了说，也不说是不是，却与刘说某也理会得个昭昭灵灵底禅。刘后说与某，某遂疑此僧更有要妙处在，遂去扣问他，见他说得也煞好。及去赴试时便用他意思去胡说，是时文字不似而今细密，由人粗说。试官为某说动了，遂得举。后赴同安任，年二十四五矣，始见李先生。与他说，李先生只说不是。某却到疑李先生理会此未得，再三质问。李先生为人简重，却是不甚会说，只教看圣贤言语。某遂将那禅来权倚阁起，意中道：禅亦自在，且将圣人书来读。读来读去，一日复一日，觉得圣贤

---

① 曾枣庄，刘琳．全宋文：第二百四十六册·卷五五〇六［M］．上海：上海辞书出版社；合肥：安徽教育出版社，2006：39.

言语渐渐有味，却回头看释氏之说，渐渐破绽，罅漏百出。"① 与李侗的相遇是朱熹由禅学之迂回转向儒学之教的开始。而李侗的"理一分殊"和静坐体认工夫也确实引导朱熹走向了对儒学思想的深入体认。

李侗（1093—1163），字愿中，世称延平先生，南剑州剑浦（今属福建南平）人，曾从学于罗从彦（程氏门人杨时的弟子）。对李侗的学术思想，朱熹这样概述："讲诵之余，危坐终日，以验夫喜怒哀乐未发之前气象如何，而求所谓中者。若是者盖久之，而知天下之大本真有在于是也。盖天下之理无不由是而出，既得其本，则凡出于此者，虽品节万殊，曲折万变，莫不该摄洞贯，以次融释，而各有条理，如川流脉络之不可乱。大而天地之所以高厚，细而品汇之所以化育，以至于经训之微言、日用之小物，折之于此，无一不得其衷焉。由是操存益固，涵养益熟，精明纯一，触处洞然，泛应曲酬，发必中节。……故其言曰：'学问之道不在多言，但嘿坐澄心、体认天理，若见虽一毫私欲之发，亦退听矣，久久用力于此，庶几渐明，讲学始有力耳。'又尝曰：'学者之病，在于未有洒然冰解冻释处，纵有力持守，不过苟免显然悔尤而已。若此者，恐未足道也。'又尝曰：'今人之学与古人异，如孔门诸子，群居终日，交相切磨，又得夫子为之依归，日用之间，观感而化者多矣。恐于融释而脱落处，非言说所及也。不然，子贡何以言夫子之言性与天道不可得而闻也耶？'尝以黄太史之称濂溪周夫子胸中洒落，如光风霁月云者为善形容有道者气象，尝讽诵之，而顾谓学者曰：'存此于胸中，庶几遇事廓然而义理少进矣。'其语《中庸》曰：'圣门之传是书，其所以开悟后学，无遗策矣。然所谓喜怒哀乐未发谓之中者，又一篇之指要也，若徒记诵而已，则亦奚以为哉！必也体之于身，实见是理，若颜子之叹，卓然见其为一物而不违乎心目之间也，然后扩充而往，无所不通，则庶乎其可以言《中庸》矣。'……尝语问者曰：'讲学切在深潜缜密，然后气味深长，蹊径不差，若概以理一而不察乎其分之殊，此学者所以流于疑似乱真之说而不自知也。'其开端示人大要类此。"② 概括来说，"李侗思想特点比较鲜明，牟宗三、刘述先、陈来诸先生皆将之归为默坐澄心、洒然融释、体验未发、理一分殊四个根本大旨。"③ 这些思想虽然朱熹并未都表现出兴趣，但是对朱熹

---

① 朱熹．朱子语类：卷第一百四［M］．黎靖德，编，王星贤，点校．北京：中华书局，1986：2620.
② 曾枣庄，刘琳．全宋文：第二百五十二册·卷五六七〇［M］．上海：上海辞书出版社；合肥：安徽教育出版社，2006：331-332.
③ 张勇．朱熹理学思想的形成与演变［D］．西安：西北大学，2008.

思想的发展影响甚大。朱熹见李侗，将自己从佛老心性之所参悟予以告知，结果李侗却"只说不是"，而单单以古圣先贤之言为本，以日用着实之工夫为基。正是李侗这一教导贯穿了朱熹的为学始终，成为其为学之方，奠定了朱熹"四书学"得以构建的思想进路。可以说，李侗对朱熹"四书学"体系的建立起着重要作用，这主要得益于朱、李二人对《论语》《大学》《中庸》《孟子》不同层次、不同深度的讨论。

重视《论语》之学是杨时、罗从彦、李侗到朱熹的一脉传习。朱熹说："李先生好看《论语》，自明而已。"① "圣人教人，只是个《论语》。"②《论语》在宋代是理学家们普遍重视的经典，而朱熹更是将其视作教人"为己之学"的宝典。在《论语》之学上，李侗对朱熹主要强调两点：一是工夫上的用力；二是范畴的理学化。李侗告诉朱熹，《论语》只不过是一种求仁之方。所谓"求仁之方"就是在成圣追求上如何做日用间着实的工夫。李侗要朱熹从日用间做工夫体会《论语》，而非犹佛老般从高妙处研读。所以，朱熹对《论语》之涵养工夫相当重视。在李侗的教导下，《论语》中的涵养工夫逐渐为朱熹内圣之进路开启了大门。将经典义理理学化是宋代解经的特征。李侗对《论语》的理学化主要表现在对"仁"的解读以及"忠恕"之说上。而这也成为后来朱熹作《论语集注》的理论基础。关于朱熹在此方面的阐释，详参本书第五章第二节，这里不再过多论述。

《孟子》之学，李侗与朱熹讨论的重点集中在知言养气，以及人之所以为人而非他者之根本所在，而这也正是朱熹理学中人性论、修养论的传统儒家思想基础。对于"知言养气"说，李侗从涵养工夫处多次与朱熹展开探讨。在李侗看来，养气并非像朱熹所认为的"只是要得心气合而已"，更重要的是如何"合"，这就是李侗指出的"须从知言处养来"。李侗说，养气需心与气合，心气合一，方更能体察，更能分晓是非、遍察规律。且孟子所谓养气，必有一初端，即从知言处下功夫。此知言犹如田地般，在田地上下足了功夫——浇注、翻土、施肥，土地肥沃了方能种植出好的庄稼。所谓知言，即通晓或辨别言辞语意的能力。所谓养气，即养浩然正气。《孟子·公孙丑上》记载公孙丑问浩然正气，孟子这样答道，浩然正气乃充斥于天地间的一种刚正之气，这种气是凝

---

① 朱熹. 朱子语类：卷第一百三［M］. 黎靖德，编，王星贤，点校. 北京：中华书局，1986：2601.

② 朱熹. 朱子语类：卷第十九［M］. 黎靖德，编，王星贤，点校. 北京：中华书局，1986：434.

聚了正义与道德,产生于人自身的一种高尚情操。知言与养气是人之所以能成人的两个相辅相成的取向。只有知言才能养气,养气了才能更好地知言。从后来朱熹所言不动心与知言养气之关系可以看出,李侗"须从知言处养来"的观点被朱熹大力继承并得以发展。李侗注重"存""养"的工夫主张贯穿了朱熹孟学的始终。

除了对《孟子》涵养工夫的探讨外,朱熹与李侗对"夜气"说也颇为注重。只不过对"夜气"说的诠释是从《中庸》的"体验未发"思想而来。李侗曾与朱熹说,夜气须从日夜白昼间存养,若不能存有,则夜气无。在李侗看来,孟子所言"夜气"即是中夜不与人物接触时的静中持养,其实就是《中庸》喜怒哀乐之未发工夫。李侗一生致力于"静中体验未发",所以他一开始就力图把朱熹引到体验未发之路上。而李侗对朱熹《中庸》学的影响也主要在对未发的体验上。这其实就是一种向内直觉体验的工夫。朱熹说,李先生教人主张要于静中体认未发之时的气象分明,处事应物应自然且中节。尽管后来的丙戌和己丑之悟使得朱熹对未发已发、中和问题颇有心得,但是在师从李侗时他并未参悟未发之旨。不过,于静中体验未发的修养工夫却直接影响了朱熹中和思想的产生。

《大学》是关于修己治人之学,是宋代士大夫用以实现理想抱负的最佳"武器"。李侗对朱熹《大学》思想的影响有两点:一是《大学》修己治人的政治意义;一是格物思想的启示。绍兴三十二年(1162),朱熹应孝宗皇帝诏上封事曰:"古者圣帝明王之学,必将格物致知以极夫事物之变,使事物之过乎前者,义理所存,纤微毕照,了然乎心目之间,不容毫发之隐,则自然意诚心正,而所以应天下之务者,若数一二、辨黑白矣。"[①] 这正是对《大学》的政治价值的凸显。而这种凸显乃朱熹与李侗对《大学》"修齐治平"的政治哲学进行讨论的结晶。在《大学或问》中,朱熹针对学界之格物论大肆发表言论,褒贬不一,唯独称赞李侗之教条理缜密、规模庞大,其工夫之渐次、意味之深切,无人能及。可见,李侗思想对朱熹的格物论有着不可忽略的影响和意义。虽说朱熹的格物致知论是源于二程之说,但确切地说,是对经过李侗完善和丰富后的二程格物说的继承和发展。

不难看出,师从李侗的十年是朱熹基本思想形成的奠基时期,尤其对《论

---

① 曾枣庄,刘琳.全宋文:第二百四十三册·卷五四二八[M].上海:上海辞书出版社;合肥:安徽教育出版社,2006:9.

语》《大学》《中庸》《孟子》的义理探讨，直接或间接地影响和启发了朱熹"四书学"的基本规模和义理架构，奠定了"四书"体系得以形成的坚实基础。

第二章　朱熹"四书学"经学文本的建立①

受早年经典研读习气的影响，朱熹一直"窃好章句训诂之习"②，尽管延平先生希望朱熹在静坐澄心、静中涵养、体验未发处用功，但朱熹始终未放弃对经书文义的研读。正是对经典研读的持之以恒才使得朱熹不仅对经典文本的文字章句有深刻理会，更对其所蕴含的哲学义理有彻底参悟，从而为朱熹集理学思想之大成打下了坚实基础，继而使得朱熹思想成了中国哲学史上一颗璀璨的明珠。中国哲学的发展主要体现在通过注解以往经典而衍生出新的诠释意义与时代价值。元明清三代的文化特征与学术取向正是朱熹"四书"注所衍生出的新的诠释意义与时代价值的体现。而跨文本诠释和融贯性义理诠释是创生新的哲学体系过程中的两个关键因素和重要途径。朱熹"四书学"就是对这两种诠释方法的最好运用，是其共同作用下产生的结晶。

朱熹注"四书"既非汉唐诸儒训诂之"不敢轻有变焉"或"不能精思明辨以求真是"③，亦非宋儒"全不略说文义，便以己意立论"般阐释。④ 朱熹对"四书"文本既注重探究经文之本义，又注重文本义理之阐发，既有理学义理的梳理，又有经学文本的编排，巧妙地集训诂与义理于一体，将理学思想恰当地"嫁接"到《论语》《大学》《中庸》《孟子》的义理中，完成了在经典注本基

---

① 本章的论述大体以朱熹对"四书"单经的最初序定时间为序，故先《论》《孟》之叙，再《学》《庸》之述。虽然在序定时间上，《大学》之注疏要略早于《中庸》之作，不过为了章节编排上的和谐，文中先论述了《中庸》经学的阐释，随后才对《大学》做了经学厘定。特在此予以说明。

② 黄宗羲．宋元学案：卷三十九［M］．全祖望，补修．陈金生，梁运华，点校．北京：中华书局，1986．1291．

③ 曾枣庄，刘琳．全宋文：第二百五十一册·卷五六四二［M］．上海：上海辞书出版社；合肥：安徽教育出版社，2006：274．

④ 曾枣庄，刘琳．全宋文：第二百四十五册·卷五四八三［M］．上海：上海辞书出版社；合肥：安徽教育出版社，2006：92．

础上的新的义理阐发。从这个意义上说，"四书"经学文本的建立有着至关重要的作用。总的来说，朱熹对"四书"不论是理学梳理还是经学编排，都是以重经典研读和义理阐释为基础，以心性修养为基调，在李侗"理一分殊"精神的指导下通过理本论的形而上体系去重新诠释儒家义理。《孟子集注》《论语集注》《大学章句》《中庸章句》的相继完成意味着朱熹"四书学"的集结。淳熙九年（1182），朱熹首次将此四文本并为一集刊刻于婺州，自此"四书"之名得以在经学史上确立。这是朱熹"四书"经学文本的定型。

本章就先从经学角度对朱熹"四书"文本的编排做一番探讨。

第一节　《论孟精义》的经学辑证

朱熹对经典文义事理的探究起始于对《论语》《孟子》的思索。《朱子语类》记载："某旧年思量义理未透，直是不能睡。初看子夏'先传后倦'一章，凡三四夜，穷究到明，彻夜闻杜鹃声。"① 有关"四书"的训释之作，据束景南先生考订，最早是成于绍兴三十年（1160）的《孟子集解》初稿。② 《孟子集解》初稿主要是对诸家解说《孟子》的编纂，其中芜杂舛讹、义理不明之处颇多，故朱熹对此书并不满意，深感"句句是病，不堪拈出"③。直到乾道七年（1171），朱熹用五年的时间，通过与何叔京、张栻、林用中、吕祖谦、蔡元定等人不断地书信往来和商讨辩论，历经两次全面修订，最终完成了《孟子集解》。"由于朱熹在修订过程中广泛征求了当时学者意见，并力图'择其尤精者著之解中'，因而《孟子集解》具有集思广益、兼取众长的特点，堪称'古今集解'。"④

在此期间，朱熹对《论语》的注解亦已展开，于隆兴元年（1163），即完成《孟子集解》初稿的第三年，编成了《论语要义》。对于此书的编订，朱熹这样讲道："河南二程先生独得孟子以来不传之学于遗经……熹年十三四时，受其说

---

① 朱熹．朱子语类：卷第一百四 [M]．黎靖德，编，王星贤，点校．北京：中华书局，1986：2601.

② 顾歆艺中也有此说法。参见：顾歆艺．《四书章句集注》成书考略 [J]．中国典籍与文化丛论，1995（03）：128-145.

③ 曾枣庄，刘琳．全宋文：第二百四十六册·卷五五一〇 [M]．上海：上海辞书出版社；合肥：安徽教育出版社，2006：113.

④ 朱汉民，肖永明．宋代《四书》学与理学 [M]．北京：中华书局，2009：221.

于先君，未通大义而先君弃诸孤。中间历访师友，以为未足，于是遍求古今诸儒之说，合而编之。诵习既久，益以迷眩。晚亲有道，窃有所闻，然后知其穿凿支离者，固无足取。至于其余，或引据精密，或解析通明，非无一辞一句之可观。顾其于圣人之微意，则非程氏之俦矣。隆兴改元，屏居无事，与同志一二人从事于此，慨然发愤，尽删余说及其门人朋友数家之说，补辑订正，以为一书。"① 从中我们可以看到，"四书"注解随朱熹思想变化而变化的历程在《论语》注上的体现。《论语要义》是在朱熹早年编写的有关《论语》注解之作的基础上经历了修改编订、尽删余说的过程，最终独取二程之说以成书。同时，由于《论语要义》"训诂略而义理详"②，为了便于儿童诵读，朱熹将训诂与义理并重，遂著成《论语训蒙口义》。

乾道八年（1172），朱熹将《孟子集解》和《论语要义》合并，刊以《论孟精义》，后又称《语孟集义》《语孟要义》。"宋兴百年，河洛之间，有二程先生者出，然后斯道之传有继。其于孔子、孟氏之心，盖异世而同符也。故其所以发明二书之说，言虽近而索之无穷，指虽远而操之有要，使夫读者非徒可以得其言，而又可以得其意；非徒可以得其意，而又可以并其所以进于此者而得之。其所以兴起斯文，开悟后学，可谓至矣。间尝搜辑条疏，以附本章之次，既又取夫学之有同于先生者，与其有得于先生者，若横渠张公，若范氏、二吕氏、谢氏、游氏、杨氏、侯氏、尹氏，凡九家之说，以附益之，名曰《论孟精义》。"③ 这就是《论孟集注》的前身，是朱熹早年《论语》学、《孟子》学的一个集结。但是《论孟精义》只是广集前人之所言尤其二程之学，并不是自己立意。淳熙四年（1177），在《论孟精义》的基础上，朱熹经过反复权衡推究，在注解中纳入自己的思想见解，完成了《语孟集注》《或问》的编撰。《朱熹年谱》载："先生既编次《论孟集义》，又作《训蒙口义》。既而约其精粹、妙得本旨者为《集注》，又疏其所以去取之意为《或问》。"④ 朱熹说："某《语孟集

① 曾枣庄，刘琳. 全宋文：第二百五十册·卷五六一九 [M]. 上海：上海辞书出版社；合肥：安徽教育出版社，2006：294-295.

② 曾枣庄，刘琳. 全宋文：第二百五十册·卷五六一九 [M]. 上海：上海辞书出版社；合肥：安徽教育出版社，2006：295.

③ 曾枣庄，刘琳. 全宋文：第二百五十册·卷五六一九 [M]. 上海：上海辞书出版社；合肥：安徽教育出版社，2006：305-306.

④ 王懋竑. 朱熹年谱：卷之二 [M]. 何忠礼，点校. 北京：中华书局，1998：76.

注》添一字不得，减一字不得。"① "某于《论》《孟》四十余年理会，中间逐字称等，不教偏些子。"② 可见，朱熹自己对《集注》亦颇为满意。继《论孟精义》之后，《语孟集注》成为朱熹《论》《孟》之学新的标杆。

朱熹《论》《孟》之学的厘定是对程学思想不断深化的体现。受时代学风和家学渊源的影响，在朱熹看来，程门之学是承接孔孟之道统、把握儒学真精神的可靠门径。但是，由于时间远去久矣，虽然程门之学广泛流传，程门弟子对二程之学亦多有发挥，然而其著作已偏离了二程精神之本旨，所以为了真正把握儒学本真精神，不仅要探究儒家经典本义，还需要重新体认二程精神，这是时代和学术的需要。在李侗"理一分殊"思想的影响下，朱熹开始走下学上达的为学进德之路。在此道路上，朱熹对《论语》《孟子》的研究的确表现出了与程门传人之著述的迥异。而且随着对中和问题的不断探究及其理学思想的不断发展，在求内圣以开外王的理想追求下，朱熹越来越崇尚伊川学术，"明道德性宽大，规模广阔；伊川气质刚方，文理密察，其道虽同而造德各异。……但明道所处是大贤以上事，学者未至而轻议之，恐失所守。伊川所处虽高，然实中人皆可跂及，学者只当以此为法，则庶乎寡过矣。然又当观用之浅深、事之大小，裁酌其宜，难执一意，此君子所以贵穷理也"③。朱熹认为，伊川之学虽高深但却是为学成德之径，而明道之学是大贤以上事。由此看来，朱熹为学是以道统为原则，以成德为目的。所以在《论孟精义》中朱熹揭示了《论语》《孟子》各自在修养问题上的功效："《论语》之言，无所不包，而其所以示人者，莫非操存涵养之要；七篇（按，指代《孟子》）之指，无所不究，而其所以示人者，类多体验充广之端。"④ 在朱熹看来，《论语》"莫非操存涵养之要"，即注重通过为己之学达到道德修养境界；《孟子》"类多体验充广之端"，即注重怎样才能达到道德本体之境，即道德修养工夫。而境界与工夫的关系就是下

① 朱熹．朱子语类：卷第十九［M］．黎靖德，编，王星贤，点校．北京：中华书局，1986：437.

② 朱熹．朱子语类：卷第十九［M］．黎靖德，编，王星贤，点校．北京：中华书局，1986：437.

③ 曾枣庄，刘琳．全宋文：第二百四十五册·卷五四九四［M］．上海：上海辞书出版社；合肥：安徽教育出版社，2006：273.

④ 朱熹．朱子语类：卷第十九［M］．黎靖德，编，王星贤，点校．北京：中华书局，1986：430-431.

学上达。"'圣人之经旨,如何能穷得?'曰:'以义理去推索可也……'"①,
"又'学者如何可以有所得?'曰:'但将圣人言语玩味,久则自有所得。若能
于《论》《孟》中深求玩味,将来涵养成甚生气质。'"② 这种由工夫而效验、
由下学而上达的道德实践架构,正是朱熹通过对程学的重新体认而彻悟的儒家
传统工夫。在《论孟精义》中,对"会通和合"的重视和对儒家道德伦理价值
的彰显,其实就是对儒学真精神的追求。如钱穆先生所言:"惟朱子为学精神重
在会通和合,寻求古人之共同处,不在独抒己见,表明其个人之特异处。……
会通和合,以求共同之一是,始是理学家所用心也。"③

第二节 《中庸章句》的经学阐释

《中庸》经过唐代韩愈、李翱的推崇,到宋代更是受到了二程的大加表彰。
朱熹尊崇孔孟、二程之学,立志于道统的承续,加之当时"异端之说,日新月
盛,以至于老、佛之徒出,则弥近理而大乱真矣"④。于是,随着对《中庸》
"未发已发"问题的深究,朱熹逐渐体悟到《中庸》乃"所以提挈纲维,开示
蕴奥,未有若是之明且尽者也"⑤。在他看来,子思亦是因"去圣远而异端起",
故而才"推本尧舜以来相传之意,质以平日所闻父师之言,更互演绎,作为此
书,以诏后之学者"⑥。所以,朱熹将《中庸》视为承续儒家道统的唯一线索和
有力根据,是儒家真精神之所在。所谓"盖其忧之也深,故其言之也切;其虑
之也远,故其说之也详"⑦。朱熹《中庸》诠释的特点主要表现为:一是确定
"中庸"之名义,予以平常、合理之意;二是重新确定文本结构,使之文脉理路
更加清晰或更加符合理学道统论;三是以理解经,通过注释经典文本从而做出
理学思路的梳理。朱熹以注经的形式,阐发并论证了理学一系列范畴、命题,

---

① 程颢,程颐. 二程集:遗书卷第十八 [M]. 王孝鱼,点校. 北京:中华书局,2004:
  205.
② 程颢,程颐. 二程集:遗书卷第二十二上 [M]. 王孝鱼,点校. 北京:中华书局,
  2004:279.
③ 钱穆. 宋代理学三书随劄 [M]. 北京:生活·读书·新知三联书店,2002:211.
④ 朱熹. 四书章句集注 [M]. 北京:中华书局,1983:15.
⑤ 朱熹. 四书章句集注 [M]. 北京:中华书局,1983:15.
⑥ 朱熹. 四书章句集注 [M]. 北京:中华书局,1983:15.
⑦ 朱熹. 四书章句集注 [M]. 北京:中华书局,1983:15.

对《中庸》学术资源进行重新整合，并批判地汲取佛老思想，从而完成了对《中庸》的发现与重构。当然，对《中庸》理学义理的阐发亦离不开经学文本的发展。

朱熹《中庸》学最早的著作是《中庸集说》，不过此书与《孟子集解》命运相似，朱熹对其亦不甚满意："《中庸集说》如戒归纳，愚意窃谓更当精择，未易一概去取。"① 随着中和思想的发展，朱熹多次与友人探讨论辩，以己意去取诸家之意，并重新编排章次，写成《中庸章句》后又进行了多次反复重订与修改。② 分《中庸》三十三章，"其首章子思推本先圣所传之意以立意，盖一篇之体要。而其下十章，则引先圣之所尝言者以明之也。至十二章，又子思之言，而其下八章，复以先圣之言明之也。二十一章以下至于卒章，则又皆子思之言，反复推说，互相发明，以尽所传之意也"③。对《中庸》的重新分列章节，表现了朱熹试图解决《中庸》篇章结构于经学之困境的初衷。同时，朱熹还编订写成了《中庸或问》和《中庸辑略》，用以辅佐《章句》来理解《中庸》之义。在《〈中庸章句〉序》中，朱熹说："既以定著《章句》一篇，以俟后之君子；而一二同志复取石氏书，删其繁乱，名以《辑略》，且记所尝论辩取舍之意，别为《或问》以附其后。然后此书之旨支分节解，脉络贯通，详略相因，巨细毕举；而凡诸说之同异得失，亦得以曲畅旁通而各极其趣。虽于道统之传，不敢妄议，然初学之士，或有取焉，则亦庶乎升高行远之一助云尔。"④

从《中庸集说》到《中庸章句》，朱熹逐渐完成了道统的建立，拟构了孔子、曾子、子思、孟子、周敦颐到二程的传授体系。对《中庸》文本的勘定，相对《大学》来说，只是稍做调整，仅对两三章做了编排。在勘定程度上，也不堪与《大学》相比。之所以如此，也是有迹可循的。在朱熹看来，《大学》是讲工夫次第，所以在篇章结构上必须有明确的先后顺序之分，而《中庸》"在

① 曾枣庄，刘琳. 全宋文：第二百四十六册·卷五五一一 [M]. 上海：上海辞书出版社；合肥：安徽教育出版社，2006：116.

② 有关《中庸章句》的序定时间，历来有多种说法。据顾歆艺考订，《中庸章句》初成书于乾道九年（1173）之前，束景南先生则认为是乾道八年（1172）秋。《中庸章句》的最后成书时间亦不确定。束景南先生确定为淳熙四年（1177），还有淳熙十二年和淳熙十六年之说。参见：束景南. 朱熹佚文辑考 [M]. 南京：江苏古籍出版社，1991：611；顾歆艺.《四书章句集注》成书考略 [J]. 中国典籍与文化论丛，1995（03）：128-145.

③ 曾枣庄，刘琳. 全宋文：第二百五十册·卷五六二四 [M]. 上海：上海辞书出版社；合肥：安徽教育出版社，2006：384.

④ 朱熹. 四书章句集注 [M]. 北京：中华书局，1983：15-16.

'全面性'的儒学'体用一如'本旨做到意义周全时，即可勘定文本"①。这点可以从朱熹对"四书"的读书次第安排上看出端倪，"先读《大学》以定其规模；次读《论语》以定其根本；次读《孟子》以观其发越；次读《中庸》以求古人之微妙处"②。朱熹认为，《大学》《论语》《孟子》是学者为学进德的入门之径，是为学次第，而《中庸》精微深奥，体用一如，是本体而工夫，工夫而本体。朱熹对《中庸》章节的编排目的是要给儒者提供一个权威经典来承续失传的儒家道统。这种编纂就是以中和体用为主线进行的。"《中庸》曰'天命之谓性，率性之谓道，修道之谓教。'何也？曰：'天命之谓性，浑然全体，无所不该也。率性之谓道，大化流行，各有条贯也。修道之谓教，克己复礼，日用工夫也。知全体然后条贯可寻而工夫有序。然求所以知之，又在日用工夫下学上达而已矣。'"③"'喜怒哀乐未发谓之中，发而中节谓之和。中也者，天下之大本也。和也者，天下之达道也。致中和，天地位焉，万物育焉。'何也？曰："'天命之性，浑然而已。以其体而言之，则曰中；以其用而言之，则曰和。中者，天地之所以立也，故曰大本。和者，化育之所以行也，故曰达道。此天命之全也。人之所受，盖亦莫非此理之全。'"④ 所以朱熹得出："盖敬以直内，而喜怒哀乐无所偏倚，所以致夫中也。义以方外，而喜怒哀乐各得其正，所以致夫和也。"⑤"敬以直内""义以方外"就是对中和体用的工夫修养，只有这样的人才能不偏于一隅，从而获得内圣外王的恰当进路。以"学问思辨以力行"的涵养进学工夫为《中庸》本旨，以天人合一释《中庸》，朱熹对《中庸》文本的勘定及其对《中庸章句》主旨的把握就是朱熹《中庸》之学的体现。

① 张勇．朱熹理学思想的形成与演变［D］．西安：西北大学，2008．
② 朱熹．朱子语类：卷第十四［M］．黎靖德，编，王星贤，点校．北京：中华书局，1986：249．
③ 曾枣庄，刘琳．全宋文：第二百五十一册·卷五六三七［M］．上海：上海辞书出版社；合肥：安徽教育出版社，2006：214-215．
④ 曾枣庄，刘琳．全宋文：第二百五十一册·卷五六三七［M］．上海：上海辞书出版社；合肥：安徽教育出版社，2006：215．
⑤ 曾枣庄，刘琳．全宋文：第二百五十一册·卷五六三七［M］．上海：上海辞书出版社；合肥：安徽教育出版社，2006：215．

第三节 《大学章句》的经学厘定

《大学章句》同《中庸章句》的序定异曲同工，都是在初稿的基础上反复修订而成。其初稿的确定是以《大学集传》为本。对于《大学》之学，朱熹亦是以二程之说为主兼采诸家之言。他于《大学》的突出贡献是分经、传两部分，并"取程子之意"补写格物致知论。在朱熹看来，经篇"盖孔子之言而曾子述之"，传篇"则曾子之意而门人记之也"①，如此编排才"序次有伦，义理通贯，似得其真"②。此后，朱熹又写成了《大学或问》。"《大学》本文未详者，某于《或问》则详之。"③ "看《大学》且逐章理会。须先读本文，念得，次将《章句》来解本文，又将《或问》来参《章句》。须逐一令记得，反复寻究，待他浃洽。"④ 朱熹对《大学》文本的勘定及诠释与《中庸》是同时进行的。但是《大学章句》文本的勘定与《大学章句》思想的定型并非同步完成。《大学章句》新文本的勘定要先于《大学章句》"格物致知"等核心思想的成熟。朱熹对《大学》经学文本厘定的用功程度远高于其他三经。这正是朱熹严谨的为学工夫次第的表现，亦是朱熹溯本正源，追寻儒家本真精神的愿望体现。

《礼记》之《大学》本，经秦汉至宋，难免会因竹简的错综导致章节编排上有失原本之貌。所以为了溯本正源，对《大学》进行经学厘定无可厚非。并且，由于《大学》在宋代很大程度上是被看作如何由道德工夫开出外王功业的理论根据，因此，对三纲领、八条目做出清晰的义理分疏亦势在必行。这点在伊川和朱熹那最为突出。

朱熹的《大学》新本与古本相比，改定了 1546 字。朱熹重新厘定古本《大学》并非对古本的否定，相反认为它整体上还是"文理接续，血脉贯通，深浅始终，至为精密"⑤ 的。当然，不可否定朱熹有为其理学思想寻找理论依据的

---

① 朱熹．四书章句集注［M］．北京：中华书局，1983：4.
② 曾枣庄，刘琳．全宋文：第二百五十册·卷五六二四［M］．上海：上海辞书出版社；合肥：安徽教育出版社，2006：384.
③ 朱熹．朱子语类：卷第十四［M］．黎靖德，编，王星贤，点校．北京：中华书局，1986：257.
④ 朱熹．朱子语类：卷第十四［M］．黎靖德，编，王星贤，点校．北京：中华书局，1986：257.
⑤ 朱熹．四书章句集注［M］．北京：中华书局，1983：4.

可能，不过我们似乎无从考证，所以暂且不论。下面仅以《十三经注疏》中郑玄注本为据，对朱熹《大学章句》勘定的进程理路稍加梳理。

《礼记·大学第四十二》，开篇云：

> "大学之道，在明明德，在亲民，在止于至善。知止而后有定，定而后能静，静而后能安，安而后能虑，虑而后能得。物有本末，事有终始，知所先后，则近道矣。
>
> 古之欲明明德于天下者，先治其国，欲治其国者，先齐其家，欲齐其家者，先修其身，欲修其身者，先正其心，欲正其心者，先诚其意，欲诚其意者，先致其知，致知在格物。物格而后知至，知至而后意诚，意诚而后心正，心正而后身修，身修而后家齐，家齐而后国治，国治而后天下平。自天子以至于庶人，壹是皆以修身为本。其本乱而末治者，否矣。其所厚者薄，而其所薄者厚，未之有也。此谓知本，此谓知之至也。"

《大学》开首第一段，朱熹称之为"经"，而后至结尾整个章节都是解释"经"的"传"。按照这种解释关系我们可以做个对应：哪些是解释"三纲领"的，哪些是解释"八条目"的。

以郑玄注本《十三经注疏》为据，按照《大学》原本次序，把朱熹所谓"传"文部分分段对比来看，不难发现，确有对经文"三纲领"的逐条阐释，按照逻辑推理，理应也有一部分逐条阐释"八条目"的传文。但是文本中只有对正心与修身、修身与齐家、齐家与治国、治国与平天下"四条目"的阐释，并不见对于格物、致知、诚意与正心之间关系的阐释。如下：

> 第一章"所谓诚其意者，……君子必诚其意。"
> 第二章"诗云瞻彼淇澳，……以此没世不忘也。"
> 第三章"康诰曰克明德，……皆自明也。"
> 第四章"汤之盘铭曰苟日新日日新，……是故君子无所不用其极。"
> 第五章"诗云邦畿千里惟民所止，……与国人教止于信。"
> 第六章"子曰听讼吾犹人也，……大畏民志，此谓知本。"
> 第七章"所谓修身在正其心者，……此谓修身在正其心。"
> 第八章"所谓齐家在修其身者，……此谓身不修不可以齐其家。"
> 第九章"所谓治国必先齐其家者，……此谓治国在齐其家。"

第十章"所谓平天下在治其国者，……此谓国不以利为利，以义为利者。"

可见，第三、四、五章分别与经文的"明明德""亲民""止于至善"相对应，第七、八、九、十章以一致的"所谓……者，……此谓"句式阐释"修身""齐家""治国""平天下"诸条目，按照这种对应阐释关系，显然在第七章之前还应有"所谓致知在格物者，……此谓致知在格物""所谓诚其意在致知者，……此谓诚其意在致知""所谓正心在诚其意者，……此谓正心在诚其意"三章。而第一章"所谓诚其意者，……君子必诚其意"似乎与第七、八、九、十章如出一辙，也正巧释"诚意"，照朱熹的看法这是错简所致，而对于"所谓致知在格物者，……此谓致知在格物。""所谓正心在诚其意者，……此谓正心在诚其意。"《大学》文本里显然缺失了该部分的内容。所以朱熹补格物致知传，就是为了弥补这种"经""传"对应阐释视角下《大学》文本所缺失的内容。"右传之五章，盖释格物、致知之义，而今亡矣。闲尝窃取程子之意以补之曰：'所谓致知在格物者，言欲致吾之知，在即物而穷其理也。盖人心之灵莫不有知，而天下之物莫不有理。惟于理有未穷，故其知有不尽也。是以《大学》始教，必使学者即凡天下之物，莫不因其已知之理而益穷之，以求至乎其极。至于用力之久，而一旦豁然贯通焉，则众物之表里精粗无不到，而吾心之全体大用无不明矣。此谓格物，此谓知之至'也。"①

这样，朱熹认为第三、四、五、六章应为第一至四章节，补传、第一章加第七、八、九、十章应依次为第五至十章节，他说："凡传十章：前四章统论纲领指趣，后六章细论条目工夫。其第五章乃明善之要，第六章乃诚身之本，在初学尤为当务之急，读者不可以其近而忽之也。"② 这就是朱熹《大学》经学文本的内容排序。

对《大学》文本的编排，朱熹说是"闲尝窃取程子之意以补之"，即以程颐之意补写的。程颐为格物工夫，主张今日格一物，明日格一物，格得多了，自然而然终得事物之理。朱熹继承程颐进学在致知、学莫大于致知之论，扬弃韩愈虽重《大学》却只重正心诚意，而忽略格物致知的论调；既肯定韩愈著《原道》使《大学》广闻于天下，却又指出韩愈不论格物致知的失误。这些足

---

① 朱熹. 四书章句集注［M］. 北京：中华书局，1983：6-7.
② 朱熹. 四书章句集注［M］. 北京：中华书局，1983：13.

以表明朱熹对格物致知的重视程度。《大学章句》所补"格物致知传"是朱熹格物思想的核心体现，成了元明清三代格物论的官方解释，并逐渐化生为中国传统哲学认识论的基本学说之一，成为中国思想史上一颗璀璨明珠。

不过，《大学》文本似有缺失，这是事实，不但朱熹指出来了，其他学者亦有言及。那么朱熹此之补论是否恰当？与《大学》原意是否吻合？陈来先生分三点对该问题作了阐述：就《大学》一般结构来说，先述三纲领、八条目，接着逐条阐释三纲领、八条目的相互关系，即朱熹所谓的经传关系，这一点似乎无可厚非；就《大学》章节顺序来说，第一章当在第七章之前，大体上也是有根有据讲得通的；就《大学》整体结构内容来说，缺少"所谓致知在格物者""所谓诚其意在致知者"的阐释，"朱熹为作补传，于此不为无见"①。但是我们不得不指出，朱熹所补是以二程思想为理论根据，以理学阐释为基点的，这显然不能完全准确地恢复《大学》的本来面貌，也就不能完全吻合《大学》原始思想义理。可见，朱熹补格物致知论或许是因为《大学》有阙文，但不可否认，朱熹更是为了给理学思潮呈上一个完善的文本典籍，从而为进一步阐发理学方法论和修养论提供理论需要。

---

① 陈来. 朱子哲学研究 [M]. 北京：生活·读书·新知三联书店，2010：327-328.

第三章 朱熹《大学》"格物致知"的工夫次第①

自淳熙四年（1177）至淳熙九年（1182），朱熹"四书"经学文本得以基本确定，以"四书学"为代表的朱熹思想体系的架构也基本完成。在此过程中，朱熹以"理学"阐释"四书"，以"四书"构建"理学"，二者相得益彰，在不断摩擦与撞击下终于擦出理学史上闪亮的"火花"。而《大学章句》为学次第之详和《中庸章句》工夫本体之全则构造了朱熹理学思想的纲维与节拍。

在"四书"体系中，朱熹对《大学》尤为重视。据记载，他八九岁攻读"圣贤之学"，因"圣人与我同类"而慨然发奋，以"成圣"为志向，日读《大学》《中庸》《论语》《孟子》从不间断，且对《大学》尤为用功，研习长达六十年之久。对《大学》文本的勘定，关乎朱熹对工夫次第的认识。虽然最初《大学》多以政治哲学的面貌为朱熹所接受，但是随着朱熹与李侗的深入探讨以及对诸多异端的批评，朱熹一步步从认识论和方法论上探讨《大学》及其格物论，最终在己丑之悟后，随着主敬立本、穷理进知精神的确立，《大学》在朱熹"为己之学"中占据了重要地位，成为朱熹道德修养的理论基础。

---

① 本章立足于朱熹下学上达之工夫进路，所以在章节编排上亦是循此进路予以说明的。《大学》本身就被朱熹列为"四书"之首。朱熹说："《大学》是为学纲目。先通《大学》，立定纲领，其他经皆杂说在里许。通得《大学》了，去看他经，方见得此是格物、致知事；此是正心、诚意事；此是修身事；此是齐家、治国、平天下事。"（朱熹．朱子语类：卷第十四［M］．黎靖德，编，王星贤，点校．北京：中华书局，1986：252.）所以在论述朱熹"四书学"内圣外王理学工夫体系的建立这部分内容时，先以《大学》立定为学次第，再以《中庸》辑证工夫本体，最后指出《论》《孟》下学上达的工夫进路。

第一节　明明德

《大学》开篇即明："大学之道，在明明德，在亲民，在止于至善。"朱熹在《大学章句》中曰："明明德、亲民，皆当止于至善之地而不迁。盖必其有以尽夫天理之极，而无一毫人欲之私也。此三者，大学之纲领也。"①在朱熹看来，《大学》乃成圣成贤的总"规模"与"纲领"，它确定了为学目的与工夫次第。其中在"三纲领"之中，"明明德"是"亲民""止于至善"的基础；在"八条目"之中，又"修身以上，明明德之事也"，"明德是指全体之妙，下面许多节目，皆是靠明德做去"②。在朱熹看来，《大学》的诸多工夫条目，皆可归摄于"明德"上，因此其常教导学生"为学只'在明明德'一句"③。可见，"明德"在朱熹《大学》思想体系中极其重要，既是统领性纲领，又是贯穿性核心。对于如此重要的一个概念，朱熹自然也是着力阐发其含义的，但遗憾的是，朱熹的"明德"观在后来并没有得到全面的揭示。④

从《大学章句》的阐释来看，"三纲领"的逻辑进路为：自明其德—推以及人—至善不迁。那么，何为"明明德"？"三纲"之间又是如何联系的？这似乎是我们理解朱熹《大学》理学思想的逻辑起点。

一、明德由来

"明德"一词，始见于《尚书》与《诗经》。如《尚书》中有"保受王威命明德"（《召诰》）、"克明德慎罚"（《康诰》）。《诗经》中有"帝迁明德，串夷载路"与"帝谓文王，予怀明德"（《大雅·文王之什·皇矣》）等。"德"最初是在政治视域下产生的。据考证，"德"字在《虞夏书》《商书》《周书》中都有出现。其中，在《虞夏书》《商书》中各出现14次，在《周书》中出现

① 朱熹．四书章句集注［M］．北京：中华书局，1983：3.
② 朱熹．朱子语类：卷第十四［M］．黎靖德，编，王星贤，点校．北京：中华书局，1986：261.
③ 朱熹．朱子语类：卷第十四［M］．黎靖德，编，王星贤，点校．北京：中华书局，1986：261.
④ 周之翔．朱子明德观的内涵［M］//赵平略，陆永胜．王学研究：第5辑．北京：社会科学文献出版社，2016：298-299.

88 次。从其运用来看，其意义最主要是以"道德"义出现的。早期人类由于认知与能力的不足，对一些自然现象充满了未知与恐惧，特别是在中国这样一个两河流域孕育起来的农业大国，靠天吃天，使人们对"天"产生了特殊的敬畏与依赖心理。自夏王朝建立，奴隶主贵族为了维护和巩固自己的统治，更是利用天命观炮制出一个主宰之"天"，称"以假以享，我受命溥将。自天降康，丰年穰穰"①。至商代夏，又炮制出"帝立子生商"的说法以论证其政权的合法性和永久性。然而，人类发展的历史事实再一次让人们感受到天命的无常。政权合法性在"君权神授"说法中历经夏商二代后，似乎失去了效力，新兴的周王朝必须"另辟蹊径"，于是周公旦提出了"以德配天"的理论，指出"今商王受，弗敬上天，降灾下民"②。从天命观来看，上天拥有超自然力量和权能，管控着自然世界和人类社会的所有事务，并按照一定的方式显示其意愿。君王的权力来自"天"的赋予，是上天在人间择优而选的代理，这个代理并非一成不变，而要视其德行能否当此大任。因为上天本身具有仁爱之德，其审视评判君王德行之高低的标准就是是否与天德一致，然后施以福祸以示奖惩，所以，天命无常、德主沉浮，夏、商的"易王而治"便是上天对失德之君的惩罚。这是周初统治者对世事的认识，即"惟天不畀不明厥德"③。所以，"在西周以来逐步发展了一种思想，即认为在现行的政治秩序之后还有一个道德法，政治运行必须合于某些道德要求，否则就必然导致失败。"④ "周公等贤哲所一再申明的道理就是'天命'决定于'人'自身'敬德保民'，而不是'上帝'的恩赐或心血来潮。"⑤ 所以，这个"德"是一种贵族性的政治道德，它的行为主体是君主圣王。换句话说，这个"德"是君主能够称其为君主的根本所在。这是周公"以德配天"思想提出的根本原因与目的所在。"德威惟畏，德明惟明"⑥，贤德之人所惩罚的，人都畏服；贤德之人所尊重的，人们没有不尊重的。所以，德行高尚之人为君为王为政才能让人心悦诚服。所以，"其人有德，乃言曰，载采

---

① 阮元．十三经注疏：三 [M]．清嘉庆刊本．北京：中华书局，2009：1341.

② 阮元．十三经注疏：二 [M]．清嘉庆刊本．北京：中华书局，2009：382.

③ 阮元．十三经注疏：二 [M]．清嘉庆刊本．北京：中华书局，2009：467.

④ 陈来．古代宗教与伦理：儒家思想的根源 [M]．台北：台湾允晨出版公司，2005：307-310.

⑤ 王灿．《尚书》中的天人关系新探 [J]．青海师范大学学报（哲学社会科学版），2009（6）：32-36.

⑥ 阮元．十三经注疏：二 [M]．清嘉庆刊本．北京：中华书局，2009：527.

采"①。如尧让位于舜时，舜觉得自己德行还不够，谦让给有德之人；禹定九州后，明确按德决定赏赐顺序。周公认识到德行与辅政之间的关系，表示"予一人惟听用德"②，所以，以德帅才、以贤驭能，"明政之德"逐渐成为政权稳定的基础与保障。明德成为周人显著的思想特征，也成为周代显著的时代特征。早在《周书》中"明德"就已经出现8次。虽说它是具有天命属性和政治色彩的，但却开启了中国文化史上的德性伦理思想，成就了明德尚德的优秀文化传统。

到了春秋时期，明德思想在儒家的完善与发展下得到了进一步推进。儒家创始人孔子极为推崇周公。子曰："如有周公之才之美，使骄且吝，其余不足观也已。"③ 又曰："甚矣吾衰也！久矣吾不复梦见周公。"④。当时正处于中国奴隶制社会向封建制社会过渡的社会大变革时期，随着旧等级制度的瓦解，出现了"礼崩乐坏"的局面，社会动荡不安。孔子生活在保存周礼相对完整的鲁国，又出身贵族，长期从事"儒"的工种，所以对周礼非常熟悉。在他看来，"天下有道，则礼乐征伐自天子出；天下无道，则礼乐征伐自诸侯出。"⑤ 要想使天下复归安宁稳定，社会由乱变治，就必须恢复礼治。"郁郁乎文哉！吾从周。"⑥ 所以，孔子一生都在复兴周礼。而复兴周礼首要的一条就是"德"观念的继承。子曰："天生德于予。"⑦ "德不孤，必有邻。"⑧ "德"在《论语》中共出现38次，大多数也是"道德"义。只不过经孔子阐发后的"德"跳脱出君主圣王的圈子，拓展为具有普遍性的规则或品行。只要是有德之人，无论是君是民，无论涉及政权还是琐事，都将会得到上天的庇护。这样一来，明德就不再仅是君王必备的政治素质，而成为上至天子下至庶民都理应追求的素质与品行。这一思想奠定了中国文化德性伦理的走向。同时，孔子把"德"的本体意涵规定为"仁"，讲究成仁成圣，讲究"我欲仁，斯仁至矣"。孔子把"仁"视为一种普遍的道德精神，一种人之所以为人的原则。这是一种原始的人道主义思想。所谓"人道"就是为人之道，就是人作为人应该遵守的道德准则。孔子把君王被

---

① 阮元．十三经注疏：二 [M]．清嘉庆刊本．北京：中华书局，2009：290.
② 阮元．十三经注疏：二 [M]．清嘉庆刊本．北京：中华书局，2009：468.
③ 朱熹．四书章句集注 [M]．北京：中华书局，1983：105.
④ 朱熹．四书章句集注 [M]．北京：中华书局，1983：94.
⑤ 朱熹．四书章句集注 [M]．北京：中华书局，1983：171.
⑥ 朱熹．四书章句集注 [M]．北京：中华书局，1983：65.
⑦ 朱熹．四书章句集注 [M]．北京：中华书局，1983：98.
⑧ 朱熹．四书章句集注 [M]．北京：中华书局，1983：74

动地遵德循天，发展成人为主动地明德为仁。同时，孔子还讲"性相近也，习相远"。所以才会有圣人、君子和小人等不同存在。而"君子喻于义，小人喻于利""君子周而不比，小人比而不周""君子成人之美，小人成人之恶""君子泰而不骄，小人骄而不泰""君子求诸己，小人求诸人"……无论善恶观、公私观、价值观、处事方法、待人态度等各方面，君子与小人都存在着很大的不同。显然，具有高尚德行的君子不论对于个人还是对于家国发展都是积极有利的存在；反之，小人则不利于个人和社会发展。所以，先秦儒家的核心理念就是彰显人之德性本性。《大学》中的"明德"概念正是沿着这一思想脉络承接而来的。《大学》中讲"自天子以至于庶人，壹是皆以修身为本""故君子必慎其独也""君子贤其贤而亲其亲，小人乐其乐而利其利""为人君，止于仁；为人臣，止于敬；为人子，止于孝；为人父，止于慈；与国人交，止于信""人之其所亲爱而辟焉，之其所贱恶而辟焉"。在《大学》中，明德的主体既包括天子、君王，又包括庶人、国人、君子、小人、父、子等一切人，即"自天子以至于庶人"。正如朱熹所言，"所谓明德者，又人人之所同得，而非有我之得私也"。可见，《大学》中明德亦是由政治道德转为普适性的人伦道德。

虽然"明德"被赋予了伦理内涵，但自先秦至汉唐，学者们并未对"明德"的本源、意蕴以及如何明"明德"等问题做细致详尽的思考。如郑玄注曰："明明德，谓显明其至德也。"孔颖达疏曰："在明明德者，言大学之道，在于章明己之光明之德。谓身有明德，而更章显之。"① 依然旨在阐明"明德"乃是承担治理国家等责任的贵族要"以德配天"的一种道德要求，并无心从心性领域加以思考。直到宋代，为回应佛老学说对儒家思想的冲击，儒者们自觉重拾并发展以孟子为核心的心性思想资源，来推动儒学人生哲学的转向。在这种思想驱动下，作为理学所依据的主要经典文本《大学》中的"明德"也开始从本体、心性、工夫等层面被加以探讨。如二程把"明德"释为"道""理"："《大学》'在明明德'，先明此道。""《大学》之道，'在明明德'，明此理也。"② 这里的"此道""此理"当应为其自家"体贴"出的"天理"，二程意不在解释"明德"，而是突出"天理"。一个讲"先明此道"，一个讲"明此理也"。虽仅一字之差，一个确立了"理"的先在性，要明德先要明理；一个确立了明德即

① 阮元.十三经注疏：六 [M].清嘉庆刊本.北京：中华书局，2009：3632.
② 程颢，程颐.二程集：遗书卷第十二 [M].王孝鱼，点校.北京：中华书局，2004：136.

理的观念，要明德即明理。除此并未过多论及。

朱熹在二程的基础上对《大学》"明明德"历经数十年的思考。最初，他根据对北宋诸儒的理解，以孟子的"良知良能""良心"等阐释"明德"的内涵："明德，谓本有此明德也。'孩提之童，无不知爱其亲，及其长也，无不知敬其兄。'其良知良能，本自有之，只为私欲所蔽，故暗而不明。"又说："'孩提之童，无不知爱其亲；及其长也，无不知敬其兄'，此良心也。良心便是明德。"孟子认为人性本善，"良能"即人生来就具有的向善的能力，"良知"即生来就具有的道德意识。此良知良能都是先天禀赋而非人之所学而得的。即"人之所不学而能者，其良能也；所不学而知者，其良知也"①。在孟子看来，良知良能是万善之源，由此形成恻隐之心、恭敬之心、羞恶之心、是非之心四端。在《孟子集注》中，朱熹注释"良知良能"说："良者，本然之善也。程子曰：'良知良能，皆无所由，乃出于天，不系于人。'"② 可以看出，此时朱熹对"明明德"的关注，实际上就是"良知良能"，是天所赋予人的，因被物欲所蔽而昏昧不明，就像久未擦拭的镜子一样，原本具有反射物质、照见物象的本性，却因为蒙上了灰尘，物象的本性就被遮蔽了。所以"明明德"在朱熹看来就如同擦拭镜子上的灰尘，使之能够重新照见物象，显透其本性。接着，朱熹又以孩童为例，指出良心便是"明德"。所谓"良心"就是道德化了的人心，或者说是以道德意识为人心之本然。这种被赋予了特定道德含义的心，人人有之且非外铄于我，而是本自有之。朱熹以此良心释明德，指出明德本自有，只不过因私欲所蔽而不明。显然，这是承袭孟子从心性层面上论及的。

但是丙午之悟后，朱熹发现孟子的"良知良能"说缺少何以能使之成己成物的理论支撑。换句话说，"良知""良能""良心"总归还是一种经验性的证明，只是用来指示人性本善的内在性，并没有究明其之所以然。所以"良知良能"说就不足以解释"明德"之意蕴，还需要寻得本体依据。于是，淳熙十四年（1187）后，朱熹开始从理学家着力的心性论的角度思考"明德"意蕴："天之赋予人物者谓之命，人与物受之者谓之性，主于一身者谓之心，有得于天而光明正大者谓之明德。"③ 这里朱熹试图糅合天、命、性、心等范畴，从天道性命层面阐释明德，虽然"有得于天而光明正大者"明确地讲明了明德的来源

---

① 朱熹. 四书章句集注［M］. 北京：中华书局，1983：353.

② 朱熹. 四书章句集注［M］. 北京：中华书局，1983：353.

③ 朱熹. 朱子语类：卷第十四［M］. 黎靖德，编，王星贤，点校. 北京：中华书局，1986：260.

与特性，但其与"主于身"的心和"受之者"的性是何关系？天赋之命、人物之性，皆光明正大、纯粹至善，而"主于身"的心则易于人欲之蔽呈现已发未发之态，难免昏昧不明。那么，"明德"与心是何关系？诸如"心与性如何分别？明如何安顿？受与得又何以异？人与物与身又何间别？明德合是心，合是性？"① 之问，朱熹并没有讲明。后来，在《经筵讲义》中曰："臣窃谓天道流行，发育万物，而人物之生，莫不得其所以生者，以为一身之主。但其所以为此身者，则又不能无所资乎阴阳五行之气。而气之为物，有偏有正，有通有塞，有清有浊，有纯有驳。以生之类而言之，则得其正且通者为人，得其偏且塞者为物。以人之类而言之，则得其清且纯者为圣、为贤，得其浊且驳者为愚、为不肖。其得夫气之偏且塞而为物者，固无以全其所得以生之全体矣，惟得其正且通而为人，则其所以生之全体无不皆备于我，而其方寸之间虚灵洞彻，万理粲然，有以应乎事物之变而不昧，是所谓明德者也。"② 如朱熹所言，天道化育流行生成万物。人物之生皆禀其所以生者③为一身之主，亦皆禀阴阳五行之气为一身之形。禀气清且正且通者为人，禀气浊且偏且塞者为物。偏浊之气对性理之全有所遮蔽，所以只有禀赋正清之气的人才能全其所以生之全体（理），此为人、物之别。然人以类言之，又有圣贤和愚昧、君子与小人之分，何故？就在于能否明"明德"。作为一身之主的心虚灵洞彻，能够具众理（德），但是，心会应接外物，如何保持已发之心仍虚灵不昧？那就是明明德之事了，即"应乎事物无穷之变而不昧"。如此看来，朱熹将明德释为"应乎事物之变而不昧"显然是从心而言的。朱熹融汇北宋以来的宇宙化生论、气论、心性论试图解决明德与心的关系问题，赋予了"明德"更多的心性论内涵。晚年，庆元党禁、"伪学"指控等遭遇使朱熹更多地看到人心的晦暗，这就更坚定了他探究明德复性之根据与工夫路径的决心。他认为"明明德"不仅是个体的为学宗旨与目标，也是整体社会安定、政治清明的根本保障。所以晚年的他除了从心性言"明德"，还从"明德"的本体、"明德"的工夫等进一步阐释"明德"意蕴。最终在庆元二年（1196）左右完成了对《大学》"明德"的释意。所谓"明德"，朱

---

① 朱熹. 朱子语类：卷第五 [M]. 黎靖德，编，王星贤，点校. 北京：中华书局，1986：88.

② 曾枣庄，刘琳. 全宋文：第二百五十一册·卷五六三六 [M]. 上海：上海辞书出版社；合肥：安徽教育出版社，2006：184-185.

③ 这个"所以生者"正如朱子释"理"为"所以然之故"与"所当然之则"一样，并没有明确讲明。依笔者看，这个"所以生者"就是"理"。

熹是这样解释的:"明德者,人之所得乎天,而虚灵不昧,以具众理而应万事者也。但为气禀所拘,人欲所蔽,则有时而昏;然其本体之明,则有未尝息者。故学者当因其所发而遂明之,以复其初也。"① 他以性即理为理论基点,强调天下万物皆禀理成性,天理是全,是一,故而万物之性系圆满自足。人乃万物之一,自然禀系天理以成性,人之性皆天命之性,故而"自天降生民,则既莫不与之以仁义礼智之性矣"。所不同的是,人除了具有"人身"外,还有"人心"。心为身之主,且知觉灵明,能够具众理应万事。然万物之生亦需禀气方能成形,而气之薄厚、清浊,会对所禀之"全性"形成不同程度的遮蔽,使人不能"知其性之所有而全之也",进而不能尽心尽性。所以,人之"实性"千差万别,有伏羲、神农、黄帝、尧、舜、孔子等"能尽其性者",有诸如小人等不能尽其性者,也有位列此二者之间的"中人"。所以,这就需要对这些受气禀而不能全其性、尽其性的人"以复其初"。显然,这是理学视角下的意蕴阐释。

从上述朱熹对《大学》"明明德"命题的不断思考与阐释,不难发现,朱熹通过整合先秦儒家心性之学与宋代理学思想,创造性地把理学中的"理、天、心、性、情"等范畴同《大学》中的"格、致、正、诚"等条目串联为一个统一体,并从"明德"之本体、"明德"之心性、"明德"之工夫等视角展开阐释,所以,朱熹讲"明明德"乃《大学》全书之纲领,其缘由也正在于此。

二、朱熹"明德"之内涵

另者,朱熹又说:"新者,革其旧之谓也,言既自明其明德,又当推以及人,使之亦有以去其旧染之污也。"② 前面我们论述了,朱熹受其父影响,始终心怀天下,讲究家国平治。正如余英时所指出的,宋代儒学的核心问题就是重建"三代治道",其追求道德性命也是为了"推明治道",即重建"人间秩序"。③ 所以,个人的德性修养只是推明治道的基础,在完成自明其德之后,还有推以及人,帮助其他不能自明明德之人革除旧染,使之亦复其初。最后,"止者,必至于是而不迁之意。至善,则事理当然之极也"。无论就个人而言,还是社会整体而言,只要人人都能够做到自明其明德,极尽事理之当然,无一毫人欲之私,那么,家国天下则得以平治。如此来看,明明德是基础。只有先完成

---

① 朱熹. 四书章句集注 [M]. 北京:中华书局,1983:3
② 朱熹. 四书章句集注 [M]. 北京:中华书局,1983:3.
③ 余英时. 宋明理学与政治文化 [M]. 长春:吉林出版集团有限责任公司,2008:3.

个体德性之修，才能进一步推己及人，进而完成社会整体的优化。

从朱熹对明德的定论来看，其主要内涵有以下三个方面：

第一，天赋"明德"。从早期"德"的天命属性来看，实现明德的根本依据来自至高无上的天命，这是自人文初始后，数千年来古圣先贤一直不断探求的天人关系的基本框架。朱熹在庆元二年（1196）左右对《大学》"明德"的最终释意中首先讲"明德者，人之所得乎天"。这是对先秦天人关系的思想的继承，也是对"明德"之来源做出的说明。那么，这个"天"是什么？又如何能够"所得"？这是我们首先要弄明白的问题。

此处所指之"天"，是北宋五子之首，濂溪周敦颐所言之"天"。朱熹继承二程以"天理"为核心的理论体系，指出天地万物的存在是以天理为依据的。所谓"天道流行，发育万物，其所以为造化者，阴阳五行而已。而所谓阴阳五行者，又必有是理而后有是气。及其生物，则又必因是气之聚而后有是形。故人物之生必得是理，然后有以为健顺仁义礼智之性；必得是气，然后有以为魂魄五脏百骸之身。周子所谓'无极之真，二五之精，妙合而凝'者，正谓是也"①。朱熹此处所谓"天"，是经过"北宋五子"，特别是周敦颐的创发而建立的。"太极动而生阳，静而生阴。静极而动。一动一静，互为其根。分阴分阳，两仪立焉。阳变阴合而生水火木金土，五气顺布，四时行焉。五行一阴阳也，阴阳一太极也，太极本无极也。五行之生也，各一其性。无极之真，二五之精，妙合而凝。'乾道成男，坤道成女。'二气变感，化生万物，万物生生而变化无穷焉。唯人也得其秀而最灵。形既生矣，神发知矣，五性感动而善恶分，万事出矣。圣人定之以中正仁义而主静立人极焉。故圣人'与天地合其德，日月合其明，四时合其序，鬼神合其吉凶'。君子修之吉，小人悖之凶。故曰：'立天之道，曰阴与阳。立地之道，曰柔与刚。立人之道，曰仁与义。'又曰：'原始反终，故知死生之说。'大哉，《易》也，斯其至矣!"② 周敦颐通过"无极而太极"这一本体建立起无极—太极、阴阳、五行、万物、人的宇宙图式，其中，人最为灵秀。周敦颐以其所建构的宇宙论为形上根据，以现实世界的人为落脚点，建立了一套"主静立人极"的人生哲学，为儒家士人建构了一个安顿现实人生的存在家园。朱熹汲取周敦颐《太极图说》的思想，为《大学》构建宇宙

---

① 丘濬. 大学衍义补：治国平天下之要（下）[M]. 金良年，整理，朱维铮，审阅. 上海：上海书店出版社，2012：556.
② 脱脱，等. 宋史：卷四百二十七 [M]. 中华书局编辑部，点校. 北京：中华书局，1985：12712.

论背景来说明"明德"是"人之所得乎天"者，来寻得"明德"之本体。如
"然以其理而言之则万物一原，固无人物贵贱之殊，以其气而言之则得其正且通
者为人，得其偏且塞者为物，是以或贵或贱而不能齐也，彼贱而为物者既梏于
形气之偏塞而无以充其本体之全矣，唯人之生乃得其气之正且通者而其性为最
贵，故其方寸之间虚灵洞彻，万理咸备，盖其所以异于禽兽者正在于此。而其
所以可为尧舜而能参天地以赞化育者亦不外焉。是则所谓明德者也。"① 朱熹在
这里汲取周敦颐《太极图说》的思想，从理气的观点出发，指出以理而言，人
与万物一原；以气而言，或贵或贱不能齐。因人之生是禀受正通之气，不会有
所遮蔽，所以，天赋予人的，不多不少，不遮不掩，就是天所具之全体——太
极，故"其性为最贵"。这个所"贵"之处就是"明德"。可见，人之"明德"
所得乎"天"的这个"天"，正是周敦颐以阴阳五行造化人与万物的天，是一
个不玄、不虚、不妄，无形、无相、无方所，以生物为心、至仁至善的天。如
此来揭示《大学》的宇宙论背景以及说明明德的来源，同时将孔子、子思、孟
子以及二程的心性论思想架构在周敦颐的宇宙论上来阐明人物之别。

　　朱熹在讲完"明德者，人之所得乎天"之后，接着就讲"而虚灵不昧，以
具众理而应万事者也"。从字义上来看，"虚"指看不见、摸不着但又真实存在，
"灵"指每个人得之于天的"明德"有神性和灵性的特点，"昧"即暗，"不昧"
即不暗，即明，也就是后面说到的明德其本体之明。可惜为气禀所拘，人欲所
蔽，则有时而昏。虚灵不昧基本上是关于"明德"的特征的描述。孔子从人生
实践入手，侧重于主体的意义与价值的意义，讲究人作为社会成员应该遵守的
道德准则，提出了人应当履行的具体行为准则，但是人之所以应当如此的人性
论依据以及人道与天道的关系等问题，孔子并未多言，"夫子之言性与天道，不
可得而闻也"②。子思作《中庸》讲："天命之谓性，率性之谓道，修道之谓
教。"指出天所禀赋于物的最直接的那个东西就是"性"。孟子在此基础上讲
"良心""善端"，并把天作为道德价值的终极依据。"尽其心者，知其性也，知
其性则知天矣。存其心，养其性，所以事天也。"③ 只要诚心诚意地尽量扩充人
生来就有的善心，就可以了解人的本性；了解人的纯善的本性，也就是了解天
的本性。所以，子思和孟子都把终极价值目标设定为天人合一的精神境界，正

---

①　丘濬. 大学衍义补：治国平天下之要（下）［M］. 金良年，整理，朱维铮，审阅. 上
　　海：上海书店出版社，2012：556.
②　朱熹. 四书章句集注［M］. 北京：中华书局，1983：79.
③　朱熹. 四书章句集注［M］. 北京：中华书局，1983：349.

式确立了"性与天道"的联系。宋明理学家为了有力回应佛教超越本体以及强大的精神慰藉功能，把儒学的重点转向了人生哲学。通过对十三经中《论语》《孟子》《中庸》《大学》的重新阐释对"性与天道"做出了创造性的诠释，建构了一个以"太极""太虚""天理"为最高哲学范畴的"天人合一"的思想体系，来论证人文准则与终极实在的关联，帮助人们找到"安身立命之地"。而朱熹对"明德"的诠释，主要就是继承了北宋五子的思想学说。

朱熹天赋明德思想的核心，就是天将完整的太极，即天地万物的全体赋予了人，是为了阐明人的德性的内在性与先天性。但朱熹显然很清楚，《大学》中所说的明德，并非仅指德性而言，也指外显的美德，能为人们所感知的德行。如不外显，则只是潜在的德性，没人知道，如何能称之为明德呢？所以，在阐明明德乃"人所得乎天"之后，他接下来指出人之明德"虚灵不昧"，"具万理"而能"应万事"，意即明德是能外显为德行的。

这样一来，朱熹就以"性与天道"的思想诠释了"明德"的来源，即考察出《大学》"明德"之本体。到了这一层面，朱熹发掘出《大学》中更为深刻的内涵，从中显现出最有诠释理据或强度的深层意蕴和根本义理。

第二，兼心性言之。有关"明德"的阐释，在朱熹看来，指心还是性，似乎并未明确给得出答案，即"明德"究竟属"心"还是属"性"（理）？在朱熹的语言脉络里，"唯人之生乃得其气之正且通者，而其性为最贵，故其方寸之间，虚灵洞彻，万理咸备。盖其所以异于禽兽者，正在于此。而其所以可为尧舜而能参天地以赞化育者，亦不外焉。是则所谓明德者也。"[1] "然而本明之体得之于天，终有不可得而昧者。是以虽其昏蔽之极，而恍惚之间一有觉焉，则即此介然之顷而其本体已洞然矣。"[2] "但为气禀所拘，人欲所蔽，则有时而昏；然其本体之明，则有未尝息者。""方寸之间""虚灵洞彻""万理咸备"等形容均是以"心"言之；"得之于天""不可得而昧""气禀所拘，人欲所蔽"的则是以"性"言之。对这一问题的回答，不同时期的学者有不同的认识，大致可以分为三类：一是持"明德"属"性"说。如朱熹的弟子陈淳说："所谓'明

---

① 丘濬. 大学衍义补：治国平天下之要（下）[M]. 金良年，整理，朱维铮，审阅. 上海：上海书店出版社，2012：556.

② 曾枣庄，刘琳. 全宋文：第二百四十九册·卷五五八六 [M]. 上海：上海辞书出版社；合肥：安徽教育出版社，2006：145.

德'者,是专以理言之。"① 二是持"明德"属"心"说。如王夫之说:"缘'德'上著一'明'字,所以朱子直指为心。"② 三是持"明德"兼"心""性"说。如清代朱熹学学者吕留良说:"'明德'兼身心性情、合体用而言。"③ 在现代学者中,牟宗三先生提出了较为系统的解释:"依朱子,光言性,性自身不涵其必显现,而言明德,则一方固本有,一方亦必涵其能显现,即必涵着'明之'之可能。此所以'明德'一词必关联着心说也。明德之客观意义的重点固在性,而就必涵着'明之'之可能来说,则亦必关联着心,此即是主观意义之明德。"④ 在牟宗三看来,客观来说,"明德"是属"性"的,至真至纯,但不涵其必显现;而从主观上来说,"明德"一方面固本有之,另一方面涵有其必能外显,也就是"明之"。而这个"明之"必要借助心的知觉,"即所以具此理而行此情者"⑤ 方能使之得以开显。也就是说,"明德"必关联着"性",而就其"明之"来说,又必关联着"心"。

从上述朱熹对"明德"的思考历程来看,朱熹其实明确思考过"明德"属"心"还是属"性"的问题,但并未严格界定"明德"属"心"或属"性"。

> 问:"天之付与人物者为命,人物之受于天者为性,主于身者为心,有得于天而光明正大者为明德否?"曰:"心与性如何分别?明如何安顿?受与得又何以异?人与物与身又何间别?明德合是心,合是性?"曰:"性却实。以感应虚明言之,则心之意亦多。"曰:"此两个说着一个,则一个随到,元不可相离,亦自难与分别。舍心则无以见性,舍性又无以见心,故孟子言心性,每每相随说。仁义礼智是性,又言'恻隐之心、羞恶之心、辞逊、是非之心',更细思量。"⑥

朱熹通过"明德"这一概念强调了心与性"说着一个,则一个随到","不

---

① 曾枣庄,刘琳.全宋文:第二百九十五册·卷六七一七 [M].上海:上海辞书出版社;合肥:安徽教育出版社,2006:273.
② 王夫之.读四书大全说(上册)[M].北京:中华书局,1975:2.
③ 吕留良.吕子评语 [M] //俞国林.吕留良全集:第7册.北京:中华书局,2015:47.
④ 牟宗三.心体与性体(下)[M].长春:吉林出版集团有限责任公司,2013:336.
⑤ 曾枣庄,刘琳.全宋文:第二百四十八册·卷五五五九 [M].上海:上海辞书出版社;合肥:安徽教育出版社,2006:108.
⑥ 朱熹.朱子语类:卷第五 [M].黎靖德,编,王星贤,点校.北京:中华书局,1986:88.

可相离""难与分别"的关系。我们知道,朱熹对于"心""性"概念是严格区分的。如"心性之别,如以碗盛水,水须碗乃能盛,然谓碗便是水则不可"①,"心以性为体,心将性做馅子模样"②,"心是虚底物,性是里面穰肚馅草"③,"然谓性便是心则不可,谓心便是性亦不可"④ 等,都说明心与性是不可混为一谈的。"如果说心是一个系统,那么性或理只是这一系统的一个方面、一个属性或本质,而不是整个系统本身。"⑤ 况且,心能知觉,性或理则不具备知觉功能;心有善恶,性则无不善;心通已发未发,性则是未发等,都说明心与性是不同的。然而,朱熹在心性理论上有一个基本的观点,那就是"心具众理"。这里的"理"不是存在于万物之中的理,而是指作为人性的理,亦即天禀赋于人的那个理(性)。二者之间,"心是神明之舍,为一身之主宰,性便是许多道理,得之于天而具于心者"⑥。换句话说,心与性之间是相互联系的。朱熹又说:"性只是理,情是流出运用处,心之知觉即所以具此理而行此情者也。"⑦ 也就是说,性即理,属于本质范畴,是未发,是静;情是流出运用,属于现象范畴,是已发,是动。此二者之间的流变则要依靠一个媒介,那就是心的知觉功用。所以,朱熹强调理具于心,是在强调理(性)与知觉(心)不相离。"如果理只是如朱熹所比喻的在心脏里盛受着,那就失去了性的意义。人所禀受的理所以为性,不在于人把它叫作性,而是指它在人的现实意识活动中实在地扮演着'性'的角色。因此,理之为性,作为支配思虑的内在道德依据,必然也必须体现在对知觉思虑的作用中。"⑧ 所以,"道理固本有,用知方发得出来。若无知,

---

① 朱熹. 朱子语类:卷第十八 [M]. 黎靖德,编,王星贤,点校. 北京:中华书局,1986:411.
② 朱熹. 朱子语类:卷第五 [M]. 黎靖德,编,王星贤,点校. 北京:中华书局,1986:89.
③ 朱熹. 朱子语类:卷第六十 [M]. 黎靖德,编,王星贤,点校. 北京:中华书局,1986:1426.
④ 朱熹. 朱子语类:卷第十八 [M]. 黎靖德,编,王星贤,点校. 北京:中华书局,1986:411.
⑤ 陈来. 朱子哲学研究 [M]. 北京:生活·读书·新知三联书店,2010:259.
⑥ 朱熹. 朱子语类:卷第九十八 [M]. 黎靖德,编,王星贤,点校. 北京:中华书局,1986:2514
⑦ 曾枣庄,刘琳. 全宋文:第二百四十八册·卷五五五九 [M]. 上海:上海辞书出版社;合肥:安徽教育出版社,2006:108.
⑧ 陈来. 朱子哲学研究 [M]. 北京:生活·读书·新知三联书店,2010:260.

道德何从而见"①，"心性固只一理，然自有合而言处，又有析而言处，须知其所以析，又知其所以合乃可"②。从这里看，在朱熹看来心与性的联系也是重要的。由此再看，朱熹并无意执着严格界定"明德"属"心"还是属"性"，而是言心性而兼论之。"明德"既是"得之于天"的本固有之的"理"，又是依靠虚灵不昧的心而显发其现实性的存在。

问题是，"明德"能否自觉主动地显发于"心"？《朱子语类》中有载：

> 或以"明明德"譬之磨镜。曰："镜犹磨而后明。若人之明德，则未尝不明。虽其昏蔽之极，而其善端之发，终不可绝。但当于其所发之端，而接续光明之，令其不昧，则其全体大用可以尽明。且如人知己德之不明而欲明之。只这知其不明而欲明之者，便是明德，就这里便明将去。"③

又曰：

> 友仁说"明明德"："此'明德'乃是人本有之物，只为气禀与物欲所蔽而昏。今学问进修，便如磨镜相似。镜本明，被尘垢昏之，用磨擦之工，其明始现。及其现也，乃本然之明耳。"曰："公说甚善。但此理不比磨镜之法。"先生略抬身，露开两手，如闪出之状，曰："忽然闪出这光明来，不待磨而后现，但人不自察耳。如孺子将入于井，不拘君子小人，皆有怵惕、恻隐之心，便可见。"④

朱熹以"略抬身""露两手""闪出状"等动作为喻，表达了"明德"忽然闪出的发显状态，不是像镜子需要磨擦之后才能显现光明，只是人们"不自察耳"，自己察觉不到而已。这就是说，"明德"是能够自觉主动地显发的。"由此可见，'明德'之'明'除却'本有'之义，更有一'发见'向度。因性理

---

① 朱熹．朱子语类：卷第十七［M］．黎靖德，编，王星贤，点校．北京：中华书局，1986：382.

② 朱熹．朱子语类：卷第十八［M］．黎靖德，编，王星贤，点校．北京：中华书局，1986：411.

③ 朱熹．朱子语类：卷第十四［M］．黎靖德，编，王星贤，点校．北京：中华书局，1986：261.

④ 朱熹．朱子语类：卷第十七［M］．黎靖德，编，王星贤，点校．北京：中华书局，1986：377.

本身为实理，不能自行呈现，故而这种发见乃是心之活动，且是必然会活动之活动。此种活动所呈现出来的是纯善的端绪，故而与'明德'相关联的心乃是心之本然状态，而非一般的'人心'。"① 在这个意义上，"明之"的工夫的确是就"心"上说，是"因其所发而遂明之"的工夫（"闪出状"），而非指"心"的知觉能力依理而发为情（"磨镜之法"）。正如向世陵教授所言："性之发用与心之知觉，只是在双向互动中才可能结出'明明德'之果。"② 可见，"明德"不仅属性，"得之于天"，而且属心，"方寸中光明底物事"，更包括"明德"在"心"上自觉主动地显发。可见，"明德"乃是兼心性言之，朱熹在《大学章句》中对"明德"的定义正是兼顾了性、心两面：就"性"而言，"明德"乃"人之所得乎天"；就"心"而言，"明德"乃"虚灵不昧，以具众理而应万事者"。朱熹曾说："虚明不昧，便是心；此理具足于中，少无欠阙，便是性。"③朱熹讲"明德"是兼心性而言之，并具有自觉主动地发显于"心"上的现实性，而不只是其可能性，从而完整地包含了"明德"的含义。④

　　第三，做为己工夫。前面论述了朱熹合心性而言"明德"。就"性"言之，"'明明德'，如人自云，天之所与我，未尝昏"⑤。"明德"是"得之于天"的本固有之的那个"理"。又"或问：'明德便是仁义礼智之性否?'曰：'便是。'……明德，是我得之于天，而方寸中光明底物事。统而言之，仁义礼智"⑥。"明德"又是仁义礼智之性。所以，人生来就禀受了源于天之所赋的人的至善之性，即"明德"。但朱熹又说："性不是卓然一物可见者……所以言性善者，只看他恻隐、辞逊四端之善则可以见其性之善，如见水流之清，则知源

① 王硕."明德"与"明明德"辨义：以《朱子语类》为中心［J］.中国哲学史，2012（1）：79-87，105.

② 向世陵.论朱熹的"心之本体"与未发已发说［J］.湖南大学学报（社会科学版），2012，26（1）：5-10.

③ 朱熹.朱子语类：卷第五［M］.黎靖德，编，王星贤，点校.北京：中华书局，1986：94-95.

④ 王凯立."明德"即"本心"：重检朱子道德哲学［J］.道德与文明，2020（5）：75-84.

⑤ 朱熹.朱子语类：卷第十四［M］.黎靖德，编，王星贤，点校.北京：中华书局，1986：262.

⑥ 朱熹.朱子语类：卷第十四［M］.黎靖德，编，王星贤，点校.北京：中华书局，1986：260-261.

头必清矣。四端，情也，性则理也。发者，情也，其本则性也，如见影知形之意。"① 在朱熹看来，性是先验的理性本质，是心体未受外物感发时"寂然不动"的本真状态，故其不可见、不可言。"情"是后天的经验意识现象，是心体受到外物引发"感而遂通"时的心理状态。"情之未发者性也，是乃所谓中也，天下之大本也；性之已发者情也，其皆中节则所谓和也，天下之达道也。"② 未发之性隐蔽而不见，所以，需要通过后天意识活动而表现；已发之情感应而无定，所以需要通过先验理性的贞定而中和。所以，情是性的表现，性是情的本质。凡所言性善都是通过发见于人身上的"情"来显现的，就像看见清清的水流，就知道其源头也是清清的，而未必能够真的亲眼见其源头，即从人表现出来的善行和已发的和善之情，来窥测出其内在的性之所善。换句话说，尽管"明德"是人本固有之，先天地内含着仁义礼智之性，但它本身不可见、不可言，唯与外在事物接触后才可能在践行中呈明朗现。

之所以说"可能"在践行中呈明朗现，原因在于性已发为情之时会因外在物欲的干扰而使其受到遮蔽，进而导致本善之性（"明德"）亦受其所蔽："人本来皆具此明德，德内便有此仁义礼智四者。只被外物玷没了不明，便都坏了。所以大学之道，必先明此明德。若能学，则能知觉此明德，常自存得，便去刮剔，不为物欲所蔽。推而事父孝，事君忠，推而齐家、治国、平天下，皆只此理……明德是自家心中具许多道理在这里。本是个明底物事，初无暗昧，人得之则为德。如恻隐、羞恶、辞让、是非，是从自家心里出来，触着那物，便是那个物出来，何尝不明。缘为物欲所蔽，故其明易昏。如镜本明，被外物沾污，则不明了。少间磨起，则其明又能照物。"③ 就像镜子本来具有反射、本明之性，但是被灰尘、污点等外物遮蔽，其反射之性就呈现不出来了，就不能映照外物了。所以，即便"明德"乃得于天，固我有，初无暗昧，但是物欲所蔽，难免会使其明易昏。这就需要人为努力做一番工夫，一方面最大程度地保持心境清明，使先验理性正常地发挥作用；另一方面，使主体最大限度地将先验理

① 朱熹.朱子语类：卷第五［M］.黎靖德，编，王星贤，点校.北京：中华书局，1986：83-84.
② 曾枣庄，刘琳.全宋文：第二百五十一册：卷五六三八［M］.上海：上海辞书出版社；合肥：安徽教育出版社，2006：225.
③ 朱熹.朱子语类：卷第十四［M］.黎靖德，编，王星贤，点校.北京：中华书局，1986：262-263.

性呈现于经验意识活动中，主导、控制、净化人的情感欲念。① 所以，"圣人教人，只在《大学》第一句'明明德'上。以此立心，则如今端己敛容，亦为己也；读书穷理，亦为己也；做得一件事是实，亦为己也"。而且在朱熹看来，"明德未尝息，时时发见于日用之间。如见非义而羞恶，见孺子入井而恻隐，见尊贤而恭敬，见善事而叹慕，皆明德之发见也。如此推之，极多。但当因其所发而推广之"②。"明德"时刻显发于日用之间，并未尝息。就好比看到孺子将入井会产生恻隐之心，看到尊贤之人会产生恭敬之心，看到好人好事会由衷赞叹，等等，这些都是"明德"的显发。反之，则并非"明德"之不存，而是"明之"工夫不够。所以，"明德"显发的关键在于人们是否能够"提撕"，即"明"："'明明德'，明只是提撕也。"所以，朱熹指出，为学旨在"明明德"，"一念竦然，自觉其非，便是明之之端"③。

　　除此以外，朱熹还兼论张载气论来说明明德之工夫。他说："唯人之生乃得其气之正且通者，而其性为最贵。故其方寸之间，虚灵洞彻，万理咸备。盖其所以异于禽兽者，正在于此。而其所以可为尧舜而能参天地以赞化育者，亦不外焉。是则所谓明德者也。……然而本明之体得之于天，终有不可得而昧者，是以虽其昏蔽之极，而介然之顷一有觉焉，则即此空隙之中，而其本体已洞然矣"④。朱熹指出，人物之生不仅仅是禀赋理以成性，同时禀气成形。而气有薄有厚，有清有浊，有正有偏，都会对人所禀赋之理形成一定的遮蔽。就像水晶球本是同一，但如果掉到清水中和掉到污水中，其晶莹通透的程度就会大大不同。所以，成性之理虽禀赋无异，但是气禀所拘也会遮蔽性理。人只有得到"气之正且通"，"方寸之间"人心"虚灵洞彻"才能兼摄万理。如此看来，至善之性、正通之气、虚灵洞彻、万理咸备仅仅是具备"明德"的必要条件和明"明德"的可能条件。因为"然其通也或不能无清浊之异，其正也或不能无美恶之殊，故其所赋之质清者智而浊者愚、美者贤而恶者不肖，又有不能同者，必其上智大贤之资乃能全其本体而无少不明，其有不及乎此则其所谓明德者已不

① 陈来．朱子哲学研究 [M]．北京：生活·读书·新知三联书店，2010：253-255.
② 朱熹．朱子语类：卷第十四 [M]．黎靖德，编，王星贤，点校．北京：中华书局，1986：262.
③ 朱熹．朱子语类：卷第十四 [M]．黎靖德，编，王星贤，点校．北京：中华书局，1986：261.
④ 丘濬．大学衍义补：治国平天下之要（下）[M]．金良年，整理，朱维铮，审阅．上海：上海书店出版社，2012：556.

能无蔽而失其全矣，况乎又以气质有蔽之心接乎事物无穷之变，则其目之欲色、耳之欲声、口之欲味、鼻之欲臭、四肢之欲安佚，所以害乎其德者，又岂可胜言也哉？二者相因，反覆深固，是以此德之明日益昏昧，而此心之灵，其所知者不过情欲、利害之私而已，是则虽曰有人之形，而实何以远于禽兽，虽曰可以为尧舜而参天地，而亦不能有以自充矣。"①。"明德"的原初之质大体相同，都是得乎天、具众理、应万事，可是气有薄有厚，有清有浊，有正有偏，故其所禀赋之质亦有不同，才有智愚贤恶之分。只有上智大贤之人，才能全其本体，无少不明。再者，为气质所蔽之心在应物接物时会有不同的欲望表现，会害其本有之明德，日益昏昧。所以朱熹强调"是明此明德，只见一点明，便于此明去。正如人醉醒，初间少醒，至于大醒，亦只是一醒。学者贵复其初，至于已到地位，则不著个'复'字……明德，是我得之于天，而方寸中光明底物事。统而言之，仁义礼智。以其发见而言之，如恻隐、羞恶之类；以其见于实用言之，如事亲、从兄是也。如此等德，本不待自家明之。但从来为气禀所拘，物欲所蔽，一向昏昧，更不光明。而今却在挑剔揩磨出来，以复向来得之于天者，此便是'明明德'"②。通过一定的工夫剔除气禀所拘与物欲所蔽，以恢复内在"明德"的原初状态，即"明明德"或曰"复性"。

而为己工夫又是成己成物的基础。在《大学章句》中，朱熹强调："'明明德于天下者，使天下之人皆有以明其明德也。心者，身之所主也。诚，实也。意者，心之所发也。实其心之所发，欲其一于善而无自欺也。致，推极也。知，犹识也。推极吾之知识，欲其所知无不尽也。格，至也。物，犹事也。穷至事物之理，欲其极处无不到也。此八者，大学之条目也。"③ 朱熹以性即理为理论基点，强调天下万物皆禀理成性，天理是全，是一，故而万物之性系圆满自足。人之性皆天命之性，故而"自天降生民，则既莫不与之以仁义礼智之性矣"。然万物之生亦禀气以成形，而气之薄厚、清浊，会对所禀之"全性"形成不同程度的遮蔽，使人不能"知其性之所有而全之也"，进而不能尽性尽力。所以，人之"实性"千差万别，有伏羲、神农、黄帝、尧、舜、孔子等"能尽其性者"，有诸如小人等不能尽其性者，也有位列此二者之间的"中人"。所以，这就需要

---

① 丘濬. 大学衍义补：治国平天下之要（下）［M］. 金良年，整理，朱维铮，审阅. 上海：上海书店出版社，2012：556.

② 朱熹. 朱子语类：卷第十四［M］. 黎靖德，编，王星贤，点校. 北京：中华书局，1986：262，271.

③ 朱熹. 四书章句集注［M］. 北京：中华书局，1983：3.

对这些受气禀而不能全其性、尽其性的人"治而教之，以复其性"，唯有这样，天下万物才能各归其位、各尽其职，达至和谐圆满状态。纵览尧、舜、禹、三代文明"治隆于上，俗美于下"，非后世之所能及，究其因乃"王宫、国都以及闾巷，莫不有学"，而且"学校之设"其广，"教之之术"其次第节目之详，"所以为教""皆本之人君躬行心得之余""是以当世之人无不学"。而何以有此举？序文言，乃源于天命伏羲、神农、黄帝、尧、舜等"聪明睿智能尽其性者"，使之"治而教之"，以复"气质之禀或不能齐"者之性，此乃三代之隆的原因所在。朱熹以此为例来凸显"治而教之，以复其性"的重要性。这样一来，朱熹在理气思想的框架下，就把为什么要明德修德的原因讲清楚了。进而得出"自天子以至于庶人，壹是皆以修身为本。其本乱而末治者否矣，其所厚者薄，而其所薄者厚，未之有也"之论，逻辑上一气呵成！那么，如何"治而教之"？其方法或步骤又如何？朱熹认为《大学》里面讲的"格致""诚意""正心""修身"就是复性之工夫；如此方能"知其性分之所固有，职分之所当为，而各俛焉以尽其力"，这就达到了朱熹所追求的"治世之功"，亦正是《大学》里面的"齐家""治国""平天下"。且与尧、舜、禹、三代"所以治隆于上，俗美于下"，若合符节。这样一来，朱熹就在理学体系下，既从理论上阐述了"明德"之本源、"明德"之内涵、"明德"之工夫，又将"明德"推至于家国天下，从实践上实现了其现实关怀和价值安顿。

第二节　正心

正是在"明德"阐释中，朱熹充分意识到本性之善、外物之蔽、心之虚灵间的相互联系，也深刻地认识到为己工夫的重要性，所以在明了"明德"意蕴之后，如何做"明之"工夫成为朱熹《大学》思想的主要着力点。而在"明之"过程中，心又是极为关键的。如何保持心境清明，不受外物所蔽，最大限度地将"明德"呈现于经验意识中，就是朱熹的"正心"工夫。

作为工夫论，需要弄清其所以然以及所当然，也就是为何要"正心"以及如何"正心"？厘清"正"与"心"的内涵，才能更明确地认识"正心"工夫论的主旨。

一、何为心

"心"在朱熹的理学体系中是非常重要的范畴之一，它的内涵极为丰富。总的来看有如下三个方面：

第一，"人心是知觉。"朱熹认为人不同于万物，是因为人有心。"所谓心者，乃夫虚灵知觉之性，犹耳目之有见闻耳。"① 这是从功用和能力上来讲"心"的，指出心虚灵且能知能觉，也就是有知觉的能力，就好比眼睛、耳朵有见、闻的能力，从这个意义上来讲可以称之为"能知觉"。又说心乃人之知觉，是"主于身而应事物"的。这里的心"主于身"还能"应事物"，如此看来，它就不仅仅是指人的知觉能力了，还包括在应接外物时所产生的具体知觉。因为"从整个认识活动的过程考察，还有一个环节，即具体的认识活动及由于这种活动在能思主体方面形成或产生的观念等有内容的具体思维、思想"②。也就是知觉的结果或内容，从这个意义上来讲即为"所知觉"。这个"所知觉"就是指具体知觉。如朱熹讲"知觉得道理底是道心，知觉得声色臭味的是人心。……道心人心本只是一个物事；但所知觉不同"③。人只有一个心，然而却能知觉道理或声色臭味等不同内容，这就是从具体知觉内容上来讲"心"。所以说，心不仅能够知觉，而且能够知觉不同的内容。从这里看，显然"心"是具有两种意义的——除了具有知觉能力以外，还能知觉具体的知觉。

第二，"为一身之主宰。"《朱子语类》卷第九十八中说："心是神明之舍，为一身之主宰。"《文集》六十七中有："心者，人之所以主于身者也；一而不二者也；为主而不为客者也；命物而不命于物者也。"《文集》三十二中有："人之一身，知觉运用莫非心之所为，则心者，固所以主于身而无动静语默之间者也。"这都是说心对于行为活动的主体（人）具有主宰的作用。朱熹强调心不仅"能知觉"和"所知觉"，而且能够主宰行为主体使之发出与所知觉相符合的具体行为。"然视听行动，亦是心向那里。若形体之行动心都不知，便是心不在。行动都没理会了。"④ 心对主体形体的行动是有主宰作用的。值得说明的

①　胡宏著．胡宏集：附录一［M］．吴仁华，点校．北京：中华书局，1987：333.
②　陈来．朱子哲学研究［M］．北京：生活·读书·新知三联书店，2010：249.
③　朱熹．朱子语类：卷第七十八［M］．黎靖德，编，王星贤，点校．北京：中华书局，1986：2010.
④　朱熹．朱子语类：卷第五［M］．黎靖德，编，王星贤，点校．北京：中华书局，1986：86.

是，这里的"主宰"与"理""道"是天地万物赖以存在、变化、发展的"主宰"者不同。朱熹的心主于身，着重突出的是心具有高度的自主性和能动性，它能够"命物"却又"不命于物"。因为心"主于身而应事物"。人在日常实践活动中，总会接触一些事物，产生一些情感、思虑、观念等，进而发出具体的行为活动。而这一系列活动都要在心的主宰下完成的，因为只有心能够应接事物产生知觉。所有的行为运用都要在心的支配下才能完成。所以说心能够"命物"。但同时，"人心至灵，主宰万变，而非物所能宰"即心是虚灵的，能够主宰万物应万变，却不被外物所主宰或控制，所以说心又"不命于物"。这里的"物"不仅仅指客观存在的具体之物，还包括行为主体的一切行为实践，即"事"。如朱熹说："那有一事不是心里做出来底？如口说话，便是心里要说。如紾兄之臂，你心里若思量道不是时，定是不肯为。"① 换句话说，世界上所有的事物都是由人的存在而具有存在意义，而人的存在又在于人心的作用。这就类似于王阳明所讲的"寂"的状态。依阳明，世界倘若没有人，世界本身当然且必然存在，不是"无"，而是"寂"的状态。因为没有人的存在，世界就没有存在的意义。比如"你未看此花时，此花与汝心同归于寂；你来看此花时，则此花颜色一时明白起来"②。无人看花时，花当然也是存在的，只是它的颜色、它的形态是没有价值和意义的。只有当人观看时，心应接了此物，并产生具体知觉（颜色、形态）之后，花的价值或意义才"一时明白起来"。在宋明理学中，心始终处于支配主体从事实践的地位。朱熹亦认同这一说法。而心在应接事物产生具体知觉时，有善也有恶。比如看到地上有一个钱包，这是应接事物，然而有人会拾金不昧，物归原主，也有人会见钱眼开，据为己有，此两种行为活动都是在心的支配下完成的，却有善恶之别。所以说"性无不善，心固有不善"③。正是因为心乃身之主宰且有不善，所以宋明理学始终重视对心的修养，讲究道德意识对情欲的制约作用。这也是宋明理学心性论与工夫论紧密联系的一个原因。

第三，"本是湛然虚明。"朱熹讲："人之心，湛然虚明，以为一身之主者，

---

① 朱熹. 朱子语类：卷第七十八［M］. 黎靖德，编，王星贤，点校. 北京：中华书局，1986：2017.

② 王守仁著. 王文成公全书：卷之三［M］. 王晓昕，赵平略，点校. 北京：中华书局，2015：133.

③ 朱熹. 朱子语类：卷第五［M］. 黎靖德，编，王星贤，点校. 北京：中华书局，1986：89.

固其本体。而喜怒忧惧随感而应者，亦其用之所不能无者也。然必知至意诚无所私系，然后物之未感，则此心之体寂然不动，如鉴之空、如衡之平。物之既感，则其妍媸高下，随物以应，皆因彼之自尔，而我无所与，此心之体用所以常得其正而能为一身之主也。"① 朱熹讲人心湛然虚明，是就其本体而言的状态。湛然虚明，意为清明莹澈、空明。如陶潜在《辛丑岁七月赴假还江陵夜行涂口》诗中有："凉风起将夕，夜景湛虚明。"杜甫在《夏夜叹》诗中有："仲夏苦夜短，开轩纳微凉。虚明见纤毫，羽虫亦飞扬。"朱熹用"湛然虚明"形容的这个"心"，是在没有外物感应，知至意诚无所私时，"心"的本然状态，而不是应接外物产生具体知觉时的"心"。这时的"心"是湛然虚明的。"心犹镜也，但无尘垢之蔽，则本体自明，物来能照。"② "人心如一个镜，先未有一个影像，有事物来，方始照见妍丑。若先有一个影像在里，如何照得！人心本是湛然虚明，事物之来，随感而应，自然见得高下轻重。事过，便当依前恁地虚，方得。"③ 朱熹为了更好地说明心的本然状态，以镜譬喻。镜子本身具有映射影像之明，当事物来影像时，镜子是明；当没有事物来影像时，镜子是虚。心之本然亦是如此。心作为知觉主体，是没有任何偏蔽或成见的，"随感而应，自然见得高下轻重"，能够真实且如实地反映事物的本来面目。但是事实上，物欲却常常蒙蔽人心，使人心有所遮蔽，就像镜子总是会被灰尘蒙蔽，以致其在映照外物时难免会有所偏蔽，故不能保持心体的虚明状态，从而使认识或知觉不能"因彼之自尔"。也正是因为"心"的这一特征，所以朱熹强调要保持这种本体的虚明，就必须经过一定的修养工夫以不断擦拭"尘垢之蔽"，才能在知觉和应接事物时不产生偏差，也就是所谓的复其本体（心）之虚明。这里也有一点值得注意，那就是朱熹在讲心之本然状态时固然是从未感事物时而言，但并不意味着所有人心在未感事物时都是湛然虚明的。只有圣贤之人或经过相当修养工夫的人才能保持未感事物时心体的虚明状态，已感事物时心的七情合理，也就是所谓的已发未发之中和状态。这部分将在第四章中详细论述，此处暂且不论。可见，心能知觉与所知觉，心为一身之主宰，心体湛然虚明等都是朱熹对"心"

---

① 曾枣庄，刘琳．全宋文：第二百四十七册·卷五五四六［M］．上海：上海辞书出版社；合肥：安徽教育出版社，2006：286-287.

② 曾枣庄，刘琳．全宋文：第二百四十七册·卷五五三八［M］．上海：上海辞书出版社；合肥：安徽教育出版社，2006：162.

③ 朱熹．朱子语类：卷第十六［M］．黎靖德，编，王星贤，点校．北京：中华书局，1986：347.

之意义的阐释。

二、正心之"心"

在了解了朱熹对"心"内涵的阐释之后，我们再来看正心之"心"做何解？《大学》原文云："所谓修身在正其心者，身有所忿懥，则不得其正；有所恐惧，则不得其正；有所好乐，则不得其正；有所忧患，则不得其正。"① 朱熹认为"忿懥""恐惧""好乐""忧患"等都是在应接外物之后，主体表现出来的具体的行为或情感思虑。显然这些行为或情感思虑是在"心"的支配下完成的，即"皆心之用"。也可以说是，心在应接外物时已发之后的显发，是心之知觉与事物相应时，应物而产生的喜怒哀乐之情。前面我们论述了，"性无不善，心固有不善"②。心乃身之主宰且有不善，所以就必须重视对"心"的修养，通过道德意识来加强对情欲的制约。所以所"正"之"心"确切说应该是应接外物已发为情的那个"心"。这就涉及朱熹思想体系中的另一个重要范畴——"情"。"仁义礼智，性也，体也；恻隐羞恶辞逊是非，情也，用也。统性情该体用者，心也。"③ 又言："性其理，情其用，心者兼性情而言。"④ "心是包得这两个物事，性是心之体，情是心之用。"⑤ 从这些表述来看，朱熹认为性是心之体，情是心之用，心是含括体用的总体。"心是标志思维意识活动总体的范畴，其内在的道德本质是性（因为朱熹这里主要把心作为一个道德意识活动的系统），具体的情感思虑为情。按这个观点，任何一个工作系统都可如此分析，心如一部自动机床，其切削磨铣为情，其所以切削磨铣之原理为性，此机床即所以具此理而行此情者，乃心。此机床空转（未接事物）为未发，加工时（已接事物）为已发，机床的自动调节控制即心之主宰。"⑥ 此外，朱熹还讲："性情

---

① 朱熹. 四书章句集注 [M]. 北京：中华书局，1983：8.
② 朱熹. 朱子语类：卷第五 [M]. 黎靖德，编，王星贤，点校. 北京：中华书局，1986：89.
③ 曾枣庄，刘琳. 全宋文：第二百四十八册：卷五五六四册 [M]. 上海：上海辞书出版社；合肥：安徽教育出版社，2006：183.
④ 朱熹. 朱子语类：卷第二十 [M]. 黎靖德，编，王星贤，点校. 北京：中华书局，1986：475.
⑤ 朱熹. 朱子语类：卷第二十 [M]. 黎靖德，编，王星贤，点校. 北京：中华书局，1986：475.
⑥ 陈来. 朱子哲学研究 [M]. 北京：生活·读书·新知三联书店，2010：295.

皆出于心。"① "情根乎性而宰乎心，心为之宰，则其动也无不中节矣。……盖虽曰中节，然是亦情也，但其所以中节者乃心耳。"② 按照朱熹的思想，情之未发为性，此时心为主宰，所以要最大限度保持心之未发的"中"的状态不受干扰。当思虑萌动，其发为情时，或有不善，即"心所发为情，或有不善""心之本体本无不善，其流为不善者，情之迁于物而然也"③。也就是说，心之本体是善，而显发为不善者，则是"情"。这不是说已发之情本身一定为不善，而是说受迁于物的"情"会有不善。当与外物相接时，心会凭借知觉发出喜怒哀乐之情，比如"饿了，看到一个包子"，心会发出"想吃"的虑念，这是正当合理的"情"，所以不需要"正"。而如若"饿了"，心会发出"想吃山珍海味"的虑念，这就是迁于物、有所偏的"情"，是需要做工夫的。所以，"正心"所"正"之"心"确切说应该是应接外物已发为情的那个"心"。那么，这个"心"是否是朱熹所言之"人心"？

朱熹说："或问心有善恶否？曰：心是动底物事，自然有善恶。"④ 心为人之知觉，人的一切思维虑念都是心之所发，因此合乎道德原则（善）的意念思虑是心，不合乎道德原则（不善）的意念思虑也是心。只是一心，唯知觉内容不同而已，然却有善恶、邪正之别。为了更好地说明此一心之不同知觉产生的伦理意义，朱熹又借用"人心""道心"加以说明："此心之灵，其觉于理者，道心也；其觉于欲者，人心也。"⑤ "只是这一个心，知觉从耳目之欲上去，便是人心；知觉从义理上去，便是道心。"⑥ 所谓"觉于理者""知觉从义理上去"，都是合乎道德原则的知觉，朱熹把知觉此知觉内容的"心"称为"道心"；所谓"觉于欲者""知觉从耳目之欲上去"，都是专以个人情欲为内容的知觉，朱熹把知觉此知觉内容的"心"称为"人心"。"人心是知觉，口之于

① 朱熹．朱子语类：卷第九十八［M］．黎靖德，编，王星贤，点校．北京：中华书局，1986：2513.
② 曾枣庄，刘琳．全宋文：第二百四十五册·卷五四八五［M］．上海：上海辞书出版社；合肥：安徽教育出版社，2006：130.
③ 朱熹．朱子语类：卷第五［M］．黎靖德，编，王星贤，点校．北京：中华书局，1986：92.
④ 朱熹．朱子语类：卷第五［M］．黎靖德，编，王星贤，点校．北京：中华书局，1986：86.
⑤ 朱熹．朱子语类：卷第六十二［M］．黎靖德，编，王星贤，点校．北京：中华书局，1986：1487.
⑥ 朱熹．朱子语类：卷第七十八［M］．黎靖德，编，王星贤，点校．北京：中华书局，1986：2009.

味，目之于色，耳之于声底，未是不好，只是危。"① "人心亦不是全不好底，故不言凶咎，只言危。"② 但并不是说所有的、全部的情感欲望都是不好的，因为人作为生物之一，是有其自然生存和发展的需要的，比如饿了就要吃饭，冷了就要取暖等，不能说"口之于味""目之于色""耳之于声"就是不好的，是坏的。所以，朱熹强调虽然人心是以个人情欲为知觉内容的"心"，但并非全部为恶。从这个认识来看，朱熹所谓"正心"的那个"心"并非指"人心"，而是"人心"中与道德意识不相符的必须要去除的恶的欲念。如何去除？这就涉及"正"的工夫了。

三、"正"之工夫

首先，何为"正"？我们再回到朱熹《大学章句》中那句注释："身有所忿懥，则不得其正；有所恐惧，则不得其正；有所好乐，则不得其正；有所忧患，则不得其正。"③ 此注释除了表明朱熹认为"忿懥""恐惧""好乐""忧患"等具体的行为或情感思虑皆是在"心"的支配下完成的以外，还给了我们另一个思考维度，那就是"忿懥""恐惧""好乐""忧患"等所发之情是否合乎其正与否？《中庸》中讲："喜怒哀乐之未发，谓之中；发而皆中节，谓之和。"朱熹解释道："喜、怒、哀、乐，情也。其未发，则性也，无所偏倚，故谓之中。发皆中节，情之正也，无所乖戾，故谓之和。"④ 未发时无所偏倚，已发时无所乖戾，这就是《大学》中"正"的状态，也就是中和状态。如果思虑萌动，已发为情时，主体之心不能主于情，不能做到无过无不及，那么就失去了其正。就像镜子映物，物来之前，镜子最大限度地保持着"湛然虚明"的状态，不可先有一影像在，此时是本然之状态，是正；当有物映像时，能够最大限度地真实地呈现外物，此亦是正；当物离开后，镜子又复归其本然虚明之状态，丝毫不会滞留方才映射之物之像，此时亦是正。同理，心在未接外物时，保持心体的虚明状态，此谓正；当有外物应接产生具体喜怒哀乐之情时，能够最大限度地发挥理智对情感物欲的主导作用，就不会受物欲遮蔽，不会为物所动而陷溺

① 朱熹. 朱子语类：卷第七十八 [M]. 黎靖德，编，王星贤，点校. 北京：中华书局，1986：2013.
② 朱熹. 朱子语类：卷第七十八 [M]. 黎靖德，编，王星贤，点校. 北京：中华书局，1986：2009.
③ 朱熹. 四书章句集注 [M]. 北京：中华书局，1983：8.
④ 朱熹. 四书章句集注 [M]. 北京：中华书局，1983：18.

本性，即"皆中节"，此时亦为正；当物欲隐匿，心又复归"湛然虚明"状态，不"滞留"，不"念念著"，不"私意"，此时也是正。"人心本是湛然虚明，事物之来，随感而应，自然见得高下轻重。事过便当依前恁地虚，方得。"① 所以，使心保持本来的"湛然虚明"状态，无所偏倚，无所乖戾，发皆中节，就是朱熹《大学》"正心"思想中"正"的意义。

其次，如何做得"正"的工夫？《〈中庸章句〉序》中讲："而以为有人心、道心之异者，则以其或生于形气之私，或原于性命之正，而所以为知觉者不同，是以或危殆而不安，或微妙而难见耳。然人莫不有是形，故虽上智不能无人心，亦莫不有是性，故虽下愚不能无道心。"② 《朱子语类》中也讲："人自有人心道心，一个生于血气，一个生于义理。"③ 之所以有人心道心之异，就在于人是禀理成性禀气成形的。人之生乃禀气以成血肉之形，此血肉之形是各种情感欲望的根源。因为人作为感性现实存在，其生命的延续、血肉之躯的维持必然要有其赖以生存和发展的需求，这些需求在应接外物时就会产生情感欲望的知觉。担当知觉此知觉内容的就是"人心"，生于血气。人之生又禀理以成人性。人虽然作为现实感性存在，有其自然生存和发展的需要，但是人不同于动物，在满足其必须之需求时会做出一定的判断、选择、取舍，其标准就是是否符合道德。担当知觉此知觉内容的就是"道心"，生于义理。如《朱子语类》中载："问：饥食渴饮，此人心否？曰：然。须是食其所当食，饮其所当饮，乃不失所谓道心。若饮盗泉之水，食嗟来之食，则人心胜而道心亡矣。"④ 又"且以饮食言之，凡饥渴而欲得饮食以充其饱且足者，皆人心也。然必有义理存焉。有可以食，有不可以食"。⑤ 朱熹从现实经验中意识到，人的内心常常是情感欲念与道德意识相互夹杂的，甚至在具体物事上产生冲突，比如饿了要吃东西，渴了要喝水，这是食其所当食，饮其所当饮，是正当的合乎道心的。如若饮盗泉之水，食嗟来之食，则是不正当的，是有违道德要求的。所以"人的意识活动其内容

---

① 朱熹. 朱子语类：卷第十六［M］. 黎靖德，编，王星贤，点校. 北京：中华书局，1986：347.

② 朱熹. 四书章句集注［M］. 北京：中华书局，1983：14.

③ 朱熹. 朱子语类：卷第六十二［M］. 黎靖德，编，王星贤，点校. 北京：中华书局，1986：1487.

④ 朱熹. 朱子语类：卷第七十八［M］. 黎靖德，编，王星贤，点校. 北京：中华书局，1986：2011.

⑤ 朱熹. 朱子语类：卷第六十二［M］. 黎靖德，编，王星贤，点校. 北京：中华书局，1986：1488.

不是全部合乎社会要求的道德原则"①。这就需要人在满足自身自然存在之需求时亦需要有义理之心来针对"可以食"或"不可以食"做出选择判断。所以，朱熹说："但以道心为主，而人心每听命焉耳。"②"道心是义理之心，可以为人心之主宰，而人心据以为准者也。"③"必使道心常为一身之主，而人心每听命焉，则危者安，微者著，而动静云为自无过不及之差矣。"④此类说法都是主张要使道德意识支配一切思想和行为，使个人情欲合于道德，用"道心"评判裁制"人心"。"然一有之而不能察，则欲动情胜，而其用之所行，或不能不失其正矣。"⑤"心有不存，则无以检其身，是以君子必察乎此而敬以直之，然后此心常存而身无不修也。"⑥所谓"正心"的那个"正"就是使人心合于道心的工夫。

综上所述，朱熹的"正心"思想，就是讲以心为主，通过工夫修养使情之发达到无过无不及、无所偏倚、无所乖戾、无迁于他物、合于理的一种中和状态。对于朱熹整体的工夫论来说，"正心"处于承上启下的关键部分，"正心"是为了更好地"复其性"，而"复性"又是道德实践得以实现的内在保障。这也是宋明理学家虽最终着眼于道德实践的完成，但始终把对心的修养置于首位的原因所在。

第三节　诚意

《大学》思想中，朱熹对"诚意"也颇为重视，临终前犹在修订此章。在他看来，"诚其意"是《大学》诸条目中的"自修之首也"，"是凡圣界分关

---

① 陈来.朱子哲学研究［M］.北京：生活·读书·新知三联书店，2010：263.
② 朱熹.朱子语类：卷第七十八［M］.黎靖德，编，王星贤，点校.北京：中华书局，1986：2011.
③ 朱熹.朱子语类：卷第六十二［M］.黎靖德，编，王星贤，点校.北京：中华书局，1986：1488.
④ 朱熹.四书章句集注［M］.北京：中华书局，1983：14.
⑤ 朱熹.四书章句集注［M］.北京：中华书局，1983：8.
⑥ 朱熹.四书章句集注［M］.北京：中华书局，1983：8.

隘"。① "是善恶关。……又曰：诚意是转关处。……又曰：诚意是人鬼关!"②
还被朱熹视为与"格物"齐平的通达修齐治平的两大关之一，"更是《大学》
次序，诚意最要"③"过得此二关，上面工夫却一节易如一节了"④。《朱子实纪
年谱》载："戊午岁，尝与廖德明帖，云：'《大学》又修得一番，简易平实，
次第可以绝笔。'是日改'诚意'章，午刻疾甚不能兴。"⑤ 可见，朱熹对"诚
意"章诠释的审慎程度及"诚意"在朱熹思想体系中的特殊地位。

对于"诚意"的释义，《大学章句》中有两处出现：一是"诚，实也。意
者，心之所发也。实其心之所发，欲其一于善而无自欺也"⑥。二是朱熹对《大
学》"所谓诚其意者：毋自欺也，如恶恶臭，如好好色，此之谓自谦。故君子必
慎其独也"的注释："诚其意者，自修之首也。毋者，禁止之辞。自欺云者，知
为善以去恶，而心之所发有未实也。谦，快也，足也。独者，人所不知而己所
独知之地也。言欲自修者知为善以去其恶，则当实用其力，而禁止其自欺。使
其恶恶则如恶恶臭，好善则如好好色，皆务决去，而求必得之，以自快足于己，
不可徒苟且以殉外而为人也。然其实与不实，盖有他人所不及知而己独知之者，
故必谨之于此以审其几焉。"⑦ 在《大学章句》中，朱熹将"诚意""自欺"
"慎独""知至"等概念通贯起来视为构成"诚意"的有机整体。值得注意的
是，朱熹对"诚意"之旨意与各概念及其间关系的阐发都是经过反复探讨、思
考与修改的，而且朱熹对"诚意"的思考在"四书"之《中庸》《孟子》中均
有论及，《朱子语类》《文集》中朱熹也多有阐发，暂不一一列举。只不过，在
不同的地方，朱熹所论"诚意"之意义不尽相同，且涉及多个方面：有就本义
言之，有就本体义言之，有就工夫论言之，有就心性论言之等。本章以《大学
章句》为文本依托，主要探讨朱熹《大学》思想中工夫次第的逻辑关系，所以

---

① 朱熹. 朱子语类：卷第十五 [M]. 黎靖德，编，王星贤，点校. 北京：中华书局，
　　1986：299.
② 朱熹. 朱子语类：卷第十 [M]. 黎靖德，编，王星贤，点校. 北京：中华书局，1986：
　　298.
③ 朱熹. 朱子语类：卷第十五 [M]. 黎靖德，编，王星贤，点校. 北京：中华书局，
　　1986：299.
④ 朱熹. 朱子语类：卷第十五 [M]. 黎靖德，编，王星贤，点校. 北京：中华书局，
　　1986：298.
⑤ 王懋竑. 朱熹年谱：考异卷之四 [M]. 何忠礼，点校. 北京：中华书局，1998：407-
　　408.
⑥ 朱熹. 四书章句集注 [M]. 北京：中华书局，1983：3.
⑦ 朱熹. 四书章句集注 [M]. 北京：中华书局，1983：7.

本章探讨"诚意"观，意在阐明"诚意"工夫的展开，所论之处多涉及心性及工夫论，未及之处则另择其他章节述之。

一、"天之道"之诚

"诚"这个范畴在先秦儒学中就已出现，并与先秦儒家思想中涉论不多的天道性命、工夫修养等内容相贯通。如《中庸》言："诚者，天之道也；诚之者，人之道也。"《孟子·离娄上》言："诚者，天之道也；思诚者，人之道也。"《孟子·尽心上》言："万物皆备于我，反身而诚，乐莫大焉。"到了宋代，受佛老影响，儒学由政治哲学转向人生哲学，理学成为主要学术形态，把道德实践的完成以及心性的修养放在首位，所以对"诚"的关注越发密切。特别是朱熹在前人的基础上，糅合理、性、心、情、气等范畴对"诚"做了进一步的思考，使得"诚"有了更为具体的内涵及意义。如朱熹在《大学章句》中释："诚，实也。"在《朱子语类》中论及"诚于中，形于外"时云："此诚只是实字也。"①《中庸章句》中也注："诚者，真实无妄之谓。"朱熹以"实"为诚之本义。"实"，即真实不虚之意。所谓"诚"即真实无妄的存在状态。除此之外，朱熹还做了创造性的理学阐释。众所周知，理学多以"理"论及问题与范畴。在对"诚"的阐发上，朱熹亦承此学术习惯，以理释诚；又因"性理"之学，人物禀受的天地之理乃"性"，而"诚"亦是搭载主体而言的，所以性与诚的关系、情与意的关系都成为朱熹释"诚"的理论创造。如若系统地把握朱熹的"诚意"观，这些内容必定绕不开，我们一一述之。

首先，以理释诚。朱熹说："天地之道，可一言而尽，不过曰诚而已。"②在理学视域中，天地之道即"理"，朱熹言天地之道，"不过曰诚而已"，可见，诚即是理或天道。"诚者，天理之真也。"③"诚者，自然之实理。""诚，实理也。"④朱熹在《中庸章句》中又进一步解释："诚者，真实无妄之谓，天理之本然也。诚之者，未能真实无妄，而欲其真实无妄之谓，人事之当然也。"⑤ 这

---

① 朱熹.朱子语类：卷第十六［M］.黎靖德，编，王星贤，点校.北京：中华书局，1986：335.
② 朱熹.四书章句集注［M］.北京：中华书局，1983：34.
③ 曹端.曹端集：卷二［M］.王秉伦，点校.北京：中华书局，2003：100.
④ 朱熹.朱子语类：卷第六［M］.黎靖德，编，王星贤，点校.北京：中华书局，1986：335.
⑤ 朱熹.四书章句集注［M］.北京：中华书局，1983：31.

里朱熹讲了"诚"的三个含义：一是作为本义，诚乃真实无妄；二是作为本体义，诚乃天理之本然；三是作为工夫义，诚乃人事之当然。"诚者，理之在我者皆实而无伪，天道之本然也。"① 就宇宙自然而言，诚即天道（天理）之自然而然的真实无妄的本然状态，诚之真实无妄即是天理之真实。所谓"至诚者，实理之自然"。就人类社会而言，诚即人道之行（人伦之道和道德法则）所应当如此的真实无伪状态。"诚者，至实而无妄之谓。天所赋物所受之正理也。人皆有之，而圣人之所以圣者无他焉，以其独能全此而已。"② 人物之生禀赋真实无妄之天理以成人性，这是人皆禀之的，但是所以有圣愚，就在于圣人能够全其理，做到真实无妄，而小人则不能。所以，诚之真实无妄就人道而言，就是人之所当为且心里真实无妄、表里如一的状态。这种状态是天理之自然真实的本然状态在人身上的彰显或承续。如此，天道与人道在朱熹这里是具有一致性的，而贯连此一致性的就在于"诚"。既然诚乃天理之本然，也就可以说，诚即理也。

其次，以性释诚。朱熹说："诚，性也。几，情也。德，兼性情而言也。"③ 朱熹直接把"诚"释为"性"。根据《易·系辞》中"一阴一阳之谓道，继之者善也，成之者性也"，朱熹阐释道，"继之者善"即指天地间流行的天理，"成之者性"即指天理禀赋于个体人物身上所成之性。在内容上，性与理是完全一致的，就好比波涛汹涌的海水和盛在器皿中的海水，所不同的地方在于受到形器所限，性与理的不同则在于被气所拘。"生物得来，方始名曰性。只是这理，在天则曰命，在人则曰性。"④ "性只是理，万理之总名。此理亦只是天地间公共之理，禀得来后便为我所有。"⑤ 人物之性只是理的一部分，相对于理的全体，相对于天地流行之理只是一种局部的、特殊形式的存在。"只是一个道理，不道是这个是，那个不是。如水中鱼，肚中水便只是外面水。"⑥ 可见，在朱熹看来，所谓性即理也。而这个理的本然状态是一种真实无妄的无思无为的

① 朱熹．四书章句集注 [M]．北京：中华书局，1983：282.
② 周敦颐．周敦颐集：卷二 [M]．陈克明，点校．北京：中华书局，1990：13.
③ 朱熹．朱子语类：卷第九十四 [M]．黎靖德，编，王星贤，点校．北京：中华书局，1986：2396.
④ 朱熹．朱子语类：卷第五 [M]．黎靖德，编，王星贤，点校．北京：中华书局，1986：83.
⑤ 朱熹．朱子语类：卷第一百一十七 [M]．黎靖德，编，王星贤，点校．北京：中华书局，1986：2816.
⑥ 朱熹．朱子语类：卷第九十八 [M]．黎靖德，编，王星贤，点校．北京：中华书局，1986：2524.

寂然不动的"诚"的状态，所以，落实到万物之中的"性"也应该是这种"诚"的状态。从这个层面上来看，诚即性是可通的。而且我们前面讲到，圣愚之别在于圣人能够全其理且做到真实无妄，即"诚"。可见，虽然人物之生都原有此性，但却因习焉不察、物欲杂染，使得性之真实无妄、无思无为的状态被影响而隔蔽，所以才有凡圣智愚之别。所以，朱熹讲诚即性也，也是强调要复性至诚。"惟诚之至极，而无一毫私伪留于心目之间者，乃能有以察其几焉。"①诚之至极，就是要排除一切心间私伪，保持内心最大程度的真实无妄，这样才能"察其几焉"，亦即"复性"。那么问题又来了，如何"复性至诚"？这就涉及朱熹《大学》的"诚意"工夫了。不过，在进入"诚意"工夫的探讨之前，我们有必要再把"诚意"之"意"做一番解读。

二、"心之所发"之意

朱熹将"意"定义为"心之所发"。众所周知，朱熹讲"情乃发用处，心即管摄性情者也"。若依此来看，"心之所发"即"情"。但是，在朱熹思想体系中，"意"和"情"明显是两个不同范畴。如朱熹说："凡营为、谋度、往来，皆意也。……志与意都属情，情字较大。"②"情如舟车，意如人去使那舟车一般。"③ 可是，从这些解释来看，似乎"意"与"情"又是有联系的。所以，把握"意"必定离不开对"情"的理解。

"恻隐、羞恶、辞让、是非，情也。仁、义、礼、智，性也。……因其情之发，而性之本然可得而见，犹有物在中而绪见于外也。"④ 在朱熹看来，情乃性之发显。性是人心理活动的内在本质，情是其本质的外部显现。性不可得见，所以要通过可见的外在之情把握其中。而所发之情又是以不可见的内在本质之"性"为显发根据，即"性是体，情是用"⑤。至于未发之性如何发用为情，朱熹讲这是一种由静到动的过程，"盖四端之未发也，虽寂然不动，而其中自有条理，自有间架，不是儱侗都无一物。所以外面才感，中间便应，如赤子入井之

---

① 朱熹．四书章句集注［M］．北京：中华书局，1983：33.
② 朱熹．朱子语类：卷第五［M］．黎靖德，编，王星贤，点校．北京：中华书局，1986：96.
③ 朱熹．朱子语类：卷第五［M］．黎靖德，编，王星贤，点校．北京：中华书局，1986：95.
④ 朱熹．四书章句集注［M］．北京：中华书局，1983：238.
⑤ 朱熹．朱子语类：卷第五［M］．黎靖德，编，王星贤，点校．北京：中华书局，1986：91.

事感，则仁之理便应，而恻隐之心于是乎形。如过庙过朝之事感，则礼之理便应，而恭敬之心于是乎形。盖由其中间众理浑具，各各分明，故外边所遇，随感而应"①。未发之性，寂然不动，但并非空无一物，而是具众理。当外部事物与人发生接触，产生一种"感"的时候，性便会自然地做出反应，即"应"。如看到孺子将入井，便会产生"感"，对于这种"感"，性（这里是"仁"）会自然地做出反应，生发恻隐之心，这就是"应"；当过庙过朝时，也会产生"感"，性（这里是"礼"）也会自然地做出反应，生发恭敬之心。可见，性发为情必须应外物之感才能随感而应，即需要以外部事物的接触为条件。故朱熹说："有一事来，便有一理以应之。"② 就是说，"外部事物进入人的知觉范围之内，在主体方面要引起一种相应的心理上的反应"③，这就是性动为情的过程。

理解了"情"，再来看"意"。朱熹说："情是性之发，情是发出恁地，意是主张要恁地。如爱那物是情，所以去爱那物是意。情如舟车，意如人去使那舟车一般。"④ 情和意都是心之所发，但一个是"发出恁地"，一个是"主张要恁地"。明显地，这里有一个无意和有意之差。"情"是应接外物而自然生发的一种自然而然的倾向，没有人的主观意愿参与其中。比如看到孺子将入井，应感而发，自然地产生一种恻隐之心，而不是经过主观思虑之后想要产生的一种情感。"意"则是"主张要恁地"，这一"主张要"就表明了主体意识或意愿，所以"意"是在应接外物时有感，但这个"感"是经过了思虑、反思等有意识的活动之后的一种意志倾向，是参与了主体意识的人为倾向。就比如人看到一物件，自然而然地产生一种喜爱之情，这种情就是一种"没有理由"的自然生发出来的情感，这是"情"，是"发出恁地"；而如若看到一物件，产生出一种想要得到它的情感，那就是一种有意识的筹划，营为谋度，这就是"意"，是"主张要恁地"。所以，朱熹指出，"情是动处，意则有主向，如好恶是情，'好好色、恶恶臭'便是意"⑤。情只是发动处，没有意向，意则在已发之情的基础

① 曾枣庄，刘琳. 全宋文：第二百四十八册·卷五五七一 [M]. 上海：上海辞书出版社；合肥：安徽教育出版社，2006：300-301.
② 朱熹. 朱子语类：卷第三十七 [M]. 黎靖德，编，王星贤，点校. 北京：中华书局，1986：985.
③ 陈来. 朱子哲学研究 [M]. 北京：生活·读书·新知三联书店，2010：244-245.
④ 朱熹. 朱子语类：卷第五 [M]. 黎靖德，编，王星贤，点校. 北京：中华书局，1986：95.
⑤ 朱熹. 朱子语类：卷第五 [M]. 黎靖德，编，王星贤，点校. 北京：中华书局，1986：96.

上又赋予其主动意向。再者，比如说好恶，任何事物都可以被好恶，看到一朵花，看到一个面包，看到一件衣服，每个人都会产生好或恶之情，所以好恶之情的所发对象可以是花，可以是面包，也可以是衣服等。可见，情之所发并无一特定的对象可言。而"好好色，恶恶臭"就不同了，它明确指出喜欢或讨厌的特定对象——好色、恶臭，而非广泛的好恶，所以"意"之所发是有着明确的具体的指向对象的。这就是"意因有是情而后用"。所以，"情"与"意"都乃心之所发，然而"情"无特定指向，是应接外物随感而应；"意"则是在此基础上多了一个"主动要"的环节。正是这一"主动要"的环节，使得"意"之所发受人欲、思虑的影响很有可能偏离"性"之自然。所以，"意"之所发很可能不是性的普遍活动或显发，而是带有个人意愿的自主的活动。这也是为什么同一件事不同的人会有不同的认识、感触或想法的原因。所以一个真正的行动的发生，必然是在与外部事物接触后，产生知觉，又通过自己的反思而做出的有意识的行动选择。如此看来，无论圣人或凡愚，其人伦之道或道德行为都不是"性"之自然显发，而是"意"。只不过，圣人能够最大程度地摒除个人之私欲的影响，使"意"合于"性"之自然；而凡愚则不能自觉或不自觉地使"意"合于"性"之自然。

三、"诚意"即"真实无妄"

综上所述，"诚"乃真实无妄之状态，此状态既关涉天理之本然，也关涉人道之当然。无论天理之本然抑或人道之当然都应该秉持"诚"之真实无妄之状态。"意"属应接外物时"性"随感而应的"情"，只不过"应"的这个"情"受人欲、思虑的影响有可能偏离"性"之自然显发，从而表现为带有个人意愿的自主活动。所以，诚其意，就是使"意"合于"性"之本然真实无妄状态的显发，实其心，实其意，即《大学》所说："所谓诚其意者：毋自欺也。如恶恶臭，如好好色，此之谓自谦。故君子必慎其独也！"[1] 这个解释中涉及三个范畴：毋自欺、自谦、慎其独。这三个范畴分别从否定、肯定以及方法论三个方面论及"诚意"。

第一，毋自欺。朱熹把"毋"释为"禁止之辞"，姑且可以理解为"不要"等否定意。"毋自欺"就是不要自欺。"所谓诚其意者：毋自欺也"就是说"诚意"乃不自欺。这是从否定角度阐发"诚意"内涵的，即告诉人们不做什么就

---

① 朱熹. 四书章句集注 [M]. 北京：中华书局，1983：7.

是"诚意"。那么，究竟不要人们做什么呢？也就是"自欺"指什么？朱熹在《章句》中讲"自欺云者，知为善以去恶，而心之所发有未实也"①，好比"自家欲为善，后面又有个人在这里拗你莫去为善；欲为恶，又似有个人在这里拗你莫要恶恶"②。看来，所谓自欺就是知善恶且知道甚至能够为善去恶，但为善之意不实不诚，即不能快乐自在地彻底地知善为善。"如有心为善，更别有一分心在主张他事。"③ 既然不实不诚，则心不为一，不一则不专，不专则杂，杂则伪，伪即不诚，便是自欺。"只是一个心，便是诚；才有两个心，便是自欺。"可见，"自欺是一种表里不一的心理状态，即人心内在的思想情感与外在的语言行为不一致"④，只不过这个"不实不诚""表里不一"的心理状态是有意为之，还是无意、不得不为之的呢？《朱子语类》中朱熹与李敬子的一段对话揭示了朱熹的看法：

> 敬子问："'所谓诚其意者，毋自欺也。'注云：'外为善，而中实未能免于不善之杂。'某意欲改作'外为善，而中实容其不善之杂'，如何？盖所谓不善之杂，非是不知，是知得了，又容着在这里，此之谓自欺。"曰："不是知得了容着在这里，是不奈他何了，不能不自欺。公合下认错了，只管说个'容'字，不是如此。'容'字又是第二节，缘不奈他何，所以容在这里。此一段文意，公不曾识得它源头在，只要硬去捺他，所以错了。自欺，只是自欠了分数，恰如淡底金，不可不谓之金，只是欠了分数。如为善，有八分欲为，有两分不为，此便是自欺，是自欠了这分数。"

李敬子把"自欺"理解为"不善之杂，非是不知，是知得了，又容在这里"，即有意为之之意。所谓"知得了，又容在这里"是指一个人不是不知道内心的私欲作怪，而是明明知道有此私欲，却容许其存在，就好比一个人虽然知道要把捡到的钱包物归原主，但是心里却想着如果占为己有则可以得到一笔意外之财。朱熹则明确表示此不善之杂，是"无意"的，"是不奈他何，不能不自

① 朱熹.四书章句集注［M］.北京：中华书局，1983：7.
② 朱熹.朱子语类：卷第十六［M］.黎靖德，编，王星贤，点校.北京：中华书局，1986：338.
③ 朱熹.朱子语类：卷第十六［M］.黎靖德，编，王星贤，点校.北京：中华书局，1986：329.
④ 陈林.朱熹《大学章句》"诚意"注解定本辨析［J］.孔子研究，2015（2）：96-107.

欺"，显然是一种不得不为之之意。就是说，人并不是有意为恶，不是故意想或者将意外之财据为己有的，而是由于人心不自觉地走失掉了，不自觉地陷入为恶中，"非是要如此，是不奈他何底"。可见，朱熹认为"所谓诚其意者，毋自欺也"是"未能免于"的一种类似于"不得不"的心理状态，而不是"容其"的一种类似于"可以"的心理状态。但是，朱熹后来又改变了自己的思想，认为"知其为不善之杂，而又盖庇以为之"。一个"知"一个"庇"，显然带有很强的主体意味。在这里，朱熹接受了李敬子的"有意为之"的看法，认为一个人如果清楚地知道一件事应该怎么做，但却有意地不按照这种做法来做，就是自欺了。比如，某人实际只有九斗米，他自己心里清楚，却偏要告诉别人有一石米，这就是"有意为之"；再比如，某人生活得并不幸福，自己也清楚，但偏要在人前表现出自己很幸福，这也是"有意为之"。朱熹认为这种"有意为之"的不实不诚就是自欺。《朱子语类》卷第十六中记载："问刘栋：'看《大学》自欺之说如何？'曰：'不知义理，却道我知义理，是自欺。'先生曰：'自欺是个半知半不知底人。'知道善我所当为，却又不十分去为善；知道恶不可作，却又是自家所爱，舍他不得，这便是自欺。不知不识，只唤'欺'，不知不识却不唤做'自欺'。"由文意可知，朱熹为了更明确地突出"有意为之"的心理状态，将"欺"与"自欺"做了区分。"不知"却道"我知"者，与明明知道却有意不为之者，这是两种不同的心理状态。朱熹认为，只有"有意"之欺才算"自欺"，而"无意"之欺只能说是"欺"。所以"毋自欺"就应该是有多少米就是多少米，幸福就是幸福，不幸福就是不幸福，要"如好好色，如恶恶臭"般好时即好，恶时即恶，真实无妄，即"诚意"。

第二，自谦。《大学章句》中注："谦读为慊……慊，快也，足也……以自快足于己也。"① 朱熹以自足自快来释"自谦"。《朱子语类》中载："'此之谓自慊'，谓'如好好色，恶恶臭'，只此便是自慊。是合下好恶时便是要自慊了，非是做得善了，方能自慊也。自慊正与自欺相对，……所谓不自欺而慊者，只是要自快足我之志愿，不是要为他人也。诚与不诚，自慊与自欺，只争这些子毫发之间耳。"② 所谓"自慊者，外面如此，中心也是如此，表里一般。自欺

---

① 朱熹. 四书章句集注 [M]. 北京：中华书局，1983：7.
② 朱熹. 朱子语类：卷第十六 [M]. 黎靖德，编，王星贤，点校. 北京：中华书局，1986：331.

者，外面如此做，中心其实有些子不愿，外面且要人道好"①。可见，"自慊则一，自欺则二"②。前面我们论述了，所谓自欺即不实不诚、表里不一的"两个心"。朱熹告诉人们"毋自欺"方能做到"诚其意"，这是从否定层面论及"诚意"之内涵的。而"盖自欺自慊两事正相抵背"③。从朱熹的阐释中可知，"自谦"与"自欺"恰为相反。"其好恶皆是为人而然，非有自求快足之意也"④，这是自欺，即外面所做所行并非求得自快自足，而是"为人而然"；而"其好恶真如好好色、恶恶臭，只为求以自快自足，如寒而思衣以自温，饥而思食以自饱，非有牵强苟且、姑以为人之意"⑤，这就是自谦，即外面所做所行乃求以内心的快足之意，冷了想着多加衣服为的是自身的温暖，饿了想着寻东西吃为的也是自身的饥饱而非他人之意。表里如一，外面如此，中心亦如此，此即自谦。可见，这是从肯定层面论及如何诚意的。所以朱熹说"自慊则一，自欺则二"。"'如好好色，恶恶臭'，只此便是自慊。是合下好恶时便是要自慊了，非是做得善了，方能自慊"⑥。依朱熹看来，人只要做到好善"如好好色"、恶恶"如恶恶臭"即是自谦了。

第三，慎其独。《大学章句》中朱熹这样解释："独者，人所不知而己所独知之地也……盖有他人所不及知而己独知之者，故必谨之于此以审其几焉。"⑦《中庸章句》中也有："独者，人所不知而己所独知之地也。言幽暗之中，细微之事，迹虽未形而几则已动，人虽不知而己独知之，则是天下之事无有著见明显而过于此者。是以君子既常戒惧，而于此尤加谨焉，所以遏人欲于将萌，而不使其滋长于隐微之中，以至离道之远也。"⑧ 人作为一种特殊存在，有着细微

---

① 朱熹．朱子语类：卷第十六［M］．黎靖德，编，王星贤，点校．北京：中华书局，1986：331.
② 朱熹．朱子语类：卷第十六［M］．黎靖德，编，王星贤，点校．北京：中华书局，1986：331.
③ 曾枣庄，刘琳．全宋文：第二百四十九册·卷五五八九［M］．上海：上海辞书出版社；合肥：安徽教育出版社，2006：195.
④ 曾枣庄，刘琳．全宋文：第二百四十九册·卷五五八九［M］．上海：上海辞书出版社；合肥：安徽教育出版社，2006：195.
⑤ 曾枣庄，刘琳．全宋文：第二百四十九册·卷五五八九［M］．上海：上海辞书出版社；合肥：安徽教育出版社，2006：195.
⑥ 朱熹．朱子语类：卷第十六［M］．黎靖德，编，王星贤，点校．北京：中华书局，1986：331.
⑦ 朱熹．四书章句集注［M］．北京：中华书局，1983：7.
⑧ 朱熹．四书章句集注［M］．北京：中华书局，1983：18.

且复杂的意虑与物念。这些意虑与物念在人的理性引导下不会时刻显透出来，但是并不代表其不存在。而这尚未显透出来但实际存在的意虑与物念是最难以发现的，也是最能影响"至离道之远"的惟危因素。所以，要诚其意，不仅要做到表里如一，即实及诚，还要在幽暗隐晦之处，时时谨慎审察，遏人欲于萌芽之处，不得有片刻松懈。因为在朱熹看来，即便全然明晓天理的圣人，哪怕有一丝隐微不实，也是自欺，只是深浅程度不同而已，故"君子既常戒惧，而于此尤加谨焉"。所以，即便做到了"诚意者，好善'如好好色'，恶恶'如恶恶臭'，皆是真情。既是真情，则发见于外者，亦皆可见。如种麻则生麻，种谷则生谷，此谓'诚于中，形于外'"①，也要"又恐于独之时有不到处，故必慎独"②。又说："分别善恶了，然后致其慎独之功，而力割去物欲之杂，而后意可得其诚也。"③ 可见，"诚意，如慎独"④。朱熹在讲明"毋自欺"与"自谦"之后，着重强调"君子必慎其独也"，是因为朱熹看到"人所不知而己所独知"的隐微之处是无法通过外在标准来衡量，也无法通过外在力量来约束的，只能内求于己，通过反身自求来审察、把握，最终做到无一丝一毫不诚之处。显然，这是从工夫层面来讲如何诚其意的。

在这种认识基础上，我们来看《大学章句》对"诚意"的疏解。朱熹在《大学章句》中对《大学》原文中"所谓诚其意者，毋自欺也。如恶恶臭，如好好色，此之谓自谦，故君子必慎其独也"作注为："诚其意者，自修之首也。毋者，禁止之辞。自欺云者，知为善以去恶，而心之所发有未实也。谦，读为慊，苦劫反，快也，足也。独者，人所不知而己所独知之地也。言欲自修者，知为善以去其恶，则当实用其力，而禁止其自欺。使其恶恶则如恶恶臭，好善则如好好色，皆务决去，而求必得之，以自快足于己，不可徒苟且以殉外而为人也。然其实与不实，盖有他人所不及知而己独知之者，故必谨之于此以审其几焉。"在这段注释中，朱熹把"自欺"释为"知为善以去恶，而心之所发有未实也"。意思即指明明知道应该怎么做（为善去恶），但应接外物时心之所发

---

① 朱熹. 朱子语类：卷第十六［M］. 黎靖德，编，王星贤，点校. 北京：中华书局，1986：333.

② 朱熹. 朱子语类：卷第十六［M］. 黎靖德，编，王星贤，点校. 北京：中华书局，1986：333.

③ 朱熹. 朱子语类：卷第十六［M］. 黎靖德，编，王星贤，点校. 北京：中华书局，1986：328.

④ 朱熹. 朱子语类：卷第十五［M］. 黎靖德，编，王星贤，点校. 北京：中华书局，1986：304.

却有不实不诚，显然是一种人"有意为之"的心理状态。看来，在《大学章句》的工夫次第中，"诚意"的重点在于通过工夫使人在践行中能够始终坚守善念，去除"有意为之"的心理状态，做到"只是一个心"，进而呈现"性"之真实无妄的显发。不过这里值得注意的是，朱熹所强调的诚意工夫指向践行善念过程中人的主观意识，而不是指向对善念的践行。也就是说，在日常实践中践行为善去恶，要分两段：一要知善知恶且知为善去恶亦能够为善去恶，即能够真正地笃实地践行善念，这是诚意工夫的前提；二要在前段基础上，坚定对这种善念的执守不动摇，尽管这种不执守还不足以导致践行善念的失败，但是如果不够坚定，便有可能在应接外物时，怀疑甚至违背自己所持有的信念。如《朱子语类》卷第十六之喻："正如金，已是真金了，只是锻炼得微不熟，微有些渣滓去不尽，颜色或白、或青、或黄，便不是十分精金矣。"虽然已是真金，但有些许渣滓，这便不是精金。诚意的工夫不是炼金，而是在真金的基础上把杂有的些许渣滓去掉，即做到十分为善、"十分精金"。只要"那微有差失，便是知不至处"①，所以，诚意是要人于那"微有差失"的些许渣滓上做工夫，以达到"十分精金"的目的。

四、诚意之工夫

那么如何做"诚意"工夫呢？《朱子语类》中还有一段记载："国秀问：'一则内全无好善恶恶之实，而专事掩覆于外者，此不诚之尤也；一则虽知好善恶恶之为是，而隐微之际，又苟且以自瞒底；一则知有未至，随意应事，而自不觉陷于自欺底。'""夜来国秀说自欺有三样底，后来思之，是有这三样意思。然却不是三路，只是一路，有浅深之不同。"② 由文可知，余国秀看意不诚的状态可以分为三种不同的情况：一是"内全无好善恶恶"，此种情况根本谈不上道德实践，所以没有讨论的价值；二是"虽知好善恶恶之为是"，而隐微之际"不诚"；三是"自不觉陷于自欺底"，这种情况是心在未察觉的情况下混入了私欲，但人不为所知，仍以为所发之意无夹杂人欲。朱熹赞同此说法，但是指出"却

---

① 朱熹．朱子语类：卷第十六 [M]．黎靖德，编，王星贤，点校．北京：中华书局，1986：328.

② 朱熹．朱子语类：卷第十六 [M]．黎靖德，编，王星贤，点校．北京：中华书局，1986：329.

不是三路，只是一路，有浅深之不同"①，这个"浅深不同"就是知至不同。在朱熹看来，知理不实仍是自欺之根。所以朱熹讲"诚意"在于要人人追求"知至"，通过做格物致知的工夫不断强化对道德本心的发用而体认，做到"里面也要知得透彻，外面也要知得透彻"，最终达到一种坚定不移的状态。只有对自己所持有的信念（知）及所持有信念的价值坚定不移，才能够在任何外在的物欲私欲的影响下依然毫不动摇、毫不妥协。唯此方能避免"恶"意的滋生。所以，朱熹指出"诚意"是与"格物致知"贯连起来的。"欲诚其意，先致其知。""知至而后意诚。"因为"格致"工夫不够，就会导致"心体之明有所未尽"，而"心体之明有所未尽"又会导致"其所发必有不能实用其力"而"以自欺"。与此同时，他还强调"格物致知"之后仍要努力在慎独上做工夫。"然或已明而不谨乎此，则其所明又非己有，而无以为进德之基。"② 即使自己明白了善恶的道理，但如果不小心不谨慎，一个疏忽则"其所明又非己有"。何来此说呢？这就涉及朱熹的人性观了。在朱熹看来，人是兼禀理气而生，所以现实的人物之性不能由纯粹的理或气所规定，而是受理与气的共同制约，所以心之发用，必然也会受到理气之共同影响，而不可能纯然至善。受气禀影响的气质之性就是由于受到气质作用的影响，现实人物表现出来的性已不再是本然之理的性（天命之性）了。所以，在这个气质作用的过程中，就难免会有"偷则自行"，即不自觉地混入私欲，不知不觉地产生恶。所以朱熹强调"盖无放心底圣贤，'惟圣罔念作狂'。一毫少不谨惧，则已堕于意欲之私矣。此圣人教人彻上彻下，不出一'敬'也。盖'知至而后意诚'，则知至之后，意已诚矣。犹恐隐微之间有所不实，又必提掇而谨之，使无毫发妄驰，则表里隐显无一不实，而自快慊也"③。即便已经达到"知至""意诚"的境界，朱熹仍强调工夫的重要，因为"犹恐隐微之间有所不实"，所以必须"提掇而谨之"。甚至圣人也必须时时谨慎小心，因为圣人亦禀理气而生，受理气共同规定，故亦难免于气质"偷则自行"。所谓"偷则自行"即心"不知不觉走去底"。所以"诚意"工夫需时时为之，永无止境。

---

① 朱熹．朱子语类：卷第十六［M］．黎靖德，编，王星贤，点校．北京：中华书局，1986：329.
② 朱熹．四书章句集注［M］．北京：中华书局，1983：8.
③ 朱熹．朱子语类：卷第十六［M］．黎靖德，编，王星贤，点校．北京：中华书局，1986：332.

第四节　格物致知

前面论述朱熹做“诚意”工夫最终落在“知至”上，而“知至”又离不开“格物”，所谓“欲诚其意，先致其知；致知在格物”。这是朱熹《大学》工夫次第的逻辑顺序，依次序，我们接着来看格致思想。

一、分解“格”“物”“致”“知”

格物是朱熹《大学》学的核心观念。朱熹认为《大学》一书要紧处即在对“格物”二字的体认上。程颐曾言：“格，犹穷也。物，犹理也。犹曰穷其理而已也。”[①] 他强调格物就是要穷究事物之理，从而将一个实践概念糅合为理学概念。朱熹对其做了进一步阐释，认为格乃至也，物乃理也。格物致知乃穷至事物之理，推极我之所知。从朱熹的解释来看，所谓“格物”即穷至事物之理。朱熹认为，格物必然要接物，但如果只接物而不求穷其理，或穷理而不求至极，那就不能算作格物。这里包含着两个要点：一是“物”；二是“格”。

首先谈谈对“物”的理解。二程说：“天下物皆可以理照，有物必有则，一物须有一理。”[②] 天地之间无论事物大小、精粗皆应理会其物之所以然。且穷理致知方法多样，或读书明理，或论古辨今，或接物体察。朱熹继承二程，认为天地之间所接之事皆为物，所指极广。在朱熹看来，物不仅包括客观存在的一切事物，如天地日月、草木山川等自然存在，也包括社会存在，还包括人的社会行为和自然属性，甚至包括人的思维、欲念等一切精神活动。虽然心之虑念在朱熹所格之物范围之内，但是其不占主要地位，因为朱熹坚决反对格心明善，反对把格物归结为反省内心（详见其后论述）。朱熹认为，理普遍存在于一切事物中，无论精粗、大小、高低、贵贱莫不有理，所以理之所在皆所当格。没有哪一事物中没有理，也就没有哪一事物不是格的对象。“上而无极太极，下而至于一草一木昆虫之微，亦各有理。一书不读则阙了一书道理，一事不穷则阙了

---

① 程颢，程颐. 二程集：遗书卷第二十五 [M]. 王孝鱼，点校. 北京：中华书局，2004：316.

② 程颢，程颐. 二程集：遗书卷第十八 [M]. 王孝鱼，点校. 北京：中华书局，2004：193.

一事道理，一物不格则阙了一物道理。须着逐一件与他理会过。"①

在对"格"的训释上，朱熹多主张程颐之说，认为"格，至也，凡有一物必有一理，穷而致之，所谓格物者也"②，以"格物"为"至物"。但是仅凭以"至"训"格"，似乎并不能尽朱熹格物之意。正如陈来先生所述："程朱对格物的基本精神的理解固然不差，但与其训格为至，究竟不相协调。"③ 因为从朱熹的理解来看，似乎"格"还含有"穷"之意。如前面所述，接物还要穷理，穷理还要至极，缺一即非格物之意。这点与王阳明异曲同工。王阳明认为，"格物"用功之要在一"穷"字，用力之地则在一"理"字，穷至事物之理而后可通致知。

在探讨致知之前，首先对朱熹哲学中"知"的含义做个梳理。

照朱熹的一般理解，"知"既可以指作名词的知识或"理"，也可以指作动词的"认知"，也就是说朱熹哲学中的"知"应作两方面的理解：一是主体认知的结果，即知识；一是主体的能知，即知觉。《大学或问》卷二中讲到，一人之心于万物之理"无不能知"，是指"能知"，然因其禀之异，则有所不能穷尽。"知有不尽"并非指能知尽不尽，而是指人的知识。理有未穷之处，知则有不尽之处；知有所不尽则心之所发不能纯，心之不纯则意有不诚，意有不诚则身之不修，身有不修则何言天下国家之治焉！当然，致知即致吾之知。此"知"也有两方面的意义，既有人心之灵莫不有的知，也有知有不尽的知。然此二者并非居于同等地位。"致知"其意主要是指"吾之知识"，至于"能知"则是致知的前提，只有能知才能知至，才能知无不尽。

厘清了"知"的含义，"致知"又是何意？《大学章句》中朱熹这样训释"致知"："推极吾之知识，欲其所知无不尽也。"单独理解致知之意，似乎与格物是两种不同的理论进路，其实不然。在朱熹哲学里，致知是指通过"我"考究事物之理而在主观上达到知识的扩充。对于主体"我"来说，格物、致知是一个通过考究物理使知识由匮乏到丰富的累积变化过程，通俗地说，就是人的认识实践获得理论知识的过程。朱熹认为，如果不即物穷理，那么"我"的知识是无法达到扩充的。可见，致知实则是格物的目的和结果，"致知便只是穷得

---

① 朱熹．朱子语类：卷第十五［M］．黎靖德，编，王星贤，点校．北京：中华书局，1986：295.

② 曾枣庄，刘琳．全宋文：第二百五十一册·卷五六三六［M］．上海：上海辞书出版社；合肥：安徽教育出版社，2006：197.

③ 陈来．朱子哲学研究［M］．北京：生活·读书·新知三联书店，2010：331.

物理尽后，我之知识亦无不尽处"①。

二、致知在格物与格物所以致知

在朱熹看来，"致知"和"格物"是"致知在格物""格物所以致知"的关系。两者既有区别，又有联系。对此，朱熹比较全面、确切地表述了"格物"与"致知"的关系。

首先，就两者的区别来看，不仅有量和质的不同，而且认识的对象和认识方法也有所不同：其一，"格物"是即物穷理，"致知"是推极"吾所知"，达到"知无不尽"的境界。格物是就"物而言"，致知是就"我而言"。其二，致知是就"心上说"，格物是就"事上说"。格物是主体作用于客观对象，致知则是认识作用于主体，是主体对客观对象的认识把握在主体所产生的结果。所以格物"以理言"，致知"以心言"。其三，"格物是逐物格将去，致知则是推得渐广"②，即认识方法不大相同。概括来说，格物即由外向内用功，致知即由内向外用功，这就是朱熹所谓的"内外合一"之学。

其次，就两者的联系来看，二者是相辅相成的。所谓对物要今日格明日格，目的不是要探寻其客观规律，而是要致吾之知。所以在格物的过程中，随着对物理一点一滴的认识和积累，吾之知也就自然而然地慢慢实现了，好比吃饭与吃饱，是有因有果、相辅而成的。"夫格物可以致知，犹食所以为饱也。"③。所以，在朱熹看来，致知与格物乃一事，非格物之外另有致知处。可见，朱熹对于"格物"与"致知"的关系其实是包含了些许的辩证思想在里面。以格物为前提，以致知为结果，"但能格物则知自至，不是别一事也"④。

按照朱熹《大学章句》中所作补传对"格物致知"的训释，天下万物皆有理，人心皆有知，心未至知是由于未穷尽天下物理的缘故。因而极尽吾心之知则无不尽，穷至事物之理而无不到。只要穷极天下事物之理，心中内在之理亦

① 曾枣庄，刘琳. 全宋文：第二百四十七册·卷五五四六［M］. 上海：上海辞书出版社；合肥：安徽教育出版社，2006：285.
② 朱熹. 朱子语类：卷第十五［M］. 黎靖德，编，王星贤，点校. 北京：中华书局，1986：291.
③ 曾枣庄，刘琳. 全宋文：第二百四十六册·卷五五二四［M］. 上海：上海辞书出版社；合肥：安徽教育出版社，2006：362.
④ 曾枣庄，刘琳. 全宋文：第二百四十七册·卷五五四六［M］. 上海：上海辞书出版社；合肥：安徽教育出版社，2006：285.

即显现、复明，心理明则可普照世间万物，如此便心理、物理、天理融合为一体了。

朱熹《大学章句》的格物说虽属认识论范畴，但确切来说是一种道德认识论和道德修养论。虽然朱熹的格物说也包含求知认知，以追寻事物的本质规律为目的，但是并非以此去认识自然界的客观普遍之规律，而是以此去构建以道德为核心的德性修养方法和日常行为规范。所以朱熹之格物思想"不在乎求科学之真，而在乎明道德之善"①。虽然，朱熹的格物致知思想以道德修养为目的，具有浓重的道德色彩，但是朱熹并不单纯地强调要一味地明心悟道、追寻本心，而是主张要通过读书学习、释经明义、通古博今、格物穷理等客观认识工夫去除遮蔽、明辨是非，进而达到道德至境。

在为学进德的工夫入路问题上，朱熹与同时代的宋明心学的开山鼻祖陆九渊在鹅湖之会上展开了一场"为学工夫"的论争。

作为理学家，朱陆二人都认同"理"为一切之本体，只是此"理"是内在还是外在，二者有不同看法。朱熹以理为本，认为一切源于天理，故其以格物为为学之始，而陆九渊以心为本，认为一切源于吾心，故其以格物为非。朱熹认为理赋于万物之中，亦在吾心之中，明心至善固然重要，但是不能脱离客观存在，否则与佛老玄学的飘渺虚无无异不二。要达到吾心之知就必须借助外在之物，即物穷理，从客观存在入手，一件一件地格，通过对万物的感性认识、积累贯通逐渐上升为理性知识，从而扩充"吾之知"。所以，朱熹主张泛观博览，由博到约，通过广格外物而幡然体悟心中之理。而陆九渊则以孟子万物皆备于我的良知说和佛学心生心灭说为根本提出"心即理"说。"宇宙便是吾心，吾心便是宇宙"②。在他看来，先验的道德理性就内在于人心之中，非由外铄于我，所以明善本心才是治学的根本方法和前提，否则纵使博览群书，本心不明，依然是不知。所以，他主张"发明本心""立乎其大"。只要去除所有外界干扰，发明本心，就可以识得天理，而不必在读书求理上过多地下功夫。"苟此心之存，则此理自明，当恻隐处自恻隐，当羞恶，当辞逊，是非在前，自能辨之"③。可见，陆九渊主张先立其大，由约到博，在道德理性的指导下体悟万事万物。

---

① 侯外庐，邱汉生，张岂之．宋明理学史（上）［M］．北京：人民出版社，1997：399.
② 陆九渊．陆九渊集：陆九渊的学术宗旨（代前言）［M］．钟哲，点校．北京：中华书局，1980：3.
③ 陆九渊．陆九渊集：卷三十四［M］．钟哲，点校．北京：中华书局，1980：396.

在这种工夫入路的分野上，无论在当时还是今天都并非一简单问题，有很大的思考空间值得我们去深究。正如张荫麟先生所问："朱陆同认为'人之所应然的道理'是具于个人心中。那么，他们应当同以为：欲知道怎样做一个理想的人，欲明'心之全体大用'，反求诸其心就够了。何以朱子于此更注重'道问学'呢？更注重对外物'用力之久'呢？而且朱子还有理由比象山更不重'道问学'。朱子以为一切理之全体具于各人之心中，'人人有一太极'，那么，即使穷理为正心修身的必要条件，欲穷理，反求诸其心就够了，何必对外物'用力之久'呢？若说心中之理原为气禀所蔽，欲去此'蔽'，有待于'格物'，到底'格物'与去蔽有没有必然的关系？欲明心中本有之理，是否非穷究外物之理不可？"① 第一，虽然朱熹与陆九渊一个主理一个主心，但是值得肯定的是，二人同认为人之所以然之故和人之所当然之则都完整地内在于人。这一点上，朱、陆如出一辙。那么，既然都完整地内在于人，人要想成为一个理想的道德之人，只需反求诸心即可，何以二人产生分歧？也就是说，朱熹何以要追求"道问学"？要在外物上用力呢？第二，朱熹强调天地万物乃一理化之，人禀赋天理以成性，内在完整地具有一理之全，所谓性即理也。且此禀赋之天理在人亦是一"太极"，这就更足以证明人是完整自足的，要想修身正心更不需向外用力，求诸于心即可。可朱熹却恰恰着实强调不能一味求诸于心，而是要反向客观之存在用力，原因何在？第三，如果说朱熹强调向外用力是缘于气对心中之理的遮蔽，因为虽然人是完整自足的，具有一切理之全体，但是气有所蔽，人要反求于心的话是无法真正发明本心的，所以要靠格物去蔽。倘若这样理解的话，那么朱熹格物与去蔽到底是什么关系？而且要想明本心之理有没有必要一定要穷格外物？总的来说，问题就是，既然朱、陆都认为心中即有天理或者本心即是天理，那么从逻辑上说，欲复明本心之理，缘何非向外物用力不可？反求诸心足矣！而朱熹恰恰强调"致知在格物"，那么"致知"缘何须假"格物"？

三、格物致知的理学依据

在深入探讨朱熹"致知在格物"的理论依据前，首先有必要厘清作为朱熹哲学体系得以展开之主线的"理"的概念。因为，"理"不仅是贯穿整个朱熹哲学的核心概念，还可以说更是朱熹道德认识论和道德修养论的理论依据和最终目的。

---

① 冯友兰．三松堂学术文集［C］．北京：北京大学出版社，1984：342-343.

"理"或"天理"在朱熹哲学中是最高的宇宙本体,也是产生宇宙万物的根源。在朱熹看来,理是宇宙的根本,理先于事物而存在,是不生不灭的,是独立于自然界的绝对存在,亦是天地万物生成和存在的根据和基础。天地万物因理而有。那么朱熹是怎样阐述"理"对万物的创生化育的?

首先,朱熹认为天道流行。其次,朱熹认为天地间有理有气。朱熹这样描述道:天地间阴阳五行,有理有气。阴阳五行之气在宇宙间飘忽不定,理搭于气上,亦随之流行。气之聚散,形之有无。当气聚之时,理亦赋焉,遂成性成形,则万物生。成性之理即形而上之道,成形之气即形而下之器。故人物之生,得理以为性,得气以成百骸之身。所谓天道流行以化生万物。"化育流行"是指伴随着"理"的阴阳五行之"气"的流行,化育生养而成天地间的万物。朱熹的理气观是源于对二程道器关系的继承。程颐认为,气的自然生生不穷创造出了天地万物,且具体事物的存与灭都是气之聚散而引起的。但是程颐的"气"与朱熹的"气"并非同等概念。程颐之"气"并非位于本源的主宰地位,而是另有一主宰之物主宰着气的聚散,但在朱熹的哲学体系中,"气"却占据着化育宇宙万物的本源地位,与"理"构成了宇宙间的存在。在朱熹理学体系中,"理"是形而上之道,乃万事万物之所以存在之根据;"气"是形而下之器,是万事万物生成的质料,即所谓"气聚而成形"。万事万物都是兼禀理气方为一个现实存在。朱熹说:"理也者,形而上之道也。"[①] 理是不受任何物质属性所限制的超时空的存在,是形而上的存有,且无形无象。故而,创造、产生万物的只能是形而下之气。理构成事物之性,气构成事物之形,理气不可分开各在一处。理虽是第一性的,但是须有气的存在,理方有搭挂处。理是阴阳动静的根据,气的动静流行则是理的外在表现。理在气中,且与气不相离亦不相杂。没有理,则气没有动静运行的根据;没有气,则理没有搭挂处,无法表现出来。二者缺一不可。所以,气化流行,亦即天理流行。万物生成之际,气聚成形之时,理已在其中。此理映射禀赋于人,即表现为"健顺仁义礼智之性"也!

理普遍存在于一切事物中,天下万物无论精粗、大小、高低、贵贱莫不有理。上至天地,下至一草一木,物物皆有其理。一物不穷、一书不读、一史不鉴则各阙一理未尽。宇宙间只要存在,就有其存在之理在那里,所以不可不穷,不可不尽矣!人作为天地万物之一,必然也潜在地存在着一个先天的"理"。在

---

① 曾枣庄,刘琳. 全宋文:第二百四十八册·卷五五七〇 [M]. 上海:上海辞书出版社;合肥:安徽教育出版社,2006:275.

朱熹看来，人心虽本具"天理"，但是拘于气禀，蔽于人欲，不免会天理有所不明。朱熹说，人之所得乎于天之虚灵不昧者为"明德"，但因生之初由于气禀所拘，人欲所蔽，内在之德性时而昏暗不明，所以为了能够彰显本性之德当发而遂明之，使之明而不昏。而"明明德"就是要摒弃人欲，彰显德性，使人心这面镜子重新亮堂起来，复明心中固有之天理。正如其所比拟，生之初禀赋清明之气者乃成圣成贤，犹如珍珠宝物在清水之中，晶莹剔透，没有一丝一毫的瑕疵污垢；而生之初如若禀得浑浊之气则或愚昧或不肖，就好像珍珠宝物浸于污水之中，虽本身晶莹无瑕，但由于水有不清不明之故，遮蔽了珍珠本身的光亮，使之难以完全呈现出来。所以明明德，正是要在污水的遮蔽下尽其所能彰显珍珠之本色。

理在物中亦在吾心，所以要致知就必须即物穷理，从客观存在入手，一件一件地格，使感性认识逐渐上升为理性知识，从而扩充"吾之知"。

朱熹在《补格物致知传》中说人心莫不有知，万物莫不有理。在朱熹看来，主体知识来源于客体存在之物理，要扩充、丰富心灵之知就必须要从万物之理中去探求。致知是就主体而言，格物是就客体而言。气禀和物欲对人性的蒙蔽，导致了现实中道德本心的丧失、伦理纲常的错乱和道德准则的沦陷，所以家不能齐，国不能治，天下不能平。朱熹从道德修养目的论出发，指出格物之目的并非在于对客观世界的认识，也并非对客观事物的普遍规律和特殊规律的探寻，而是使先天禀赋万理的蒙蔽之本心恢复其本来面目，使道德理性得以彰显。通过"格物"使"在己之理"再显现、再扩充的过程就是格物致知的过程。通过观外物以获取各种知识，使由经验积累而得的知识逐渐显明、确证，然后达到吾心之知，进而对于天地万物之理也就无不了然了。通晓万物之理，即可总体把握众理之终极存在——天理，这就是"致知在格物"的意蕴所在。

朱熹反对脱离外物，一味反求诸心的治学之方。他说，如果不接触外物，不细究事物之理，怎么能够获取客观的正确的认识？在朱熹看来，离开具体事物存在，直接发明本心而悟道，理论上与玄无的佛教禅学无异，是偏离儒学正道之谈。如他所批陆九渊之言："今人论道，只论理，不论事；只说心，不说身。其说至高，而荡然无守，流于空虚异端之说。"① 因为只有通晓世间万物之理，达至心中之知，才能行修身养性之正道，进而得以在日用中践履。若事理

---

① 朱熹.朱子语类：卷第一百二十［M］.黎靖德，编，王星贤，点校.北京：中华书局，1986：2904.

不明，则犹如病急乱投医，费了工夫却无大用处，还会受其影响。所谓"致知在格物"是也！

程颐主张要不断"积习"，因为不可能只格了一物便通晓世间众理，也不可能今日格了明日便无须格，只有日日格、物物格方有贯通处。朱熹赞同此理，认为不可能也不能通一理则万理通，必须通过博学、审问、明辨的累积。同时也不能一味求诸于己而不假于物格，否则难免会有见错之处而不自知。看来，只格一物或格有不尽便无法通解万理，"知有不尽"，也就不能准确把握天理。倘若单凭反省内心而脱离外物，加之气禀、物欲之蔽，人就更难免会以偏概全，以"一己之私见"而为天下至理。

朱熹还认为仅靠自身的反省是不能达到对"吾心之理"的完全理解和把握的。前面提到朱熹所格之物是相当广泛的，自然万物是一个方面，人类社会亦在所格范围内。就具体的格物内容来说，对人类社会的格，在朱熹看来主要是读圣贤书。"圣人不令人悬空穷理，须要格物者，是要人就那上见得道理破，便实。"① 读史明鉴，读书可以使人明白道理。然而"书上有底，便可就书理会；若书上无底，便著就事上理会；若古时无底，便著就而今理会"②。所以，致知仍要落实到物格上来。朱熹认为，如果只是反身内省，脱离万物，无异于空中楼阁。

第五节　格物穷理

"格物穷理"是朱熹格物论的认识途径或认识方法之一。按照朱熹的看法，格物论的认识途径分为两个阶段，一是由外向内的认识途径；一是由内向外的认识路向。如前面所论，致知即极尽吾本天赋之理。因为在朱熹看来，人心之初本就先天地具备一切知识，之所以要格以致知，是因为气禀所拘，人欲蒙蔽，遮盖了原本通明之理。格物致知就是要剔除气禀之拘，人欲所蔽，好比用抹布拭去镜子上的灰尘，使镜子复归明亮之本性一样。通过格物致知使本然之理得以彰显，这是一种由内向外的认识路线。而"格物穷理"则是由外向内的方法

---

① 朱熹. 朱子语类：卷第十五［M］. 黎靖德，编，王星贤，点校. 北京：中华书局，1986：257.

② 朱熹. 朱子语类：卷第十四［M］. 黎靖德，编，王星贤，点校. 北京：中华书局，1986：256.

路径。在朱熹看来，格物即是穷理，亦即明理。而穷理就是要穷尽事物之理。格物不仅仅要接物，还在于要穷理。在他看来，格物须从即物、穷理、至极三个方面综合规定，仅仅是接物很容易导致"徒接而不求其理，或粗求而不究其极"①，这就失去了格物的意义。至于《大学》不说穷理，只说格物，朱熹认为并非说穷理不重要，而恰恰是在给人们指出穷理的具体方法，即以接触外物为基础。而且按照朱熹的观点，从本源上讲理在气先，天下万物"气聚成形"的同时，理搭载于气亦赋于万物之中，没有气就没有理的搭挂处，故而在现实世界中理是不可能独立存在的，唯有考究具体事物方能显现其中之理。所以说朱熹所谓穷理离不开具体事物的说法正是朱熹理气观的必然结论，也是朱熹方法论的出发点。

一、"理一分殊"乃"格物致知"之基

在朱熹的整个理学思想中，李侗的"理一分殊"原则对朱熹格、穷方法论的构建有着重要的理论支撑作用。在李侗看来，那种"悬空理会"的"理一"气象并不难把握，真正困难的在于如何在"日用间著实理会"，只有同时把握"理一"和"分殊"才能在物与理间游刃有余。若只讲理一而不论分殊，那么则"流于疑似乱真之说而不自知也"②。朱熹深受李侗影响，从具体事物入手，通过对分殊的累积，自然而然上升到对理一的把握，从而达到"分殊"与"理一"的融会贯通。如果把注重分殊作为方法论的话，朱熹的格物穷理方法就是把格物到致知规定为从分殊的具体上升到理一的普遍，这也正是朱熹对程颐在《程氏遗书》中所言"今日格一件、明日格一件，积习既多，脱然自有贯通处"的发展。朱熹主张为学就要由分殊达一贯，不能凭空理会玄妙道理，要切实做格物的踏实工夫。在从学于李侗时，朱熹就受教于要多言分殊。只有在分殊上将事事物物理会通透，才能一以贯之。"不知万殊各有一理而徒言理一，不知理一在何处。"③"不是一本处难认，是万殊处难认。"④

---

① 曾枣庄，刘琳．全宋文：第二百四十六册·卷五五二四［M］．上海：上海辞书出版社；合肥：安徽教育出版社，2006：361．
② 曾枣庄，刘琳．全宋文：第二百五十二册·卷五六七〇［M］．上海：上海辞书出版社；合肥：安徽教育出版社，2006：332．
③ 朱熹．朱子语类：卷第二十七［M］．黎靖德，编，王星贤，点校．北京：中华书局，1986：678．
④ 朱熹．朱子语类：卷第二十七［M］．黎靖德，编，王星贤，点校．北京：中华书局，1986：689．

他说："万物各具一理，而万物同出一源。"① 物物各有理，理皆为一，但是大千世界又五彩纷呈，各有各的理，为君要仁、为臣要忠、为父要慈、为子要孝，物物同此理，物物异其用，但终究只是一理也。甚者，朱熹还借用了佛教《华严经》中"月印万川"的思想来证明理同一源的道理，指出万物各分殊之理都不过是最高之一理的体现，而最高之理在气禀的作用下，由于所居之位的差异（所搭之气的厚薄清浊等）而显现出不同之理。实际上是说，万物除了有共性之理（天理）外，还有自己的特殊性理（物理），物之性理各不相同，乃即"分殊"。"理一分殊"原则体现了普遍与特殊的关系，明确了本体之道与万物之理的内在同一。首先从"分"上说，万物各殊理既是理一在不同事物上的分别体现，又是理一的完整显现。即每一物之理都是分本体之道以为体，但是所分本体之道又都是道或理的完整显现，是"全"，而非本体之道的部分显现。正所谓"人人有一太极，物物有一太极"②，即物物所分之理乃圆满自足。其次从"殊"上说，物之殊理（印于万川之月）既与天上之月同，又非天上之本月。众物之殊理都是本体之道的完整的显现，即印于万川之月与天上之月虽同是印之于天上之月，然而此水中之月绝非彼水中之月，所以说物各自有一太极（各自水中完整的月亮），所具之殊理各自有其特殊之处，各自有别。所谓"万个是一个，一个是万个"，各自都有一个自己的"小宇宙"，却又都源于一个"宇宙"，此即为该关系之界定。

在理与气的关系上，前面已有论述，即相即不分且不杂，理为气之动静根据，气为理之外在显现。在万物生成上，理是形而上之道，气乃形而下之器。万事万物存在、生成之理是同一的，但气禀的厚薄清浊却使物各有异。所以在这个意义上说，天下万物"理一"而"分殊"，理同而气异。正是对"理一分殊"如此深入的认识，才使朱熹格物穷理的方法论得以规定：穷究物理，逐个理会，融会贯通，至吾心之知。

在朱熹那里，宇宙间万物之众理既与最高本体的天理是同一的，又各自有着独特的性质之理，这是朱熹在"理一分殊"方法下通过《大学》的格物致知论得以认识和构建起来的。"理一分殊"不仅是朱熹人本主义理学的本体论与宇宙观，而且也是朱熹人本主义理学的认识论与方法论。他说："气有清浊，故禀

---

① 朱熹. 朱子语类：卷第二十七［M］. 黎靖德，编，王星贤，点校. 北京：中华书局，1986：689.
② 朱熹. 朱子语类：卷第九十四［M］. 黎靖德，编，王星贤，点校. 北京：中华书局，1986：2371.

有偏正。惟人得其正，故能知其本具此理而存之，而见其为仁；物得其偏，故虽具此理而不自知，而无以见其为仁。然则仁之为仁，人与物不得不同；知人之为人而存之，人与物不得不异。故伊川夫子既言理一分殊，而龟山又有知其理一、知其分殊之说，而先生（李侗）以为全在'知'字上用着力……"① 这就是说，人与物虽都具此理，但不同之处就在于对"理一"的认识工夫上。由此，朱熹把"理一分殊"归结为一个方法论问题，提出了方法论原则：因为"理一"着实体现在"分殊"中，并非悬虚空玄的存在，因此朱熹主张格物方能穷理，必须要从具体事物中去把握事理，从日用常行中去体认天理，格物而穷理。

二、"穷理"在于格万物"分理"

在了解了朱熹格物穷理的思想之后，如何穷理自然也就成了一个需要解决的问题。

从认识主体来看，朱熹格物论所格对象的广泛性决定了用力之方的多样性。所以朱熹强调格物的具体实在，反对空谈，主张通过"博学"和见闻之知去猎取更多知识。朱熹说："如读书而求其义，处事而求其当，接物存心察其是非邪正，皆是也。"② 读书讲究要明其所含之意，行事处事要讲究恰当而为，对待事物要留心观察其是非邪正，这都属于格物。广泛接触事物，究其理，按照事物的本性适当为之；时刻细致地体察自己所思之变化，灭人欲，摒除非分的私心杂念；广览古典文籍，明义理，辨别古今人物之非而有所悟。当然，朱熹所谓的格物穷理的方法并不止上述这些，不过可以肯定的是，这几种穷理方式显然是朱熹所认定的主要途径。因为朱熹的格物穷理是在道德践履范围内，间接学习把握知识的。他的目的是通过"考之事""察之念虑""求之文字""索之讲论"等读书明理和道德践履的方法来把握道德的一般原理和行为准则，而并非像西方哲学家那样通过知解式实践活动并运用严密的逻辑推理，来洞察事物的本质和规律，从而应用于人类技术的进步和文明的发展。朱熹的"穷理"强调即事接物，带有明显的客观唯物主义色彩，反对"枯槁其心，全与物不接一"

---

① 黄宗羲. 宋元学案：卷三十九［M］. 全祖望，补修. 陈金生，梁运华，点校. 北京：中华书局，1986：1281.

② 黄宗羲. 宋元学案：卷三十九［M］. 全祖望，补修. 陈金生，梁运华，点校. 北京：中华书局，1986：1281.

以及佛教"空洞无稽"的唯心主义论调。

从所格事物的角度来看，所穷之理应当包括事物所以然之故和所当然之则。因为事物之理本就含有事物所以然之故又有其所当然之则，所以吾之格应当穷其所以然之故和所当然之则两个方面。了解了事物的所以然之故就不会迷惑，知道了所当然之则，所行才不会有差池。

关于所以然之故，朱熹主要指事物的本质、规律，即事物何以为此而非彼。如《朱子语类》卷第十八载朱熹说，水稻、高粱、小麦皆有其各自之理，水稻有水稻之理，高粱有高粱之理，小麦有小麦之理。比如，什么时候播种什么时候收割，什么物种适合什么土壤什么气候，喜阴或喜阳等，这都是物之所以然之故。又比如，一个杯子是什么颜色什么形状，单以此论，人人得以为知，但是杯子何以为此而非彼，何以为杯子而非桌子等它物，这就鲜为人知了，而这恰恰就是物之所以然。朱熹所言之事物之所以然之故，除了具体客观事物"鸟兽草木之宜"外，还包括天地间一切事物，如"身心性情之德""人伦日用之常"等。这里的所以然之故即道德准则和道德规范的究极根源。关于所当然之则，朱熹主要是指道德准则、礼节规范和一切礼法制度，是人之所当行的道德规范和道德准则。拿圣人来说，圣人之心乃天地之理，不差分毫，严格按照事物之本质规律和内心道德律令行事，该如何时便如何，不该如何时则不为。朱熹以酱食为例，好比眼前有一食物当配酱以作料，但是又恰巧没有酱料，那么圣人宁可不吃此食物也要遵其配以酱料之则。可见圣人是如何来遵循事物当然之则，行当然之则的。知当然之则可行当然，知所以然之故则可明所以。每一事物都有其所以然之故和所当然之则，只有掌握了这两个方面，才能全面准确地把握事物之理。

关于格物的具体方法也是朱熹格物穷理方法论的一个重要方面。朱熹主张致知在格物，那么究竟要怎么格？是把天下万物逐一格过？抑或只需格一物便可？

朱熹坚决反对格一物通万理的说法，认为应当一件一件地格，一理一理地参透，穷尽物物之理，方能极尽吾之知。这与他"理一分殊"的思想是分不开的。在朱熹看来，万物之"一理"是没有差别的，但是万物所具"分理"却不尽相同。普遍的同一的天理体现于特殊的有差别的物理之中，而一切特殊的有差别的物理又都是普遍之理的个别体现。所以不可能只格一物便全然了解天下特殊之众理（物理），更不可能只格一物便明了宇宙的普遍之理。因此，要反复地格、反复地穷，逐步把握事物间所共同的普遍之理。"格物致知，大学之端，始学之事也。一物格则一知至，其功有渐，积久贯通，然后胸中判然不疑所行，而意诚心正矣。然所致之知固有深浅，岂遽以为与尧舜同者，一旦忽然而见之也哉！此殆释氏一闻千悟、一超直入之虚谈，非圣门明善诚身之实务也。"① 所以，格物必须经由逐步积累的过程，知至方可意诚心正。如果不着实从"今日格一物，明日格一物"上下功夫，则"非圣门明善诚身之实务"。经过今日格、明日格、日日格的不断累积之功，所掌握的知识就会不断升华，此乃朱熹所谓的贯通阶段，也就是踏至知至物格的最终境界。至于何以会通过积累达到贯通，朱熹认为这是一个自然而然的过程。格物穷理的开始就是要逐一去认识天地间各异的物之理，但是仅仅把握了一事之一理还不行，还必须超越万物之殊理，从更高层次去把握万物之理的普遍之理。所谓贯通就是超越积累阶段的特殊物理上升到普遍之理的高度来把握具体事物的过程，即从积累阶段的万事万理上升到贯通阶段的万事一理。此乃由个别到一般，由特殊到普遍的过程。通过积累贯通，人就能从事物的本质和普遍规律上把握具体事物了。朱熹重视知识的积累，认为通过接触事物，人必然会在不断接触的过程中产生渐悟，进而升华为德性上的出贤入圣，因此朱熹十分强调见闻之知在认识上的重要性。由此，方有"脱然贯通"的理性上的升华。

因此在格物穷理上存在着两个不同的认识阶段。首先是渐进的积累阶段。人的认识只能持之以渐，"铢积寸累"，一件件地格物，一桩桩地穷理。今日格一物，明日格一物，好比走路似的，左脚迈右脚跟，右脚迈左脚跟，一步一步衔接着迈进才能积跬步至千里，这是一个由浅入深、由近及远、由表至里、由粗而精的过程。博学、审问、慎思、明辨事之详略，理之深浅，物之大小，一层一层拨开，一层一层理会，一层一层领悟，总有穷尽之时。理之穷尽，知之方致。尽管朱熹并不懂得感性认识和理性认识的差异，但他已然把认识看作一个由低级到高级的发展过程，这无疑是具有合理因素的。在渐进的积累阶段后，经过"豁然贯通"的顿悟，会使穷理与尽心统一，达到物之表里无不精细，心之全体无不明朗的境界。在此阶段，就格物方面说，已格尽事物之理。就致知方面说，则已达到无所不知的知至。参悟尽可能多的物理，然后累积并融会贯通，通过这种积累贯通的认识过程将感性认识加以分析、归纳、综合、演绎等上升到理性认识的飞跃，自然而然就接近了对天理的认识。朱熹意识到在渐进

① 王梓材，冯云濠. 宋元学案补遗：卷二十三［M］. 沈芝盈，梁运华，点校. 北京：中华书局，2012：1590-1591.

基础上会产生质的飞跃，但他不知道这个过程只具有相对的意义，不可能也并不能穷尽整个世界，因而在朱熹那里表现出形而上的倾向。

其次是推类阶段。朱熹指出，既然通过今日格、明日格的积累贯通工夫，了解了支配宇宙万物的普遍之理，那么对于未曾穷格到的事物是否也就可以为人所认识？因为即使未曾穷格的事物必然也在普遍原理的支配之下。但是那些未曾穷格的物理并不会自然地转化为人的现成知识，所以朱熹认为在贯通之后还应有推类的阶段，才能把未格之物理变为吾之知。通过对周围事物或已知事物的考察得出一般性结论或规律，再用以考察判断该类事物。因为一类事物都有其共同的特点，通过了解该类事物中已知事物的特性进而以此了解该类事物中未曾直接研究过的事物，这就是推类。因为世间万物浩繁无穷，且朱熹所格之物还尽含伦理言行、思维虑念等，所以要想格尽天下所有之物是不可能的。《朱子语类》卷第六十载："物有多少，亦如何穷得尽？但到那贯通处，则才拈来便晓得，是为尽也。"一切具体事物之理都是普遍之理的现实表现，只要真正把握了普遍之理，真正拥有了万物一理的认识之后，就可以根据普遍之理对未曾穷格之物进行推类，举一反三，从而在大体上对其有一定的把握，进而来做出判断，推知其所以然和所当然。"如何要一切知得！然知至只是到脱然贯通处，虽未能事事知得，然理会得已极多。万一有插生一件差异底事来，也都识得他破。只是贯通，便不知底亦通将去。"① 所以不必尽穷天下之物，"如十事已穷得八九，则其一二虽未穷得，将来凑合，都自见得。又如四旁已穷得，中央虽未穷得，毕竟是在中间了，将来贯通，自能见得"②。所以说穷尽物理并非仅仅要把万物之理至吾心之知识，而是为推类于未曾穷格之物而所需的充分的前提条件。积累、贯通、推类就是朱熹格物说所谓的"次第工程"。

因为朱熹格物的目的在于发明人之天赋的道德本性，所以朱熹的格物穷理主要强调讲圣言、明人伦、求世故、穷天理，而非"草木器用之间"的客观普遍规律。朱熹的格物穷理使每个人都能根据道德准则来评判是非善恶，约束言行。这就是朱熹格物致知的本质。

---

① 朱熹. 朱子语类：卷第十八 [M]. 黎靖德，编，王星贤，点校. 北京：中华书局，1986：396.

② 朱熹. 朱子语类：卷第十八 [M]. 黎靖德，编，王星贤，点校. 北京：中华书局，1986：396.

第六节 知行观

知行关系是中国哲学中又一重要范畴。中国古代哲学的知行观与《实践论》所规定的知行意义存在很多差异。前者讨论的是以道德为核心或主线的认识与践履之间的孰轻孰重、孰先孰后的关系问题，而非后者所注重的认识来源的问题。确切来说，以道德为核心的认识就是道德知识，即道德观念、道德准则、道德理性；以道德为核心的践履就是道德行为，即内在的道德观念、道德准则在道德理性的支配下付诸现实的表现。中国古代知行观探讨的就是道德原则或道德理性与道德行为的关系，就是指人的知识（主要指道德认知）与人的知识或认识自然而然付诸日用常行，这两者之间的关系。《论语》中孔子曾曰："子路有闻，未之能行，唯恐有闻。"《论语》中知行工夫论可以说是后来儒家知行学说的源泉。

一、知与行

在中国哲学中，知行观的具体表述内容存在多种版本。比如宋儒的知行问题往往表述为"致知与力行"的关系，而朱熹的知行观常用以指"致知与涵养"。不过，一般来说，知行关系就是从实践到认识，再从认识到实践的反复循环过程。在朱熹知行学说中所讨论的具体对象和问题大体有三种：人的道德认识与对这些道德观念践履之间的先后关系；物理认知与修身养性这两种通达"为己之学"路径之间的轻重关系；人的道德修养在格物致知过程中所起的作用如何。下面就着重考察朱熹知行关系先后轻重的问题，从而阐明朱熹对儒学知行观的继承发展和创新超越。

朱熹和张栻曾讨论过关于行的意义，认为"行者不是泛然而行，乃行其所知之行也"①。行不是泛指一切行为，而是指对既有知识的践履。《易·文言》中有言"学以聚之，问以辩之，宽以居之，仁以行之"，这里的"仁以行之"也是指对学聚问辩的结果加以践履实行。

相对于"行"，这里着重讨论一下"知"的意义。"知"在朱熹格物论里是

---

① 曾枣庄，刘琳.全宋文：第二百四十五册·卷五四八六［M］.上海：上海辞书出版社；合肥：安徽教育出版社，2006：144.

一个重要的概念，既有主体能知的知觉含义，又有主体知觉的结果即"知识"的含义。简而言之，就是既可作能知讲，又可作知识讲。知行关系中与行相对的知是作为知识而言的，而作为知识讲的知又分为真知和浅知。

在朱熹看来，真知和浅知差异就在于是否与行相当。所谓浅知，从字面意思来看，无非就是浅显的知识或认识。这种认识有两种：一是认识得不全面，一是认识得不彻底。所以，在这种认知下，可能会发生与行相对立或者知而不行的情况。而真知才能灼见，这种认知既是全面的又是深入的。在这种认知下，知行才能合一。换句话说，真知没有不能行的，不能行的只能是浅知。"就略知得处着实体验，须有自然信得及处，便是真知也。"① 再说真知，此知是内在于我而非外在的一种可信的"真理"，是与人之生命情感息息相关的。所谓格物致知的知就是物理格尽，吾之内在之知豁然贯通的显现，故而是真知、深知，是得于己之知。朱熹说："知之者切，然后贯通得诚意底意思，如程先生所谓真知者是也。"② 格、致就是求得真知的方法和手段，是以检验吾之知识为目的的。而作为内在于人的先天禀赋的知，绝非仅仅是一种认知的对象或普遍的知识。《朱子语类》卷第十五载周震亨问，知如此而行不如此，何也？朱熹说，此乃知未至焉。理当就格物、穷理上做工夫，工夫做到了，自然而然能分辨善恶是非，亦能够心甘情愿地去行该行之道，即意诚也！知真、心正、意诚，那么道德行为就不会是他律，而是自律，自然就不会有知行不符的矛盾发生，而是自然而然的所当然。既知则自然行得，没有知而不能行的，否则就不是真知。"既知则自然行得，不待勉强。却是'知'字上重。"③ 只要既知，自然见之于行，无须勉强，即知而必行，行必待于知；没有知而不行，行而无知的。

知而未及行，即知行脱节的现象，这是"知未至"，或"知尚浅"。朱熹说："方其知之而行未及之，则知尚浅。"④ "知之未至""知尚浅"，即朱熹所说的未达"真知"的略知、浅知，因而才会知行脱离——知了不做抑或知行分裂。所以朱熹强调必须要躬身力行，亲自去格去穷，才能知得愈明，正如被虎伤者

---

① 曾枣庄，刘琳. 全宋文：第二百四十八册·卷五五七七 [M]. 上海：上海辞书出版社；合肥：安徽教育出版社，2006：387.

② 朱熹. 朱子语类：卷第一百一十七 [M]. 黎靖德，编，王星贤，点校. 北京：中华书局，1986：2810.

③ 朱熹. 朱子语类：卷第十八 [M]. 黎靖德，编，王星贤，点校. 北京：中华书局，1986：390.

④ 朱熹. 朱子语类：卷第九 [M]. 黎靖德，编，王星贤，点校. 北京：中华书局，1986：148.

畏虎，乃真知虎者。因为"又不是随众略知之外别有真知，更须别作道理寻求，但只就此略知得处着实体验，须有自然信得及处，便是真知也"①。

二、"知先行后"说与"行重知要"说

弄清了致知之"知"后，接下来看看知行学说中的先后轻重问题。

格物致知是人通过接触外物而明理知理的修养工夫，可以说是人的一种行为，但是格物致知并非属"行"的范畴，而是属"知"的范畴。因为格物致知只是明理知理并非行理循理，只能说"格物致知是知得分明"②。格物致知是知天下万物的所以然和所当然，但还不是力行所知，并非用既有观念来践履。而朱熹格物说的工夫修养最终目的就是更好地用封建道德来规范人们的行为，更好地为封建统治阶级服务。所以说其格物说最终还要落实到践行上。二程也曾说："始于致知，智之事也；行所知而极其至，圣之事也。"③ 格物致知是智者所为，是成圣的必要条件，而要成圣成贤还须切己修养，力行所知，推及新民齐家治国平天下诸实践，内外践行所当然而不容己者方可达至圣贤之境。

在致知与力行孰先孰后问题的探讨上，朱熹认为格物致知应当先而不可后。这里需要注意的是，致知当先而不后是相对于践行而言的，即所谓的"知先行后"。只有先把握了事物的所以然之故和所当然之则，才能在日用常行和私欲杂念之间行所当然之行；行到了所当然之行，才能真正吻合事物的所以然之故和所当然之则；有了这一步才能更好地进一步遵循所当然之则，一环扣一环，循序而渐进。这也就是朱熹为学工夫次第的方法论基础。不格物、不读书、不穷理，就不能了解是非善恶的标准和道德行为规范，那么道德实践就失去了正确理论的指导，使得道德实践成为一种盲目行为。《朱子语类》卷第一百零一曰："知得，方能行得。"所以，力行必须要以见闻之知为前提，力行其所见所闻之知。这点与二程也颇相同，认为只有先明义理，才能使行为有所准则、规范，从而合于义理，否则就好比盲人行路，看不见路的走向，难免会驶出轨道。如《朱子语类》卷第九又载："王子充问：'某在湖南见一先生，只教人践履。'

---

① 曾枣庄，刘琳．全宋文：第二百四十八册·卷五五七七［M］．上海：上海辞书出版社；合肥：安徽教育出版社，2006：387.

② 朱熹．朱子语类：卷第十四［M］．黎靖德，编．王星贤，点校．北京：中华书局，1986：264.

③ 程颢，程颐．二程集：粹言卷第一［M］．王孝鱼，点校．北京：中华书局，2004：1188

曰:'义理不明,如何践履?'曰:'他说行得便见得。'曰:'如人行路,不见如何行? ……自有一般资质好底人,便不须穷理格物致知,圣人作个《大学》,便使人齐入于圣贤之域。'"在朱熹看来,尧舜可以生知安行,而"他人须穷理,知其为仁为义,从而行之"①。因此,朱熹说陆九渊"其病却是尽废讲学而专务践履"②。

总而言之,为学之本质或目的在于能践行,知而不行与不知无异;欲行而不知或理未明则不能行。所以,以致知格物为先,正心诚意,知先行后。在知行先后问题上,朱熹不是要讨论知识的来源问题,也不注重认识过程,而只是着眼于"知—行"这一具体行为,强调行是知的显现。朱熹说:"致知力行,用功不可偏。"③以先后言,则致知为先,力行在后;以轻重言,则力行为重,致知从轻。这里就涉及了朱熹"行重知要"说。

程颐说:"古之言'知之非艰'者,吾谓知之亦未易也。今有人欲往京师,必知所出之门,所由之道,然后可往。未尝知也,虽有欲往之心,其能进乎? 后世非无美材能力行者,然鲜能明道,盖知之者难也。"④ 程颐重"知",提出了"行难知亦难"的论断。朱熹在此理论的基础上,进一步发挥、强调"行"的重要性,以行重而不言知轻为之论。在知行的先后次序问题上,朱熹坚持程颐的知先行后论;在知行的轻重问题上,朱熹则主张行为重而不以知为轻的论断。

朱熹重行的思想,可以概括为四个方面:行实知要;践行出"真知";践行"知愈明";"行"乃"知"之目的。首先,人们要对事物之理达到"真知",就必须有亲身的体察和证悟。"方其知之而行未及之,则知尚浅。既亲历其域,则知之益明,非前日之意味。"⑤ 只知而未能行,那么所得之知尚是肤浅之知,没有亲身的体证是不足以证实认识的清晰度与可靠性的。这里涉及了朱熹知行观

---

① 朱熹 . 朱子语类:卷第五十七 [M]. 黎靖德,编,王星贤,点校 . 北京:中华书局,1986;1349.
② 曾枣庄,刘琳 . 全宋文:第二百四十五册·卷五四八三 [M]. 上海:上海辞书出版社;合肥:安徽教育出版社,2006;90.
③ 曾枣庄,刘琳 . 全宋文:第二百四十五册·卷五四八三 [M]. 上海:上海辞书出版社;合肥:安徽教育出版社,2006;90.
④ 程颢,程颐 . 二程集:粹言卷第一 [M]. 王孝鱼,点校 . 北京:中华书局,2004;1192.
⑤ 朱熹 . 朱子语类:卷第九 [M]. 黎靖德,编,王星贤,点校 . 北京:中华书局,1986;148.

的另外一对范畴："真知"与"乐行"。真知在前面已有论述。乐行是指人自愿地乐于从事道德原则的践履。因为对大多数人来说，道德原则或道德律令常常是对人行为的一种外在约束。人的内心常常交织着欲和利，而欲和利往往就是道德原则的对立面。人经过心灵的徘徊和思想的斗争最终不是屈服于道德原则就是背离道德原则。这就需要道德原则或道德律令的约束性，来对人的行为起到一定的勉强作用。而这种勉强的行并非朱熹所希望的，他的行是要把封建社会的道德法则变成个人内心的道德自觉，以达到内心自觉地从事道德践履。这种行就是乐行，即高度自觉的道德行为，而非勉强之行。要做到乐行就必须要有真知。真知者才会循理而行，不会发生知而不行的问题。因为知而不行就是没有达到真知，没有达到高度自觉。人们要想取得真知就必须亲身践行，身受虎伤方知虎之厉害。而取得了真知就必然会乐行，知虎之猛则必不会与之亲近，这是自然而然的事情。达到真知的境界，知便能行，同时真知的实现也不能脱离行，只有在行中才能更加深刻地认识和体会。"学者之初，须是知得到，方能行得；末后须是行得到，方是究竟。"① "就略知得处着实体验，须有自然信得及处，便是真知也。"② 朱熹还说："学之之博，未若知之之要；知之之要，未若行之之实。"③ 朱熹认为，"学""知""行"三者固然重要，但若较而言之，则行更为重要。因为若"知未至"和"知尚浅"，则知而不行，那么知犹如不知。知之的真与否，意之的诚不诚，都要由"行"来检验，行是检验一切的标准。朱熹强调说："学者实下功夫，须是日日为之，就事亲、从兄、接物、处事理会取。其有未能，益加勉行。如此之久，则日化而不自知，遂只如常事做将去。" "凡日用之间，动止语默，皆是行处。"④ 可见朱熹的"知"始从"穷理"，止以践行，知之目的乃行。

　　知行并重就是对朱熹以行为重又不以知为轻的思想的概括。朱熹这方面的论述颇多："知与行，工夫须著并到。知之愈明，则行之愈笃；行之愈笃，则知

① 曾枣庄，刘琳. 全宋文：第二百四十八册·卷五五六二 [M]. 上海：上海辞书出版社；合肥：安徽教育出版社，2006：160.

② 曾枣庄，刘琳. 全宋文：第二百四十八册·卷五五七七 [M]. 上海：上海辞书出版社；合肥：安徽教育出版社，2006：387.

③ 朱熹. 朱子语类：卷第十三 [M]. 黎靖德，编. 王星贤，点校. 北京：中华书局，1986：222.

④ 朱熹. 朱子语类：卷第十三 [M]. 黎靖德，编. 王星贤，点校. 北京：中华书局，1986：232，222.

之益明。二者皆不可偏废。"① 好比人之两足,一前一后,相继前后而行,便能相扶迈进,如若一边"罢工"则止步不前,都不能行。知行并重就是这个道理。须知得方行得,须行得方更能知得。朱熹坚持行为重,同时也不轻知,而是在行知并重的前提或基础上,明确坚持"当以力行为重"。不过,知与行确实是互为关联、互为依赖的关系。我们可以从朱熹的"知行常相须"的理论中得到进一步的证明。

三、"知、行常相须"

朱熹说:"知、行常相须,如目无足不行,足无目不见。""圣贤说知,便说行。"②《正字通》:"须,资也。""常相须"就是知与行相互依赖、彼此共生。知与行犹如脚与眼的关系,二者必须互相依赖,相互帮扶,眼见路、足行路,方可完成行,偏废任何一方都难以行事。涵养致知、进学力行,并著不离,这一思想进一步表现在朱熹的知行互发论中。在解释"致知、力行互相发"是何道理时朱熹说:"未须理会相发,且各项做将去。若知有未至,则就知上理会;行有未至,则就行上理会,少间自是互相发。今人知不得,便推说我行未到,行得不是,便说我知未至,只管相推,没长进。"③ 互相发,即知行互相促进的关系。朱熹反复地强调要知行相须不离、互发并进,以行为重,而不轻知、不废知。他多次以车之两轮、足与目、鸟之两翼的双向依赖关系做比喻,充分表明了其行知并重的思想。

"知行相须互发"观点是对程颐知行"相须""相资"理论的深化和丰富,并对当时和以后的学者都产生了深刻的影响。比如与朱熹同被誉为"东南三贤"的湖湘学派张栻、金华学派吕祖谦,与朱熹同持"知行相须互发"之论;南宋陈淳受到朱熹"知行互发"的影响,主张"知行互发并进";明代王阳明的"知行合一"论、罗钦顺的"知行并进"论、王廷相的"知行兼举"论、王夫之的"知行相资"论等,都或多或少地受到了朱熹"知行相须互发"理论的影响。

朱熹的知行观兼具修养工夫之特色。所谓行,除了人的日常行为活动外,还

---

① 朱熹. 朱子语类:卷第十四 [M]. 黎靖德,编,王星贤,点校. 北京:中华书局,1986:281.

② 朱熹. 朱子语类:卷第九 [M]. 黎靖德,编,王星贤,点校. 北京:中华书局,1986:281.

③ 朱熹. 朱子语类:卷第九 [M]. 黎靖德,编,王星贤,点校. 北京:中华书局,1986:148.

包括人的涵养与修养工夫，正心、诚意、修身、齐家、治国、平天下皆是也。不论正心修身的践行还是齐家治国的践行，都是儒家学者为学的终极目的，朱熹也不例外，其研读《大学》，重其"三纲领""八条目"以及主张格物致知、格物穷理、至吾之知、真知乐行等，都是为万事万物存在、变化以及人的思维、行为寻找终极依据，进而将所明之义理又都见之于行中，最终达成内圣外王之境界。

总之，朱熹的"格物致知"论是与明德、诚意、正心、修身、齐家、治国、平天下等道德修养联系在一起的。他认为通过格物致知方能正心诚意，心正意诚则能达到最高境界，就是"至善"。所以，"格物"思想是进入圣贤之堂的最初用功处。正如《〈中庸章句〉序》中的"道统"在《〈大学章句〉序》中被详解成一部天理淹没与复明的精神史。正是在这个天理人欲的斗争中，朱熹自认为承续先圣而述，彰显《大学》下学去蔽、渐次上达的启示精神，由此开启了"成仁"的塑造之学，并由个体的道德完善"推出"修齐治平的"天下"理想。

第四章　朱熹《中庸》"中和"工夫的本体之说

从牧斋三年求道未果的反思中，朱熹认识到修养上若不能将"古人之学"渐而涵养持守为己之，则会"固未尝得施诸其心而错诸其躬"①；若挟书策而泛读，则不能巧妙地将其与变化气质结合。因此，在重视读书与内圣修养的基础上，朱熹一方面重视格物致知和六经百氏之书的为学方法，另一方面又把目光放到了本心涵养、修身养性上，开始了内外双向的工夫进程，从而指出了一条通向圣学的恰当门径。所以，朱熹之学不仅要在格物致知的外向工夫次第上用力，还要对内在的本心涵养进行工夫厘定。

对这一工夫的"全面性"义理厘定，朱熹除了在《大学章句》中有过探讨，《中庸章句》中更是表现得淋漓尽致。"在《中庸章句》中，理学的理气论、天理论、心性论、工夫论都得到了全面的贯彻。"② 朱熹对道德本心涵养工夫的开掘与持守工夫入路的苦心拣择，并由此追溯到工夫而本体的终极依据似乎都离不开《中庸》。由工夫而本体，由本体而工夫，是对《中庸》儒家工夫特色的最好诠释。朱汉民先生从儒家工夫论角度定位"四书"时，就从本体与工夫的两个层面上论及《中庸》的特点。③ 所以说，《中庸》在朱熹"四书学"里既提供了理本论建构下"中"的本体论、"和"的境界论，又阐明了"致中和"的工夫论。只有"道体"的全面性才能决定"体道"的完整有序性。朱熹正是通过对《中庸》道体的全面性厘定和对体道工夫的体认，才更好地把儒学世界观和儒家工夫论呈现出来。本节就从《中庸章句》入手，努力做到对《中庸》"工夫—本体"的厘定。

---

① 曾枣庄，刘琳. 全宋文：第二百五十二册·卷五六五一 [M]. 上海：上海辞书出版社；合肥：安徽教育出版社，2006：28.

② 陈来. 朱熹《中庸章句》及其儒学思想 [J]. 中国文化研究，2007（2）：1-11.

③ 朱汉民，肖永明. 宋代《四书》学与理学 [M]. 北京：中华书局，2009：325.

第一节　"中"与"和"

"中""和"是《中庸》思想体系的两个核心要素，中和问题是《中庸》的重要问题。在《〈中庸章句〉序》中朱熹讲："《中庸》何为而作也？子思子忧道学之失其传而作也。盖自上古圣神继天立极，而道统之传有自来矣。其见于经，则'允执厥中'者，尧之所以授舜也；'人心惟危，道心惟微，惟精惟一，允执厥中'者，舜之所以授禹也。尧之一言，至矣，尽矣！而舜复益之以三言者，则所以明夫尧之一言，必如是而后可庶几也。……夫尧、舜、禹，天下之大圣也。以天下相传，天下之大事也。以天下之大圣，行天下之大事，而其授受之际，丁宁告戒，不过如此。则天下之理，岂有以加于此哉？自是以来，圣圣相承：若成汤、文、武之为君，皋陶、伊、傅、周、召之为臣，既皆以此而接夫道统之传；若吾夫子，则虽不得其位，而所以继往圣、开来学，其功反有贤于尧、舜者。然当是时，见而知之者，惟颜氏、曾氏之传得其宗。及曾氏之再传，而复得夫子之孙子思，则去圣远而异端起矣。子思惧夫愈久而愈失其真也，于是推本尧、舜以来相传之意，质以平日所闻父师之言，更互演绎，作为此书，以诏后之学者。"① 朱熹作《中庸章句》同《大学章句》类似，都是在《序》中做大致阐述以彰其旨。《序》中开篇即言《中庸》为何而作？朱熹认为是子思恐道学之失其传而作。依朱熹所见，道统之传始自尧、舜，历经汤、文王、武王、皋陶、伊尹、傅说、周公、召公至孔子，圣圣相传，此后又有颜子、曾子，再传至子思、孟子。而此道统所圣圣相传的就是以"允执其中"为核心的思想。《论语》中有尧禅让于舜时说的话："尧曰：'咨！尔舜！天之历数在尔躬。允执其中。四海困穷，天禄永终。'舜亦以命禹。"《尚书》大禹谟篇有记述舜禅让给禹时所言："天之历数在汝躬，汝终陟元后。人心惟危，道心惟微，惟精惟一，允执厥中。"朱熹认为子思作《中庸》便是对这一思想的发挥和展开。所以，朱熹在此认识的基础上，会通北宋以来道学视域下的《中庸》阐释，"会众说而折其中"，著成了以"人心惟危，道心惟微，惟精惟一，允执厥中"为重心的《中庸章句》。

《中庸》里的中和论包含了三点：一是喜怒哀乐等思虑情感未发之时的静的

---

① 朱熹. 四书章句集注［M］. 北京：中华书局，1983：14.

状态称之为中；当人感外物，产生喜怒哀乐等情感之时能够做到恰到好处，不过不及，此乃和。二是中是天下万物得以和谐共生的根本，和乃天下万物所行之正道。三是致中和，则天地万物各得其所，各安其位，化育生长。这涵盖了中和问题的全部内容。在朱熹看来，中和问题的主旨就在于成圣的理论论证和工夫手段。朱熹以理学建构重新诠释中、和，确立了理学视域下中和的工夫本体，为儒家工夫论找到了形上的理论根据。

朱熹《中庸章句》开篇即确定了"中庸"之名义："中者，不偏不倚、无过不及之名。庸，平常也。子程子曰：'不偏之谓中，不易之谓庸。中者，天下之正道。庸者，天下之定理。'此篇乃孔门传授心法，子思恐其久而差也，故笔之于书，以授孟子。其书始言一理，中散为万事，末复合为一理，'放之则弥六合，卷之则退藏于密'，其味无穷，皆实学也。善读者玩索而有得焉，则终身用之，有不能尽者矣。"朱熹对"中"的解释汲取了二程、吕大临之说。他借"子程子"在《遗书》《外书》中论及中庸的话以及吕大临"盖中之谓义，无过不及而立名"之意进一步阐发，谓"中"乃不偏不倚、无过不及之名。对此，《中庸或问》做了进一步说明：

> 或问："名篇之义，程子专以不偏为言，吕氏专以无过不及为说。二者固不同矣。子乃合而言之，何也？"曰："中，一名而有二义。程子固言之矣。今以其说推之，不偏不倚云者，程子所谓在中之义，未发之前无所偏倚之名也；无过不及者，程子所谓中之道也，见诸行事各得其中之名也。盖不偏不倚，犹立而不近四旁，心之体、地之中也。无过不及，犹行而不先不后，理之当、事之中也。故于未发之大本，则取不偏不倚之名；于已发而时中，则取无过不及之义。语固各有当也。然方其未发，虽未有无过不及之可名，而所以为无过不及之本体，实在于是；及其发而得中也，虽其所主不能不偏于一事，然其所以无过不及者，是乃无偏倚者之所为，而于一事之中，亦未尝有所偏倚也。故程子又曰：'言和，则中在其中；言中，则含喜怒哀乐在其中。'而吕氏亦云：'当其未发，此心至虚，无所偏倚，故谓之中；以此心而应万物之变，无往而非中矣。'是则二义虽殊，而实相为体用。此愚于名篇之义，所以不得取此而遗彼也。"①

---

① 朱熹.四书或问［M］//朱杰人，等.朱子全书：第六册.上海：上海古籍出版社；合肥：安徽教育出版社，2010：548.

　　通俗地说，"中"就是恰当、合适，而非折中、调和之义。朱熹举例注解道："两端只是个起止二字，犹云起这头至那头也。自极厚以至极薄，自极大以至极小，自极重以至极轻，于此厚薄、大小、轻重之中，择其论之是者而用之，是乃所谓中也。若但以极厚极薄为两端，而中折其中间以为中，则其中间如何见得便是中？盖或极厚者说得是，则用极厚之说；极薄之说是，则用极薄之说；厚薄之中者说得是，则用厚薄之中者之说。至于轻重大小，莫不皆然。盖惟其说之是者用之，不是弃其两头不用，而但取两头之中者以用之也。且如人有功当赏，或说合赏万金，或说合赏千金，或有说当赏百金，或又有说合赏十金。万金者，其至厚也；十金，其至薄也。则把其两头，自至厚以至至薄，而精权其轻重之中，若合赏万金便赏万金，合赏十金也只得赏十金，合赏千金便赏千金，合赏百金便赏百金。不是弃万金十金至厚至薄之说而折取其中以赏之也。若但欲去其两头而只取中间，则或这头重，那头轻，这头偏多，那头偏少，是乃所谓不中矣，安得谓之中！"① 这就是朱熹所谓"不偏不倚、无过不及"的"中"之意。任何事物都具有两面性，是包含内部矛盾和外部矛盾的一个矛盾统一体。正是"中"这种状态的存在才使得万物得以平衡矛盾双方成为和谐的现实存在。只要是现实存在，那么就一定含有内在的"中"，反之，则没有现实存在。从这个意义上说，"中"其实就是事物的"道"，是事物之所以存在的根据。没有"中"，事物所蕴含的矛盾双方就不可能和谐，事物就不可能稳定，不稳定就不会存在。所以说，正是"中"的存在，才有着事物的发生、发展和灭亡。在朱熹思想定义下的"中"，已不仅仅是孔子行中、适中的原则，而是上升到了本体论层面，为儒家工夫论的形上学打下了基础。

　　至于"庸"字，二程解释为"不易之谓庸"，而朱熹则以"平常"释之。在《中庸或问》里有："曰：庸字之义，程子以不易言之，而子以为平常，何也？曰：唯其平常，故可常而不可易。若惊世骇俗之事，则可暂而不得为常矣。"② 在朱熹看来，只要做到"平常"，那么"不易"自然寓于其中了，朱熹认为平常的东西在实践中才能长久，诡异的、高难的、稀奇的东西只能是一时

① 朱熹.朱子语类：卷六十三［M］.黎靖德，编，王星贤，点校.北京：中华书局，1986：1556.

② 朱熹.四书或问［M］//朱杰人，等.朱子全书.上海：上海古籍出版社；合肥：安徽教育出版社，2002：549.

的，无法长久。"庸固是定理，若以为定理，则却不见那平常的意思。"① 按照朱熹的定义，中、庸都只不过是一个行为处事的道理，二者你中有我，我中有你。在日常行为中，按照事物的本来规律和恒常之理行事，做到不偏不倚，恰到好处，所谓当其时合此做，即行了中庸之道。比如，盛夏暑热之时，按常理当乘凉、挥扇；隆冬盛寒之时，取暖、拥火乃常行。这就是平常之理。如若反而行之，天气炎热却取火而为，天气严寒却挥扇而为，则是破坏了事物的本来规律，非常行之理，那么人之身体状况必定要受到挑战，轻者不是中暑就是感冒，重者则生命受到威胁，"便是差异，便是失其中矣"②，自然无法长久下去。

可见，在人们日常实践中，做到恰当，不偏不倚，就可常行，万事万物就和谐共存。但是事实上人都是处在现实境遇与经验意识的交织之中，因此人总不能摆脱经验的有限性以及情感的偏好去进行历史活动，从而导致失于理或气之一偏，失其中矣。这就涉及了中和问题在人自身上的体现。所谓"中""和"，《中庸》讲："喜怒哀乐之未发，谓之中；发而皆中节，谓之和。中也者，天下之大本也；和也者，天下之达道也。"朱熹注曰："喜、怒、哀、乐，情也。其未发，则性也，无所偏倚，故谓之中。发皆中节，情之正也，无所乖戾，故谓之和。大本者，天命之性，天下之理皆由此出，道之体也。达道者，循性之谓，天下古今之所共由，道之用也。"③ 在朱熹看来，喜怒哀乐"未发"则性也，"已发"则情也。当人七情六欲皆未显现之时，犹如浑然一体，当此之时，矛盾双方皆处于平衡状态，不偏不倚；当因经验意识和情感偏好打破这种平衡时，矛盾的一方自然显现出来，而此时如若不加以控制，任由显现之方肆无忌惮，那么终究会失其常理而不常行。所以，这时就需要一种外在的工夫对内心之变化加以节制使之复归于中的状态。七情六欲未显现之时的平衡状态乃"谓之中"，当经验意识、情感偏好等所谓"情也"凸显出来、又被加以节制使之中时谓之"发皆中节"，此乃"情之正"，而这种"情之正"的状态就是"和"。"喜"也好，"怒"也好，"哀"也好，"乐"也好，在未显现之时都不偏不倚，到凸显之时，虽是思虑已萌，但都能在理性的控制下使之"中节"，喜乐也不过，怒哀也中节，无过无不及，恰到好处，就达到了"和"。

---

① 朱熹．朱子语类：卷六十三 ［M］．黎靖德，编，王星贤，点校．北京：中华书局，1986：1481.

② 朱熹．朱子语类：卷六十三 ［M］．黎靖德，编，王星贤，点校．北京：中华书局，1986：1481.

③ 朱熹．四书章句集注 ［M］．北京：中华书局，1983：18.

又曰："盖天命之性，万理具焉，喜怒哀乐，各有攸当。方其未发，浑然在中，无所偏倚，故谓之中；及其发而皆得其当，无所乖戾，故谓之和。谓之中者，所以状性之德，道之体也，以其天地万物之理，无所不该，故曰天下之大本。谓之和者，所以著情之正，道之用也，以其古今人、物之所共由，故曰天下之达道。盖天命之性，纯粹至善，而具于人心者，其体用之全，本皆如此。"①在朱熹看来，天命之性乃流行于天地之间的理被禀受和安顿在人物身上的理，从这个意义上朱熹说"性即理"也。而"心之全体湛然虚明，万理具足"，所以"心具万理""喜怒哀乐，各有攸当"；心之未发，性理全具，为道之体，无所偏倚，故谓之"中"——"天下之大本"；心之已发，为道之用，而中节，谓之"和"，此乃"天下之达道"。而在上一章论及"正心""诚意"等意蕴时有提到，心之已发受物欲、气质等影响，难免会"自欺""不实不诚""偷行"以至"人心惟危"。如此看来，人在现实生活中若要保持中和之状态，就需要一定的修养工夫。因此，在朱熹思想里，中和不仅仅是一种美德或行为规范，而且上升为一种本体论和境界论。以体言中，以用言和。中即为形上之本体，和则为形上本体的化育流行。天理随气化流行赋予人之曰性，乃浑然一体。此浑然一体就本体意义而言，其曰中，乃"天地之所以立也"；就发用之意而言，其曰和，乃"化育之所以行也"。所以，中、和乃天地万物存在、化育之根本。以中为万事万物之所以存在的根据，"道之体也"；以和为万事万物之所以存在的条件，"道之用也"。这就是中体和用。朱熹特别强调"中"与"和"为道之体用的关系。"'喜怒哀乐未发谓之中'，只是思虑未萌，无纤毫私欲，自然无所偏倚。所谓'寂然不动'，此之谓中。然不是截然作二截，如僧家块然之谓。只是这个心自有那未发时节，自有那已发时节。"② 在朱熹看来，未发时不偏不倚之"中"，是已发无过无不及之"和"的本体。因为已发之所以能够"无过无不及"，是由于未发之"中"所为。只有在应接外物之前，心体寂然不动，无所偏倚，才能在心之已发之时做到无过无不及。所以，"中"与"和"二者不可分离，"不是截然作二截"，而实为体用关系。此"道之用"由"道之体"发出，通过道德修养工夫又达到新的平衡。喜怒哀乐未发之时，浑然一体、不偏不倚的"中"即"在中"，思虑已萌、意念已动的已发之时，恰当而为、就时而中

---

① 朱熹. 四书或问［M］//朱杰人，等. 朱子全书. 上海：上海古籍出版社；合肥：安徽教育出版社，2010：558.

② 朱熹. 朱子语类：卷六十二［M］. 黎靖德，编，王星贤，点校. 北京：中华书局，1986：1509.

的"中"乃"时中"。"在中"之"中"是体,"时中"之"中"是用。此乃"中"兼含体用,"一中二义"。这正是朱熹高明的地方,以体用释中,以中兼言中和。实际上,这也是一种理论需要,其目的是要照顾到义理上的完整和道统的接续。我们知道,在朱熹思想体系里,宇宙本体即为一理,世间万事万物的存在变化不过是一理的流行发用。理是天下之大本,是万事万物存在的根据,理之理想流行发用是天下之达道,是万事万物存在的条件。所以朱熹实际上是要说不偏不倚之体、天下之大本——中,就是朱熹之"理";而无过不及之用、天下之达道——和,就是理流行发用的本然状态。这就使其理学思想和儒家先贤学说建立了道统联系,为其理本说寻找到有力的理论支持。

朱熹的中和说,既是就客观事物存在、发展、变化的基本规律而言,又是就人遵循客观事物规律,运用中庸之道而达到理想的和谐境界而言。而后者主要来自《章句》对《中庸》"致中和,天地位焉,万物育焉"的中和境界的发挥,认为"致"是工夫,"中和"是本体,"天地位、万物育"是效用。"致中和",可以说是朱熹中和说的最终归宿。

第二节 "致中和"

理论体系中,道体和体道工夫全之又全,无论是由工夫而本体,还是由本体而工夫,总归,哲学家们要最终勾勒出一个其理论效果的理想蓝图或说修养目标。朱熹的诠释思想也不例外。在《中庸章句》中,"致中和"就是通过修养工夫让心之未发与已发达至"中""和"状态,进而参悟天地万物之理,把握万物之变化规律,并据此处理好人与自然、人与社会、人与自身的关系。

万事万物皆有中,对单个事物而言,只要"在中""时中",那么即可长久存在下去。而对于整个天地而言,只有物物皆做到"在中""时中",各安其所,恰当而行,才能天地得其正,万物得以生。这里的"致中和"有两方面意义。一是天地得"中"而安其所也,即有天有地;宇宙得"和"而化育生长,即有万事万物。这是就自然界而言,是中者天下大本,和者天下达道之意的体现。二是就人而言,《朱子语类》卷第六十二载:"若不能致中和,则山崩川竭者有矣,天地安得而位?胎夭失所者有矣,万物安得而育?"人若得中和之道,能够按照事物的本质规律而行,则天地宇宙和谐共生,人类生产生活更是一片光明景象。因为万物同一,人心正、人气顺则天地正、天地顺。这正是万物一体、天人合一思想的体现。就自然界而言，中和相当于天理流行，"致中和"就是万物都按照本然状态和本质规律自然化育而生的理想状态。正如《论语·阳货》中孔子所言"天何言哉，四时行焉，百物生焉，天何言哉"之意。就人而言，中和是何以在日常行为中达到和保持中节的工夫论的问题，"致中和"则是工夫之目的，即达至中和之极。所以，怎样才能达到这种境界才是问题的关键。

那么怎样才能致中、致和呢？朱熹明确指出了两种修养工夫——戒惧、慎独。《中庸》讲"致中和，天地位焉，万物育焉"，朱熹注曰："致，推而极之也。位者，安其所也。育者，遂其生也。自戒惧而约之，以至于至静之中，无少偏倚，而其守不失，则极其中而天地位矣。自谨独而精之，以至于应物之处，无少差谬而无适不然，则极其和而万物育矣。"① 在朱熹看来，以"戒惧"约之，则可以至静之中，无少偏倚，极其中而天地位；以"谨独"精之，则应接万物时，无少差谬，极其和而万物育。"戒惧""谨独"源于《中庸》"君子戒慎乎其所不睹，恐惧乎其所不闻""君子慎其独"。在朱熹看来，人必须常常心存敬畏，即使不睹不闻，没有应接外物，也不能有片刻的间断，如此才能保存内心所具有的本然之天理，使当行之理不离于心。《中庸》强调在不接触外物时也要警惕意念的活动，心也要有所修养，这就是"戒慎"乎不睹不闻之工夫。朱熹认为，"戒慎乎其所不睹，恐惧乎其所不闻"，是就主体自身而言，指自己没有接触外物的见闻知觉活动，即"己之所不睹不闻"。慎独和戒慎恐惧是不同的。慎独是指别人看不见自己时。"莫见乎隐，莫显乎微"意思是说，隐暗之处反而最明显，微细之事也最显著。比如在黑暗的房间里，别人看不见你的一举一动，只有自己清楚知道自己的行为，这叫"人虽不知而己独知"。还有，即便别人看得见你的行为，但看不到你的内心活动，你的内心只有你自己清楚了解，这也是"人虽不知而己独知"。这种情况下，虽然你可能并没有行为，但内心在活动，只要内心有所活动，便是已发。所以，君子更应当特别谨慎隐微中自己的内心活动。可见，"慎独"是就他人而言，指"人之所不睹不闻"。"所不闻，所不见，不是合眼掩耳，只是喜怒哀乐未发时。凡万事皆未萌芽，自家便先恁地戒慎恐惧，常要提起此心，常在这里，便是防于未然，不见是图底意思。"② 可见，"戒慎"是指万事未萌、心之未发时的存养工夫，这种工夫要"常要提起

---

① 朱熹. 四书章句集注［M］. 北京：中华书局，1983：18.
② 朱熹. 朱子语类：卷六十二［M］. 黎靖德，编，王星贤，点校. 北京：中华书局，1986：1499.

此心"，防患于未然。这种工夫只能是"己之所不睹不闻"。而"慎独"则是"专就已发上说"的工夫，是指心之已发时保持小心谨慎的省察工夫。这种工夫是就主体独处之时"人所不知而己所独知之地"的"人之所不睹不闻"。在他看来，所谓戒惧是一种在没有思虑意念之时不睹不闻的工夫，是静的状态，推到至静，就是无过无不及，不偏不倚的中，所以，我们可以说戒慎是与"喜怒哀乐未发之谓中"的"中"有关的修养工夫。如果能存守住这个状态而不令其失，就是极其中，那么天地万物各安其所。慎独是当思虑已萌时使之中节的一种工夫。哪怕自己独知，别人不知道，但也是有了思虑意念，是意念发动，非静的状态，故此时要精细察识，存天理去人欲，使之"发而皆中节"。所以，慎独是与"和"有关的工夫。若能持守这样的状态，就是极其和，那么天地万物都会和谐共生。

心有已发未发两种状态（后面有详细论述），那么致中、致和相应地也应有两种工夫。"君子自其不睹不闻之前，而所以戒谨恐惧者，愈严愈敬，以至于无一毫之偏倚，而守之常不失焉，则为有以致其中，而大本之立，日以益固矣；尤于隐微幽独之际，而所以谨其善恶之几者，愈精愈密，以至于无一毫之差谬，而行之每不违焉，则为有以致其和，而达道之行，日以益广矣。"① 不睹不闻之前，即心未发之前，不见端倪，一性浑然，不可捉摸。这时候涵养本心之然，使心体湛然如镜明水止，那么天命之性可现，这是静的工夫；心之已发时，则有迹可循，应当时时反省，使人心合于道心之主，辨明是非，和于中节，这是动的工夫。他说："存养是静工夫，静时是中，以其无过不及，无所偏倚也。省察是动工夫，动时是和，才有思为，便是动。发而中节，无所乖戾，乃和也。"② 又说："敬以直内，而喜怒哀乐无所偏倚，所以致夫中也。义以方外，而喜怒哀乐各得其正，所以致夫和也。"③ 在朱熹看来，"致中"就是要自"未发"时戒谨恐惧至"无一毫之偏倚"且"守之常不失"，进而"大本之立，日以益固"；"致和"则是要"已发"隐微幽独时"谨其善恶"至"无一毫之差谬"且"行之每不违"，进而"达道之行，日以益广"。这就是两种境遇下的工夫。此两种

---

① 朱熹. 四书或问［M］//朱杰人，等. 朱子全书. 上海：上海古籍出版社；合肥：安徽教育出版社，2010：559.
② 朱熹. 朱子语类：卷六十二［M］. 黎靖德，编，王星贤，点校. 北京：中华书局，1986：1517.
③ 曾枣庄，刘琳. 全宋文：第二百五十一册·卷五六三七［M］. 上海：上海辞书出版社；合肥：安徽教育出版社，2006：215.

工夫,"极其中而天地位""极其和而万物育",即"致中"而可使得"天地位","致和"而可使得"万物育"。因此,"致中和"则"天地位焉,万物育焉"。事实上,朱熹讲"致中和",不仅是要让心之未发已发达至"中""和"之极之境,还讲究在"致"的这一过程中把握心中所具之理,进而把握、尊重宇宙自然、人类社会的发展变化规律,使人的行为合于性之真实无妄之显发,从而无过无不及。"致中和而天地位、万物育者,常也。……大抵致中和自吾一念之间培植推广,以至于裁成辅相、匡直辅翼,无一事之不尽,方是至处。自一事物之得所区处之合宜,以至三光全,寒暑平,山不童,泽不涸,飞潜动植各得其性,方是天地位、万物育之实效。盖致者,推致极处之名,须从头到尾看,方见得极处。若不说到天地万物真实效验,便是只说得前一截,却要准折了后一截,元不是实推到极处也。"① 通过"吾一念之间培植推广""裁成辅相",使事事物物"无一事之不尽","飞潜动植各得其性",就能使"天地位""万物育";若不能"裁成辅相",不能各得其性,各安其所,则"山崩川竭者有矣,天地安得而位!胎夭失所者有矣,万物安得而育"②。

朱熹对"致中和"的阐释总结起来有两层意义。一是工夫效用。首先,《章句》以分析的眼光,将致中、致和理解为两种工夫,而工夫效用分别对应于天地位、万物育;其次,将致的工夫论、中和的本体论、天地万物的效用境界合为一体说。由工夫上达本体,效用自然显现出来,而且也侧面突出工夫的重要性,因为人之努力只能是工夫,于本体、效用皆无处下手。二是对主旨义理的厘定。首先认为天地万物与人共禀天命之理以为性,受阴阳五行之气以成形,故天地万物实为一体。这是其效验何以至于如此的原因。此天人合一基础上的中和境界的获得,关键在于主体之修养,外在的效应取决于内在修养之工夫,而外的教化之工夫亦在其中。其次,指出中和乃是体用关系,中体和用。虽然中、和分而论之,但实则一事。体用一源,不可偏离。也就是人人皆有做到和的可能,做不到实乃工夫不够所致,再次突出后天修养之重要性。而达到此境界的前提就是致的工夫。

工夫论在朱熹学说中占有极为重要的地位。但总的来说,不外乎内外交养,敬以贯之,以致中和。内圣而外王,修齐而治平,只要人人做到中和,社会问

---

① 曾枣庄,刘琳. 全宋文:第二百四十八册·卷五五五四 [M]. 上海:上海辞书出版社;合肥:安徽教育出版社,2006:26-27.
② 朱熹. 朱子语类:卷六十二 [M]. 黎靖德,编,王星贤,点校. 北京:中华书局,1986:1519.

题也就迎刃而解了。由于天人一体，只要人做到了中和，就能"参天地，赞化育"，实现宇宙万事万物的和谐共生。从这一点来看，朱熹"致中和"的工夫论，无疑是对孔子中庸学说的重大继承和发展。

第三节　已发未发

已发未发是《中庸》学中的一个核心命题，也是朱熹最初着力究索的重要课题，这一课题的突破对朱熹终身治学门径的确立和整个理学思想体系的形成有很大程度的影响。而其中和的本体说和"致中和"的境界说都是在已发未发问题的突破上建立起来的。在《中庸章句》《文集》《朱子语类》中关于《中庸》学的内容都有这方面的大量论述。

朱熹对已发未发问题的关注很大程度上源于李侗对《中庸》之伦理哲学，尤其对体验已发未发说的推崇。[①] 对未发气象的体验工夫其实是把《中庸》中未发时的情感伦理哲学转向具体的修养实践，即努力体验喜怒哀乐未发之时的内心状态，要求超越一切思虑念想，以最大限度的平静思维和情感，使意识活动转为心理的直觉状态。理学家认为，把握到此状态后，加以涵养持守，在情感发作时使之中节，这样就达到了所谓"中和"之境界。他们试图把这种内在体验方法作为提升人之道德境界和心性修养的工夫手段。但是，尽管当时的朱熹尽力去体验未发之旨，但在李侗生前死后的一段时间内都不曾领悟其要。正如陈来先生所言："由于未能找到那种可以受用的体验才使他有丙戌、己丑两次中和之悟的反复究索，也使他走上另一条道路，即从哲学义理上去探求未发已发而不是通过未发工夫获得神秘体验，而是把未发工夫作为收敛身心的主体修

---

① 李侗对已发未发问题的关注是对道南学派"体验未发"之学术宗旨的传承。道南学派主要指二程高弟杨时（龟山）—罗从彦（豫章）—李侗（延平）—朱熹（考亭）这一脉传承体系。杨时说："学者当于喜怒哀乐之未发之际，以心体之。"（《龟山文集》卷第四）李侗曾说："某曩时从罗先生问学，终日相对静坐。只说文字，未尝一及杂语。先生极好静坐，某时未有知，退入堂中亦只静坐而已。先生令静中看喜怒哀乐未发谓之中，未发时作何气象。"（《延平答问》庚辰五月八日书）到朱熹时，李侗亦是传授静中体认功夫。朱熹说："李先生教人，大抵令于静中体认大本未发时气象分明，即处事应物自然中节。"（《晦庵先生朱文公文集》卷第四十）可见，静中体认未发气象，是道南学派的传承指诀。

养。"① 并最终确立了以涵养进学、主敬致知为核心的理性主义的为学宗旨。

丙戌、己丑之悟是朱熹中和思想的两次重要演变，但总的来说，不论中和新说或旧说都是要解决理学的一个根本问题——成圣的义理论证与工夫手段。

朱熹的中和旧说②主要体现在答张栻的四封书信中，即"一日喟然叹曰"的悟道，此为中和旧说之基本内容。

朱熹书曰："人自有生即有知识，事物交来，应接不暇，念念迁革，以至于死，其间初无顷刻停息，举世皆然也。然圣贤之言，则有所谓未发之中，寂然不动者。夫岂以日用流行者为已发，而指夫暂而休息，不与事接之际为未发时耶？"③ 在朱熹看来，一个人自生至死，不管语默动静、时空变换，都只不过是心体之流行变换。只要人存在，心之用就不会间断、停止，即使在睡眠或无所思虑的时候依然知觉不昧，心体流行。这种在任何时候心都不是寂然不动的状态，即所谓已发状态。一旦有所觉，即为已发。所以从经验意识的层面是无从解证未发和未发之中的。按朱熹之理解，寂然不动之未发不是指心，而是指心之体，即性。所以他不主张把心体流行的过程分为已发、未发两个阶段。当时的朱熹还认为，未发是指内在的体，已发是指外在的用，未发之体是不显露的，需通过外在的用来表现。即中和旧说中"心为已发，性为未发"是也。

已发未发学说主要是为确定一种恰当的修养工夫而提供有力的理论基础。这与朱熹求内圣开外王的思想目标和寻求恰当的儒家修养工夫进路的理论根本是一致的。在心为已发、性为未发的认识下，朱熹自然而然地倾向于"先察识后涵养"的修养工夫，即明察良心之端所显露的天理本体，涵养之而存守不失，进而达到实现与天合一的境界。他在《答张钦夫》第三中说："其良心萌蘖，亦未尝不因事而发见。学者于是致察而操存之，则庶乎可以贯乎大本，达道之全体，而复其初矣。"④ 朱熹当时认为，人心都是已发，是动，只有禀理为性之"性"乃未发，是体，所以修养工夫当从日用间即已发处入手察识端倪，后加以

① 陈来. 朱子哲学研究［M］. 北京：生活·读书·新知三联书店，2010：187.

② "中和旧说"，这里沿用旧说，指朱熹丙戌之悟。但陈来先生说："然细审之，《中和旧说序》所谓'故书''当时往还书稿'似兼指丙戌、己丑两次中和之悟，非独指丙戌之悟也。""实际上朱子是把包括己丑以后的中和论辩统编为中和旧说。"参见：陈来. 朱子哲学研究［M］. 北京：生活·读书·新知三联书店，2010：188，202.

③ 曾枣庄，刘琳. 全宋文：第二百四十五册·卷五四八一［M］. 上海：上海辞书出版社，2006：56-57.

④ 曾枣庄，刘琳. 全宋文：第二百四十五册·卷五四八一［M］. 上海：上海辞书出版社；合肥：安徽教育出版社，2006：57.

操存涵养之。朱熹当时以先察识后涵养为旨做工夫的主张,与他后来的为学修养方法大相径庭。

很明显,虽然朱熹已发未发说根源于《中庸》已发未发问题,但其中和旧说显然与《中庸》已发未发之原意完全不同。朱熹吸收了湖湘学派的"性体心用",把已发未发当作体用范畴来诠释,从修养工夫上,朱熹提出"致察而操存"的修养进路,由良知之端倪处察识本体。不过这仅仅是朱熹思想历程中的一个成长经历,并非最终的思想定论,最终完善的学术思想还是己丑之悟的中和新说。

朱熹在《中和旧说序》中曾说:"予忽自疑斯理也。……程子之言出其门人高弟之手,亦不应一切谬误以至于此。然则予之所自信者,其无乃反自误乎?则复取程氏书,虚心平气而徐读之,未及数行,冻解冰释。"那么朱熹是怎样"冻解冰释"的呢?朱熹说:"《中庸》未发已发之义,前此认得此心流行之体,又因程子'凡言心者,皆指已发而言',遂目心为已发、性为未发。然观程子之书,多所不合,因复思之,乃知前日之说非惟心性之名命之不当,而日用功夫全无本领,盖所失者,不但文义之间而已。按文集《遗书》诸说,似皆以思虑未萌、事物未至之时为喜怒哀乐之未发。当此之时,即是此心寂然不动之体,而天命之性当体具焉。以其无过不及、不偏不倚,故谓之中。及其感而遂通天下之故,则喜怒哀乐之性发焉,而心之用可见。以其无不中节,无所乖戾,故谓之和。此则人心之正而情性之德然也。然未发之前,不可寻觅,已发之后,不容安排。但平日庄敬涵养之功至而无人欲之私以乱之,则其未发也镜明水止,而其发也无不中节矣。此是日用本领工夫,至于随事省察,即物推明,亦必以是为本而于已发之际观之,则其具于未发之前者,固可嘿识。故程子之答苏季明,反复论辩,极于详密,而卒之不过以敬为言。又曰:'敬而无失即所以中',又曰:'入道莫如敬,未有致知而不在敬者',又曰:'涵养须是敬,进学则在致知',盖为此也。向来讲论思索直以心为已发,而日用工夫亦止以察识端倪为最初下手处,以故阙却平日涵养一段工夫。"① 在这里,"心"被凸显出来,并由此推出了新的工夫入手处。在未发处言心,这是中和新说与旧说最根本的不同。

在己丑之悟的中和新说中,朱熹首先推翻旧说中心为已发的说法,确定了心贯乎已发未发的观点。在新说中,人虽生至死莫非心体流行,但心体流行还

---

① 曾枣庄,刘琳. 全宋文:第二百四十九册·卷五五九三 [M]. 上海:上海辞书出版社;合肥:安徽教育出版社,2006:260-261.

分为思虑未萌时的寂然不动状态和思虑已萌时的感而遂通。朱熹认为，即使是意念无所思虑时，耳亦有所闻，目亦有所见。只不过此时，思维意识并没有主动作用，也未被动反应，是一种相对静的状态，即所谓的寂然不动；而当思虑作用于主客体之间时，则产生一种相对动的状态，故说感而遂通。所以在思虑未萌时心的状态是未发，在思虑已萌时为已发。其次，朱熹还指出已发未发不仅指人心之正，还含有性情之德。在朱熹看来，喜怒哀乐之未发时，乃心寂然不动之体，此心体具备天命所禀赋之全理（性），此就性之静而言；喜怒哀乐之已发是"心之用可见"，就情之动而言。性无过不及，不偏不倚时则为"中"；情发若中节则为"和"。从未发到已发，不仅是心的寂然不动到感而遂通的过程，也是浑然一性到性发为情的过程，且这一过程始终是由心贯乎其中的。"此理须以心为主而论之，则性情之德、中和之妙，皆有条而不紊矣。"① 从"以察识端倪为最初下手处，以故阙却平日涵养一段工夫"来看，朱熹的确对修养工夫做了一番反省：把修养工夫相应地分为未发的持敬涵养和已发的察识致知，继而确立了主敬致知的学问大旨。

由上述可见，朱熹的己丑之悟其实已经包含了心之已发未发和性情已发未发说的两方面意义。心的已发未发是区别人心活动及其状态的两个阶段，这两个阶段的已发未发是同一层次的概念。而性情已发未发则是体用的概念。二者不仅有过程的区别，也并非同一层次的概念。心之未发指思虑未萌时的心，心之已发指思虑已萌时的心。情之未发即是性，性之发动则为情。但是不能说思虑未萌时的心就是性，思虑已萌时的心就是情，它们之间是不能等同的。虽然时间上是平行的，即性未发为情时心亦未发，性已发为情时心亦已发，但是，性未发时不能说无心，性仍在心中，所以未发时心不等于性；已发时心节制情感，所以也并不等于情。如果说思虑未萌时只是性，没有心，思虑已萌时只是情，更无心，那么就不存在朱熹的"心贯乎未发已发"说了。

第四节 "中和"之道的本体依据

朱熹在阐述中和之道时指出天地万物吾本一体，天人合一就是中和之道的

---

① 曾枣庄，刘琳．全宋文：第二百四十九册·卷五五九三［M］．上海：上海辞书出版社；合肥：安徽教育出版社，2006：260-261.

本体依据。正是天地物我皆为一，天地之理乃物我之理，所以才能时刻保持在中的状态，这是天道流行；正是此一理之流行发用，才能在物我不同之殊理中达到时中，这是人道工夫。在《中庸》"天命之谓性"观念的指引下，朱熹对天道与人道进行探讨，揭示了儒家"天人合一"的理论内涵，并以"诚"贯通天人，以阐发其理学的哲学世界观以及心性学说，构建了以天理论为最高范畴的理学思想体系。《中庸》所阐发的天人关系，其实是一种以道德价值为根源而形成的既超越而内在、又内在而超越的关系。这种特殊关系，对于当今人与自然和谐共处的问题，尤其有着巨大的理论指导价值和现实意义。

朱熹在阐释《大学》"诚意"章指出"诚"是"明善之要"，进而在《中庸》注解中从不同角度与层次环绕着"诚"为中心展开阐释，"所谓诚者，实此篇之枢纽也"①。以"诚"为"枢纽"，把"性""道""教"贯穿为一体。又把"诚"作为贯通"天道"与"人道"的桥梁，达到"'天人合一'—'止于至善'"之圣境。

《中庸》说："诚者，天之道也；诚之者，人之道也。"朱熹把"诚"解释为真实无妄，把"天之道"解释为天理，把"诚者"解释为天理之本然。真实无妄就是天理之本然。非至圣之人因人欲之私，其德性未能全其本然之理，所以人道不是真实无妄的，而要努力做到诚之，即人仿效天理本然的真实无妄，努力达到真实无妄的状态。圣人真实无妄，不勉而中，与天道本然之诚相同，所以圣人之境即达天之道。一般的人要做到像圣人一样自然真实无妄，就要择善，而后明善，以行诚身之道。通过自身修养去达到真实无妄，这就是人道，即"诚之者"。总的来说，朱熹在这段话中包含了三点：第一，天道、人道以"诚"贯之；第二，圣人之道即天道；第三，人择善明善以诚之。

朱熹在《中庸》第二十章注曰："章内语诚始详，而所谓诚者，实此篇之枢纽也。"《中庸章句》明确把"诚"看作《中庸》之枢纽，以"诚"通贯全篇。虽说从第二十章才开始大篇幅地论"诚"，但是在朱熹看来，此前各章却都蕴含着"诚"。朱熹在《中庸或问》中针对为何说"诚"是贯穿《中庸》一书的核心主线做了进一步诠释。

> "诚者，实而已矣。天命云者，实理之原也。性其在物之实体，道其当
> 然之实用，而教也者，又因其体用之实而品节之也。不可离者，此理之实

---

① 朱熹.四书章句集注［M］.北京：中华书局，1983：32.

也。隐之见，微之显，实之存亡而不可掩者也。戒谨恐惧而谨其独焉，所以实乎此理之实也。中和云者，所以状此实理之体用也。天地位，万物育，则所以极此实理之功效也。中庸云者，实理之适可而平常常者也。过与不及，不见实理而妄行者也。费而隐者，言实理之用广而体微也。鸢飞鱼跃，流动充满，夫岂无实而有是哉！道不远人以下，至于大舜、文、武、周公之事，孔子之言，皆实理应用之当然。而鬼神之不可掩，则又其发见之所以然也。圣人于此，固以其无一毫之不实，而至于如此之盛，其示人也，亦欲其必以其实而无一毫之伪也。盖自然而实者，天也，必期于实者，人而天也。诚明以下累章之意，皆所以反复乎此，而语其所以。至于正大经而立大本，参天地而赞化育，则亦真实无妄之极功也。卒章尚纲之云，又本其务实之初心而言也。内省者，谨独克己之功；不愧屋漏者，戒谨恐惧而无已；可克之事，皆所以实乎此之序也。时靡有争，变也；百辟刑之，化也；无声无臭，又极乎天命之性、实理之原而言也。盖此篇大指，专以发明实理之本然，欲人之实此理而无妄，故其言虽多，而其枢纽不越乎诚之一言也，呜呼深哉！"①

以诚释之，其实与其对"诚"之界定有关。首先，什么是诚？按朱熹的解释："诚者，真实无妄之谓，天理之本然也。"② 其实所谓没有任何虚伪和矫揉造作的"不假修为"的真实无妄的"实然"状态，就是诚。用现代语解释，诚即真诚。诚之就是无论是先天禀赋还是后天修养都要真心实意、心诚意肯地为之。在此基础上，朱熹认为《中庸》所讲的"天""性""道""教"都体现了"诚"的真实无妄。由于诚，天理化散为万物之理，万物禀理以成真实无妄之性，性即天理，天理真实无妄之流行则显现为道，人循此道而为之则合于天理，圣人循此道而教之则可使人真实无妄。所以后来的王夫之说，所谓"天命""率性""修道""教化"，说白了其实都统受于"诚"。而对于《中庸》所提倡的道不可离以及戒惧、慎独工夫，朱熹认为亦可以一"诚"概之。《中庸》所讲的中和之道也都是在真实无妄的基础上，认为中是天理之体现，诚则是天理之内涵，中与诚统一为天理，所以中和实乃诚矣。"中是道理之模样，诚是道理之实

---

① 朱熹．四书或问［M］//朱杰人，等．朱子全书．上海：上海古籍出版社；合肥：安徽教育出版社，2010：594-595.

② 朱熹．四书章句集注［M］．北京：中华书局，1983：31.

处，中即诚矣。"① 在朱熹看来，天地之间，之所以能够万物和谐化生，各安其位，彼我共生，实则天理之诚而为之。朱熹以诚贯之，除首章之外，其他篇章皆以诚为基础，虽然这只是朱熹的见解，但对于研究朱熹思想却是不可忽略，不能不晓的。只有天下真诚之人真诚地发挥其本然天性，从而作用于天下众物之真诚本性，使得万物亦能遵其真诚之本然，就能赞天地之化育，帮助天地宇宙生化万物，源源不断地延续生命，立天下之本，育天地之物，达到天、地、人并列为三的最高境界。从"自诚明，谓之性；自明诚，谓之教"始至"唯天下至诚，为能经纶天下之大经，立天下之大本，知天地之化育"，朱熹在《中庸章句》中或注以天道言诚，或注以人道言诚，总之皆以"诚"为核心展开。所以，朱熹感慨："盖此篇大指，专以发明实理之本然，……而其枢纽不越乎诚之一言也。"

"诚"的真实无妄状态就是天道本然之状态，所谓"诚者，天之道"是也。天道至诚，能够把事物隐没不见的一面呈现出来，成为显性的存在。朱熹说："几者，动之微，善恶之所由分也。盖动于人心之微，则天理故当发见，而人欲亦已萌乎其间矣。此阴阳之象也。"② 人心只要一有念想，就会显现出来，表露于外。因为这是天道的必然规律，天道至诚无私，所以对任何事情都不会藏着掖着，会毫不留情地以某种方式向外显现出来。《中庸》曰："至诚之道，可以前知。国家将兴，必有祯祥；国家将亡，必有妖孽；见乎蓍龟，动乎四体。祸福将至：善，必先知之；不善，必先知之。故至诚如神。"朱熹这样诠释："凡此皆理之先见者也。然唯诚之至极，而无一毫私伪留于心目之间者，乃能有以察其几焉。"③ 朱熹认为，无论国家兴旺衰败，还是百姓福分祸分，天理皆可先见。因为天道至诚，事物内在发展的"意念"已经有了表象，天道把内在的隐性"意念"经由外在的表象动静展示出来，不会有任何的隐瞒。可以前知，是理之先见，可以观察外相，先知事情的进展动向，洞悉未来的吉凶祸福。这种显现实际上就是天道的必然规律，即"诚"的状态。本质通过现象表现出来，现象又反映着本质，所以对现象的察识就能把握事物发展变化的本质。

《中庸章句》又曰："故至诚无息。既无虚假，自无间断。"④ 这是说天道真

---

① 朱熹. 朱子语类：卷六十二［M］. 黎靖德，编，王星贤，点校. 北京：中华书局，1986：1483.

② 周敦颐. 周敦颐集：卷二［M］. 陈克明，点校. 北京：中华书局，1990：16.

③ 朱熹. 四书章句集注［M］. 北京：中华书局，1983：33.

④ 朱熹. 四书章句集注［M］. 北京：中华书局，1983：34.

实无妄，至诚无息，无息则恒久，恒久则自然显现于外，天道至诚无息以真实无妄存在于内，显现于外在客观世界即化生万物，天理之诚无间断地"不知疲倦"地运行着，故万物生生不息永久恒存。朱熹说："此皆以其验于外者言之。郑氏所谓'至诚之德，著于四方'者是也。存诸中者既久，则验于外者益悠远而无穷矣。悠远，故其积也广博而深厚。博厚，故其发也高大而光明。"① "博厚，所以载物也；高明，所以覆物也；悠久，所以成物也。"② 正是天道之诚的本然状态，诚一不二，才有天道之博、厚、高、明、悠、久，所以天道才得以载物、成物、覆物，使得能够各极所盛，化生万物。"诚"为天道之本然，而天下万物又是由天理（天道）禀赋成性，所以"诚者"亦随理之禀赋为生物之本，且贯穿事物之始终，对事物的存在有着本质的影响。天地之道，诚一不二，万物禀理而为，诚者贯以物之始终。任何事物都是一个由始至终的不断发展变化的过程，在此过程中，保持事物恒久不息的就是贯彻事物发展始终的"生生之德"的天道之诚，否则，所得之理殆尽则事物就会半途夭折而不成为该物，即"不诚无物"。

所谓诚一不二，就是天道真实无妄且纯而不杂。朱熹注《中庸》："天地之道，可一言而尽，不过曰诚而已。不二，所以诚也。诚故不息，而生物之多，有莫知其所以然者。"③ 在朱熹看来，天地之道"为物不二"，"诚"即"不二"。天道之本然状态，浑然一体，乃真实无妄之诚。浑然一体则纯一无杂，所谓"不二"也。朱熹说："一则纯，二则杂，纯则诚，杂则妄。此常物之大情也。夫天之所以为天也，冲漠无朕，而万理兼该，无所不具，然其为体则一而已矣，未始有物以杂之也。是以无声无臭，无思无为，而一元之气，春秋夏冬，昼夜昏明，百千万年，未尝有一息之缪；天下之物，洪纤巨细，飞潜动植，亦莫不各得其性命之正以生，而未尝有一毫之差，此天理之所以为实而不妄者也。"④ 天道的纯而不杂，就是"诚"。天道至诚无息，真实无妄，纯而不杂，故能化生万物，以阴阳五行之气以成形，以随气禀赋万物之理以成性，于是物我之生，各得其理，各安其位。《中庸》举例说："今夫天，斯昭昭之多，及其无穷也，日月星辰系焉，万物覆焉。今夫地，一撮土之多，及其广厚，载华岳

① 朱熹. 四书章句集注 [M]. 北京：中华书局，1983：34.
② 朱熹. 四书章句集注 [M]. 北京：中华书局，1983：34.
③ 朱熹. 四书章句集注 [M]. 北京：中华书局，1983：52.
④ 朱熹. 四书或问 [M] //朱杰人，等. 朱子全书. 上海：上海古籍出版社；合肥：安徽教育出版社，2010：592.

而不重，振河海而不泄，万物载焉。今夫山，一卷石之多，及其广大，草木生之，禽兽居之，宝藏兴焉。今夫水，一勺之多，及其不测，鼋鼍、蛟龙、鱼鳖生焉，货财殖焉。"① 天因其精纯守一、恒久不息，故可运行日月星辰，赋予万物；大地仅一撮土而已，就能承载三山五岳、五湖四海，乃因其精纯守一；同理，山因精纯不息以致广大，则生长草木、禽兽、宝藏；水亦因精纯不息以致不测之境，故可养育鼋鼍、鲛龙、鱼鳖。朱熹认为，此天之万物覆焉、地之万物载焉、山之宝藏兴焉、水之货财殖焉皆发明了天道之诚不二不息，盛兴恒常的生发之意。可见，正是"不二不息"、精纯守一的天道之"诚"精神，才使得万物运行恒久，生生不息。

朱熹一方面指出了诚是"天理之本然"，一方面又确立了诚在伦理价值中的核心地位。这就是诚在天道和人道之中的体现。

诚者乃天之道，思诚者为人之道。天道之诚实则内在于人心，但因气禀所拘，人欲所蔽，人未能做到真实无妄，这就是修养工夫的作用和价值。作为天理之本然状态的"诚"映射到伦理价值上的真实无妄，即人道之诚就是仁、义、礼、智、信。在诠释《中庸》"天下之达道五，所以行之者三。曰君臣也，父子也，夫妇也，昆弟也，朋友之交也，五者天下之达道也。知、仁、勇三者，天下之达德也。所以行之者一也"时，朱熹这样说："达道者，天下古今所共由之路，即《书》所谓五典，《孟子》所谓'父子有亲，君臣有义，夫妇有别，长幼有序，朋友有信'是也。知，所以知此也；仁，所以体此也；勇，所以强此也。谓之达德者，天下古今所同得之理也。一则诚而已矣。达道虽人所共由，然无是三德，则无以行之；达德虽人所同得，然一有不诚，则人欲间之，而德非其德矣。"② 在朱熹看来，古今人之行事不外乎父子、君臣、夫妇、长幼、朋友五种人伦关系，而要做到恰当处理这些关系，就必须具备知、仁、勇三德，否则，无德无以行之。而要达德，所行者只能是诚。所以，在朱熹看来，修身的直接目标或最终目的就是诚身。所以，言诚尤为详述天道之诚，实为强调人道要效天道而达至诚之境界，突出圣人之德即天之道也，其实意在指出人达到天道之诚之可能，同时也给明善、择善的达诚工夫找到理论依据。

朱熹为了更好地使人诚之，以圣人之德即天之道，指出人道之诚何以可能，为人们树立了道德目标。在朱熹看来，世间万物是禀赋"气"和"理"产生

---

① 朱熹. 四书章句集注 [M]. 北京：中华书局，1983：35.
② 朱熹. 四书章句集注 [M]. 北京：中华书局，1983：15.

的，人亦如此。万物所禀赋的理都是同一的天理，不同之处则在于气禀的清浊或昏明或贤鄙或寿夭。正所谓人物之生，皆禀所赋之理以为性，然性道虽同，气禀各异，皆有过与不及之差别。所以，气禀的差异导致了现实存在的人之间的差异性。圣人与人之何以不同显然可见。普通人的气禀或浊或昏，不纯善，虽天理赋予人之本性自足，但却难以发挥其本然之天性。"如元有十斗，再量过却只有七八斗，少了二三斗，便是不能尽其性。"① 但圣人就不同了，圣人禀赋"至诚"的天道，气禀也是纯善的，无所缺失或隐没，皆自具足。"盖圣人通身都是这个真实道理了，拈出来便是道理。东边捻出，东边也是道理；西边捻出，西边也是道理。如一斛米，初间量有十斗，再量过也有十斗，更无些子少欠。"② 由于禀赋完全的"气"和"性"，圣人生而知之，不思而得，故与天道至诚同一。圣人禀赋了天道至诚至纯的本性，并能完全地发显出来，与天道同一，因此，天道之诚完全显现为圣人之道。

在实践中，圣人之道与天道也是同一的。天道真实无妄，生生不息，化育万物，恰当地安排和推动着万事万物向着更和谐长久的方向发展。圣人效法天道，尽己之性，由己推人，于己于人于物都至诚相待，参赞天地化育，自然而然地凸显天道。尽己之性就是把天赋之理，不留余地、恰到好处地发挥出来，"知之无不明而处之无不当也"。因为，万物之理相同无异，人、物、圣人之性皆同一，所以尽人性和尽物性皆为可能。朱熹说："万物皆只同这一个源头。圣人所以尽己之性，则能尽人之性、尽物之性，由其同一原故也。若非同此一原，则人自人之性，物自物之性，如何尽得？"③ 圣人尽性是由体道至尽道的过程，也是参赞天地化育的过程，在现实实践中同一了天道与圣人之道。而所谓尽人之性和尽物之性，就是顺人之本性和物之本性发挥其功用，做到得当，恰到好处。对人而言，一是不论人之形体德性如何，都能根据每个人的特点做到人尽其才，各得其所；二是"养人教人之政"，即通过教化去除私欲之弊、复归至善的本性。对物而言，就是使其各顺其内在的自然规律生长，合理利用自然万物，使人与自然和谐相处，永久共生。

---

① 朱熹. 朱子语类：卷六十四 [M]. 黎靖德，编，王星贤，点校. 北京：中华书局，1986：1568.

② 朱熹. 朱子语类：卷六十四 [M]. 黎靖德，编，王星贤，点校. 北京：中华书局，1986：1568.

③ 朱熹. 朱子语类：卷六十二 [M]. 黎靖德，编，王星贤，点校. 北京：中华书局，1986：1490.

由圣人之道与天道的同一，即看到了实现诚之者人之道的可能。圣人只是思想家们勾画出的理想模型，在现实世界中少之又少，为了能达到理想的道德境界，必须要做教化和修养工夫，朱熹所要解决的就是如何把天道之诚贯通于人道。他说："未至于圣，则不能无人欲之私，而其为德不能皆实。故未能不思而得，则必择善，然后可以明善；未能不勉而中，则必固执，然后可以诚身，此则所谓人之道也。不思而得，生知也。不勉而中，安行也。"① 在朱熹看来，人只要努力效法天道，复归天性之本然，普通之人经过后天修养也能成圣，从而达到人道与天道的合一。这个后天修养、效法天道、复归本性的过程就是"诚之"。诚是人道通向天道，与天道合一的唯一途径。"道之本原出于天而不可易，其实体备于己而不可离，……盖欲学者于此反求诸身而自得之，以去夫外诱之私，而充其本然之善。"② 人禀受天理以成性，人之理与天之理乃同一天理，如月印万川，所以天理自然体备于"我"，完整自足，并未缺少"二三两"，正如孟子所言"万物皆备于我"，便是诚。而现实人性所体现出来的不完善，并非缘于理赋之本性，而是气禀之偏失所致，所以"反求诸身而自得之"，故而天道必然内在规定了人道。

那么天道是如何规定人道的呢？换言之，如何做到使身诚？人都有人欲之私，不能自然真实无妄，在现实中要想不受欲望之私的左右，做到"去夫外诱之私""充其本然之善"，通达天道，这是很艰辛的过程。所以要"择善""固执""明诚"，全力以赴冲破气禀所拘，努力彰显至诚之性以复归本然。朱熹说，所谓人道之诚乃未能真实无妄而欲达之，之所以如此是因为在人而言，当有真实无妄之知与行，此乃天道之诚的流行发用，所以虽未能真实无妄却欲达之亦可行之，但是人欲达此真实无妄须真实之功。朱熹指出这个真实之功，即学以至诚、明善行善行以至诚。

首先，由"学"至诚。人道之诚贵在效法天道，而天道本身又不被所见所感，不是具体实在，所以朱熹主张格万物以致真知，即广泛、仔细地学习研究各种事物，把握事物的本质和规律，通过今日格明日格，今日得一理明日得一理的积累过程，最后豁然贯通，从而把握天理。这个"学"包括博学、审问、慎思、明辨、笃行。朱熹说："此诚之之目也。"③ 朱熹把学、问、思、辨、行

① 朱熹.四书章句集注［M］.北京：中华书局，1983：36.
② 朱熹.四书章句集注［M］.北京：中华书局，1983：33.
③ 朱熹.四书章句集注［M］.北京：中华书局，1983：31.

当作诚身的修养工夫，认为人要达道就必须从此入手。学问上反复琢磨，彻底领悟；行动上坚持不懈，恒久不息，在日用间发显天道。"若其余，则须是博学、审问、谨思、明辨、笃行。如此不已，直待得仁义礼智与夫忠孝之道日用本分事无非实理，然后为诚。有一毫见得与天理不相合，便于诚有一毫未至。"①　由"学"发端，以"行"为归旨，知行合一，这就是诚身工夫的五个阶段。人若能博学、审问、慎思、明辨、笃行，久而久之，自然领悟天道。且学、问、思、辨、行这五个阶段必须做尽，缺一不可，只要一丝一毫不与天理相吻合，便没有全然达诚。"程子曰：'五者废其一'，非学也。"②　并且朱熹还强调学、问、思、辨、行每个阶段都有特定的不同要求。"思之粗浅不及，固是不慎。到思之过时，亦是不慎。所以他圣人不说深思，不说别样思，却说个慎思。"③　笃行，是与前四者不同的，"学、问、思、辨，所以择善而为知，学而知也。笃行，所以固执而为仁，利而行也"④。"笃行"就是要真真切切、踏踏实实地把"知"落实在日用行动上。学、问、思、辨，可以说是致知工夫，笃行就是行的工夫了。朱熹认为，只要学得明白，通达天理，"行"就是自然而然的了。倘若在"学"上未能通达，没有致知，"行"也只能是枉然。正如朱熹所说的："君子之学，不为则已，为则必要其成，故常百倍其功。此困而知、勉而行者也，勇之事也。"⑤　可见，人要想复归天道之诚，达到成圣之境界，就必须有恒心、决心和耐心去变化气质，"存天理，灭人欲"方可。

其次，《中庸章句》曰："诚身有道：不明乎善，不诚乎身矣。"即明善以诚身。所以朱熹还主张明善行善以至诚。朱熹曰："天下至诚，谓圣人之德之实，天下莫能加也。尽其性者德无不实，故无人欲之私，而天命之在我者，察之由之，巨细精粗，无毫发之不尽也。人物之性，亦我之性，但以所赋形气不同而有异耳。能尽之者，谓知之无不明而处之无不当也。赞，犹助也。与天地参，谓与天地并立为三也。此自诚而明者之事也。"⑥　尽人性、尽物性、赞天地化育，都是为了使天下万物和谐共存，生生不息。但这仅仅是"自诚而明者之事"，亦即圣人之事。因为诚以明善乃本性使然，是"不勉而中，不思而得"就

① 朱熹. 四书章句集注［M］. 北京：中华书局，1983：31.
② 朱熹. 四书章句集注［M］. 北京：中华书局，1983：31.
③ 朱熹. 朱子语类：卷六十四［M］. 黎靖德，编，王星贤，点校. 北京：中华书局，1986：1565.
④ 朱熹. 四书章句集注［M］. 北京：中华书局，1983：31.
⑤ 朱熹. 四书章句集注［M］. 北京：中华书局，1983：32.
⑥ 朱熹. 四书章句集注［M］. 北京：中华书局，1983：33.

能达到"知无不明，处无不当"的境界，而这只能是圣人。只有圣人能尽己尽物之性，并能"与天地参"。而一般人因为气禀所拘是不能也不可能"自诚明"的，必须要"自明诚"。非圣之人要想达至天道之诚，只有先学知明善，然后真实无妄地践行善，去除一切私心杂念，复归本然之性，达到人道之诚，进而达到天道之诚，而后再教而善，此乃人之道也。根据朱熹的阐释，可以说"自明诚"其实是一种先知后行、知行合一的知行观。

"自明诚"其实是一种理性的能力或手段，人要靠它来做到至诚。除了学、问、思、辨、行外，朱熹还提出了"致曲"。《中庸》讲："其次致曲，曲能有诚，诚则形，形则著，著则明，明则动，动则变，变则化，唯天下至诚为能化。"朱熹注曰："盖人之性无不同，而气则有异，故惟圣人能举其性之全体而尽之。其次则必自其善端发见之偏，而悉推致之，以各造其极也。"[1] 在朱熹看来，只有圣人能尽其性之全体，一般人只能从其善端之一偏"悉推致之"。这个善端之一偏就是"曲"，即天道赋予人的"仁、义、礼、智、信"的某一个善端。致曲，就是从一种天赋善端出发，以求得全善至善的意思。《朱子语类》卷第六十四说："曲是逐事上著力，事事上推致其极。如事君则推致其忠，事亲则推致其孝，与人交则推致其信，皆事事上推致其极。"犹如今日格一物明日格一物，格得多了自然就致知了。如朱熹所说："须件件致去。如孝悌，须件件致得到诚孝诚弟处。如仁义，须件件致到仁之诚、义之诚处。"[2] 直至把善端一一推至极致，则人就能贯通全体。当人到达这一步时，就达到了成圣。所谓"曲无不致，则德无不实，而形、著、动、变之功自不能已。积而至于能化，则其至诚之妙，亦不异于圣人矣"[3]。

在《中庸章句》里，朱熹以对"诚"的特殊界定架起了沟通天人的桥梁。就天道而言，诚是真实无妄的本然之性；就人道而言，诚是彰显本性合于天理之本然。之所以人能诚之，能够行已发未发的中和之道，使己之行为合于天理流行，其实都源于天地物我本一的天人合一理论。

天人关系的问题是中国古代哲学讨论的重要内容。可以说，天人关系就是整个中国哲学的基本理论基础。在中国哲学领域里，道家尊天，以自然主义为原则，主张以自然天道为价值本源；儒家贵人，以人伦主义为原则，主张以道

---

① 朱熹. 四书章句集注 [M]. 北京：中华书局，1983：50.
② 朱熹. 朱子语类：卷六十四 [M]. 黎靖德，编，王星贤，点校. 北京：中华书局，1986：1572-1573.
③ 朱熹. 四书章句集注 [M]. 北京：中华书局，1983：33.

德天道为价值本源，更有荀子的"明于天人之分"。尽管不同的学术流派都有不同价值的天人观，但是他们所要解决的问题终归都是天与人的关系。朱熹以理为本，以理一分殊为原则，构建出以天理为价值本源的天人关系论。

朱熹以理为万物之根本，认为天地间乃一理行之，理是形而上之道，是阴阳动静之理。它先于天地万物而本然地存在着，是一种超时空的永恒的存在。此形上之理无形无象，捉摸不定，须借助天地之间的气化流行显现出来。天地之间有理有气，理为阴阳动静之本，气为阴阳动静之体。气聚气散以成物，理搭于气而行。理发用流行为物之本，成为万物得以存在的根本，即物之理。气聚散流行为物之具，成为万物得以显现的形器。所以，在朱熹看来，万物乃理气结合而生。单从质料构成上来看，万物乃同一。但是物物又皆有不同。朱熹说，这是分殊之理所致。天理（理）为一理行于天地间，虽搭于气而落入万物之中，亦是本然自足的。朱熹用月印万川来说明同一的形上之理与"一物各具一太极"的万物之理的关系，表明天理与物理乃一理，这是天人合一关系的理论基础。但物物又各有不同，这是人的差异性之所在。理一分殊的理本论很好地说明了形色各异的现实的人何以能通过后天修养达到同一之天道的原因所在。万物皆为一理，人亦禀赋自足之天理以成性，天理是至善、至诚的，根据朱熹"理一分殊"的观点，人性亦是至善、至诚的。这是根本上或理论上的天人合一。在现实中，只有人性达到了至善至诚，才是真正意义上的天人合一。朱熹认为"诚"就是打通"天人合一"的必备品质。"诚"之天道与人道的合一将人性合于天理，为"性即理"的本体构建提供"超越"性依据，打通了"天命""性""道"之贯通关系，使"修道""立教"成为可能，最终实现为日常实践中的道德规范。正如《中庸章句》曰："自诚明，谓之性；自明诚，谓之教。"[①]"自诚明"是就圣人而言，"自明诚"是就想要拥有高尚性情的一般人而言。但无论圣人还是一般人，修养的最高境界都需要具备"诚"这一品质。朱熹将天理赋予道德价值，认为天理是道德之本源，自然也是天赋于人的道德准则，修养工夫的目的就是去除气禀所致的人心欲望的蒙蔽，回归性理之本然，而此目标恰恰是要在人真实无妄的基础上方可达成。只有达到天下至诚，才能做到不掺杂丝毫的人欲之私，德行真实无妄地尽人性，也才能完全遵从事物之本性去妥当地尽物性。所以"诚"架起了沟通天人、连接物我的桥梁，诚的意义已不仅仅是成圣，还在于最终实现天人合一的理想境界。站在现实角度解说

---

① 朱熹. 四书章句集注［M］. 北京：中华书局，1983：32.

"诚",其实就是正确认知事物本性,对自己做到合理约束,尊重并爱护世间万物。所以说,与天合一并非意味着人可以成仙,而是要人努力追求至善的品德。

这种既内在又超越的天人关系,对解决当今人与自然的和谐问题同样有着巨大的理论指导优势和深刻的现实意义。众所周知,科技高速发展所带来的日新月异的变化,使人们越来越依赖,甚至过于相信知识,认为人的工具理性可以主宰一切。在这种认知的驱使下,人们开始肆无忌惮地宰制自然,人为地左右自然万物,破坏万物的固有规律,最终打破了宇宙万物的和谐与稳定。比如,随着工业社会和知识时代的到来,人对大自然的过度索取掠夺造成了生态环境的严重恶化。如何协调人与自然的关系,使之在利用、改造生态的同时又能保护生态环境成为当今社会的核心问题。在对这些问题进行反思并谋求解决之道时,有识之士逐渐认识到,人类若想生存,必须也只有采纳中国哲学天人合一的理论思想。但是究竟如何通过天人合一的思想来缓解人与自然之间这种不和谐呢?简单来说,就是克制人的工具理性,做到诚以待物。唯有如此才能有效地防止"人类中心主义",唯有以诚待物才能不使森林变成荒地,不使绿洲变成沙漠,不使大气层受到污染,不使生态链断裂、气候异常等。朱熹这种以超越而内在的天人合一,正是基于天道之神圣,强调物我本同一的天人观。就超越而言,天道是一种生生不息的精神存在,是人的价值本源,因此是超越人之上的,于是人对天只能敬畏不能宰制。人生的意义与价值就是效法天道,而非征服自然以求得物欲的满足。就内在而言,人与万物理一分殊,且由于天道内在于万事万物之中,那么万物和人就因天道之内在而有了"血缘关系",自然万物就是人类的亲人或朋友,所以人类不但不应该破坏自然万物的存在规律,更要保护自然,效法天道去参与万物之化生,为人与自然的和谐共生精进不息。因此我们说,朱熹这种天人合一思想主要在于强调人与自然在价值上的合一。对于当今人与自然的和谐问题,我们只要巧妙地将价值理性与工具理性结合起来,以成物成己为最终旨趣,必能使眼下之和谐问题得到合理的处理。

总的来说,朱熹在《中庸章句》中强调人之性受于天之理,天之理备于人之性。但由于气禀所拘,人性需要通过"诚之"来全其性之本体,从而渐入中和,以达天人合一之圣境。在朱熹这种阐释中,天命之性是本,是起点,但是在工夫与本体的理学问题上,由工夫而本体,本体而工夫,最后还是落实到诚明的修道工夫上。这与朱熹"四书学"的总体进路是一致的。

第五节 "中和"本体的体道之方

己丑之悟使朱熹体悟到涵养用敬、致知为学内外双向的工夫价值。在现实中，"道体之全"与"人心之偏"显然不对称，所以，追求内圣外王的理学家们为了实现道体之全对人的完善以及人道与天道的合一，认为通过义理上对道体之全的厘定和修养上对气禀之偏的遏制，使道体之全内化于心才能最终达至天人合一，进而推动人类社会及其与自然的和谐发展。朱熹云："《中庸》曰'天命之谓性，率性之谓道，修道之谓教。'何也？曰：'天命之谓性，浑然全体，无所不该也；率性之谓道，大化流行，各有条贯也；修道之谓教，克己复礼，日用工夫也。知全体，然后条贯可寻，而工夫有序。然求所以知之，又在日用工夫下学上达而已矣。'"① 在朱熹看来，所谓"性""道""教"就是对道体之全的全面厘定，而"主敬""慎独"之功则是遏制气禀之偏致中和的体道之方。

道体之全的厘定主要集中在朱熹对《中庸》首章的诠释上。朱熹认为，为人、为道、为教皆本于天备于我，从形上的天赋理气以成物（人），到形下的循性而行、教而品节复归性，所谓"道也者"终未曾"须臾离也"，由此，道体之全显然可见。

"天命之谓性"，朱熹这里是把古代思想中的"天命"说诠释为自然万物的造化过程。根据朱熹的解释，所谓"天"其实就是朱熹的形上本体——"理"，如同老子"道生一"的道或周敦颐"太极生两仪"的太极。其先天地生，独立自足而不改，是道之本体。既为形上之本体，那么自然无形无象且不受任何时空限制，是万物得以为生的根据和价值本源。但是，此形上之理何以内在于形下之物中？朱熹以天命流行为中介，兼具理气以解之，认为天地之间有理有气，理搭气而行，气据理而动，动静翕辟往来以化生。万物由天地合德而自生，禀理为性、禀气成形皆所天赋。人之所生亦各得其所禀赋之理，为仁义礼智信五常之德，朱熹说此乃性也。此性，就是"理一分殊"之分散于万物的物之理。故而，性即理也。朱熹在这里把"性即理也"的思想与《中庸》结合起来，不

---

① 曾枣庄，刘琳．全宋文：第二百五十一册·卷五六三七［M］．上海：上海辞书出版社；合肥：安徽教育出版社，2006：214-215．

仅阐明了以理为性，又从性的天道来源上说明了性与理是同一的。当理随气造化于人时，即成为人的内在的完备的健顺五常之性。这样便以理沟通了天命与人性，拉近了天人关系，为下学上达的超越工夫奠定了理论基础。

完成了天命与人性之间的上通下达，接着就是人性之问题。"率性之谓道"，朱熹说，人们在日常行事中遵循本性而为，此乃当行之正路。形上层面之"性"即理，是人物的本质和规律，当理搭气落实到形下的现实世界中，即体现为道。"道"是"性"的具体化，是"性"之日用体现。率，朱熹解释为遵循也。"率性"即为遵循本然之性，而非人力所为。人物内在之中的具体之理决定了事物的性质和规律。人与物循着自然本性去行，才是所当行之道。所以，道就是行为的当然之则，不循道而为，就违背了人物的本然之性，违背了天理。从"理一分殊"的角度分析，道是分殊，性是理一。性是普遍全体说，是全体之理；道是具体分别说，是分殊之理。因为人物性、道虽本源于天，但是造化之初由于气禀之差异，现实存在的人无法完全彰显其本然之性，往往会表现出种种不合理，遮蔽、污染了人性之本善。所以要先导之，率领之，从而达到中和的状态。这就需要涵养、致知的修养工夫，以变化气质之性，回归本然之善。而此即要有赖于圣人所施之教化，故曰："修道之谓教。"

天赋理气于物以成性成形，人依内在本然之性而行当行之道，这正是天人合一的理想表现。但是，人物性道虽同禀一理，然气有不同，或过之或不及，所以人与人各不相同。这种差异性就导致了人在现实中"率性"而为的不尽然性。所以，圣贤之人就要看到此不尽然处，然后按照人物各自所当行之理教化、引导之，法于天下。此即"修道之谓教"。朱熹这里解释了所以修道及何以修道。性道为人物所共有，且本源之理一，但对阴阳五行之气的禀受有过与不及之分，有清浊厚薄之别，这就使得人的本然之性要受到气异的影响或遮蔽，显发于现实中则人的行为就难免受到人欲的左右，不能遵循事物的自然规律，从而打破世间万物的和谐。这样一来，圣人的教化就显得十分必要。这是所以修道；圣人根据人物本然之性规定人的行为规范，即人所当行，以使人的行为无过无不及，不偏不倚，达到中和状态，这是何以修道，也是教化的目的。朱熹把"修"解释为"品节之也"，即节制、约束。修道，就是约束着事物（包括人和物）遵循其本身的自然规律和本然之性而发展变化，使之不偏不倚，恰到好处，此谓之"教"。性道是天所赋予的，虽然不能改变，但却可以通过教化来修治。在他的诠释下，"教"的主语是圣人，所以，似乎更注重了治人的一面。但是也不能就说朱熹不注重修身，换个角度说，其实是以圣人为道德榜样，教人朝为圣方向去努力修身。毕竟内圣外王才是其思想的根本。

《中庸》开宗明义提出"天、性、道、教"四个概念，意在强调天道人道的统一与差异，以及修道的何以能和所以能。朱熹以天人合一为理论基础强调性、命、教皆本于天、备于己，这是对"天命之谓性，率性之谓道，修道之谓教"的总结，而此亦即为学工夫之前提，表明了下学上达之可能。此三句可以说是《中庸》全篇之旨，涵盖了本体与工夫，朱熹在《中庸章句》中以一理贯之，以理释性，循理而行，简明扼要地道出了性道之本体与现实存在的人何以能既超越又内在。

对道体做了全面厘定后，《中庸》接着讲道："道也者，不可须臾离也，可离非道也。是故君子戒慎乎其所不睹，恐惧乎其所不闻。"这一句巧妙地由本体而落实到工夫问题上。这也正合朱熹之意。

道是日用所当行之理，或说是理在日用常行中之显现，是分殊的具体物理，此理是性之本质，是备于万物之内的本然之性。且"无物不有，无时不然"，普遍内在于一切事物之中，亦"不可须臾离也"。既强调了道的普遍存在性又强调了道的永恒性。对于不可离而言，从朱熹"是以君子之心常存敬畏，虽不见闻，亦不敢忽，所以存天理之本然，而不使离于须臾之顷也"的解释中可知，朱熹强调的并非道在存在上的可离否，而是指用涵养持守工夫，使道不相离也。所以朱熹十分强调工夫手段的重要。什么是工夫？黄俊杰先生这样定义："所谓'工夫'，就是指这种道德心在具体情境中的展开过程，而不是一种客观而抽象的推理过程"[①]。如此说，工夫就是德性的实现过程。所以古圣先贤们一直强调这种修养工夫的重要性。不断地提升自我，使道德理性成为道德自觉，并将这种道德自觉转化为道德实践，道德实践再进一步重新审视或体认道德工夫之境界，这就是工夫。传统"四书"正是记录了古代圣贤修身治人工夫的实践体认。朱熹站在巨人的肩膀上，又对先贤的"工夫"实践和"工夫"境界加以梳理、归纳、提升，从而衍生出更加鲜明的更加有条理的修养工夫。在《中庸》的工夫论上，朱熹主要强调主敬与慎独之工夫。在中和新说中，朱熹就"敬"与"静"之关系与张栻展开讨论时，提出了要主"敬"。在修养工夫上，朱熹主张要先察识后涵养，主"敬"工夫就是贯通此二者之纽带。而慎独工夫是就已发时的省察工夫。在未发时要时刻涵养本心做到"中"，已发时要戒慎恐惧自己内心的欲念，而如何使二者前后上下贯通自如，就要靠主"敬"的工夫。而对此

---

① 黄俊杰. 东亚儒学史的新视野［M］. 台北：台北喜马拉雅基金会，2001：421.

修养工夫的体认起源于"人心惟危，道心惟微，惟精惟一，允执厥中"的十六字真传。

首先，"人心惟危，道心惟微"。这八个字反映了古人对人性的基本认识。简单来说，人心（社会人而非自然人）有道德意识的知觉和非道德意识的知觉，即仁之心与不仁之心。知觉道德意识的心就是道心，知觉非道德意识的心就是人心。觉于天理便是道心，觉于人欲便是人心。朱熹认为，人心源于形气之私，是所受气禀的清浊薄厚偏正所致；道心源于性命之正，是由人所禀受之天理而成的人之本性。① 道心源于道德理性，人心源于感官欲望。"合道理底是天理，徇情欲底是人欲。"② 现实中，受经验欲望的影响，人难免会有客观或主观的欲望需求，那么人心就会有所动荡，这就存在着脱离行为规范和事物规律的危险，所以"人心惟危"；而道心是循道而为，是合于天赋之理的，在气禀所拘和经验欲望的作用下，道心总是那么地微妙难见，一般人很难做到，所以"道心惟微"。道心微而难见，就存在着失去理性指导和道德规范的危险，没有了道德规范，人心就愈危。这就是"人心惟危，道心惟微"。

其次，"惟精惟一，允执厥中"。在朱熹那里，虽有人心道心之别，但是人心道心本是一心，一而已矣。且此心精微无所不至，人人都有道心人心。圣人也有人心，如饥则思食，渴则饮露；小人亦有道心，如恻隐之心犹在。但是圣人虽亦有人心，却能够涵养本心，使人合着道心而为，常以道心主人心，合道心而行事，不以人心左右道心，而是道心为主，人心听命。这就是一种成圣工夫。小人虽也有道心，却不知涵养持守，故常失其道心，道心愈微，人心愈显，以人心主导之，那么其所言所行就会失之偏颇。所以，为了使人心能够听命于道心，就要常常涵养持守道德之本心，使人心转化为道心。朱熹认为，人心只是受利益私欲所蒙蔽而迷失了正途，道心则以道理为准则，只要道心能够很好地主宰人心，节制人心，使人心不至于泛滥无边，超越道德准则，那么人心与道心无二。比如，人饿了总要寻觅食物，这是本能；如若饿了则要山珍海味以饱腹，这就是人心所致了，此时内在之道心要主导之、节制之，使人心合于道心。人心与道心为一，看似本是人心之所发，实则浑然为道心之所体现。圣人

---

① 笔者认为，二程对道心、人心的两种解读，可以看作一种解读，理由是心性论和本体论在哲学领域本身就不是二分的，而理气论本身就是本体论。本体论是心性论的形上根据。所以无须对道心人心问题到底应该从心性论还是本体论研究划出明显界限。

② 朱熹. 朱子语类：卷七十八 [M]. 黎靖德，编，王星贤，点校. 北京：中华书局，1986：2015.

看似无人心，其实不然。人心道心人皆有之，二者并存混杂。如若不辨人心道心，不知加以管理控制人心，不知涵养持守道心，那么人欲之私就会压倒天理之公，人心就会越来越危险，而道心则会越来越隐没难见，且此消彼长。如此，人欲横流，天理不明，万物难以久存。反之，如果像圣人一样时刻反省内心，时刻涵养本心，精细地辨察内在的道心和人心，使道心为人心之主，做到不偏不倚，那么"危者安，微者著"，从而"无过不及之差"。达到了中，方能长久和谐。所以，必须要精察人心道心之异，使道心为一身之主，人心听命顺从之，那么危者自安、微者自见。所以在朱熹看来，一方面，圣凡贤愚皆有人心道心；另一方面，圣人能够做到使情感私欲之人心听命顺从于理性之道心，使人心转变为道心成为可能。

既然通过涵养、治理使人心转变为道心成为可能，那么具体怎样做工夫，才能保存人性之本然呢？接下来，就是朱熹的修养工夫问题了。朱熹己丑之悟的重要意义就在于对中和论，即未发已发问题的究索，辩证扬弃和汲取了内在体验和察识端倪的修养之方，完善了"心统性情"的心性论，从而确立了内外双向的修养工夫。

因为思虑意念等人心的已发，往往是因接触外物而引起的人欲，这是正常和普遍的，但是如果人欲没有节制，那么就会有所偏倚，达不到发而中节的"和"，就会失去平衡，导致人类社会和自然的不和谐。所以为了发而中节，《中庸》强调在没有接触外物的不睹不闻时也要警惕人心的意念，做到戒慎恐惧，时刻涵养本心做到"中"，这就是未发的存养工夫。而"最紧要著功夫处"则当为慎独工夫，即已发的省察工夫。慎独是指人不见己，己自知时的工夫。一个人在幽暗处，别人看不见自己的行为，而只有自己清楚知道；一个人不在幽暗之处，别人看得见自己的行为，却不能看到自己的内心活动，而只有自己清楚了解自己的内心。即使没有行动，但如果内心有所活动，这也是思虑已萌，而这种内心活动也只有自己明白知道等。此时虽人不知，但己独知，道未隐。且"莫见乎隐，莫显乎微"，隐暗之处最为明显，微细之事也最显著，故强调工夫尤当更慎重于隐幽细微之处。在内心不善之迹尚未被察觉之时，凭借良知自觉将其消灭于萌芽状态。此君子之所"慎其独也"。

戒惧慎独工夫兼对圣凡所言，皆为必需，然不同之处乃圣人可自觉行之，且贯通未发已发处，无时不在。朱熹通过剖析戒惧和慎独，将它们划分为修养之两大工夫进路，即未发时的戒惧存养和已发时的省察。二者相互作用，互有分工，贯穿动静语默，体现了工夫的连续性。戒惧是要人时时保持警戒畏惧之心，时刻警醒自己如何行怎么行，是一种常行之工夫，而慎独是一种具体之工夫，是在思虑情感遂通之时的工夫，要人做到能察于已然，遏于将然。所以说，慎独是更甚于戒惧的一种修养工夫。尽管如此，此二者依然是相辅相成、不可替代的。如果没有平时不间断的戒惧工夫，很难做到慎独。同样，如果能够自然而然地做到慎独，那么戒惧之工夫亦不可小觑。

《中庸章句》最后一章中还有一节专门论述内省的文字，与慎独工夫相关，放在这里一并讨论："诗云：'潜虽伏矣，亦孔之昭！'故君子内省不疚，无恶于志。君子之所不可及者，其唯人之所不见乎。恶，去声。《诗·小雅·正月》之篇。承上文言'莫见乎隐、莫显乎微'也。疚，病也。无恶于志，犹言无愧于心，此君子谨独之事也。诗云：'相在尔室，尚不愧于屋漏。'故君子不动而敬，不言而信。相，去声。《诗·大雅·抑》之篇。相，视也。屋漏，室西北隅也。承上文又言君子之戒谨恐惧，无时不然，不待言动而后敬信，则其为己之功益加密矣。故下文引《诗》并言其效。"① 朱熹认为这与"莫见乎隐、莫显乎微，君子慎其独也"如出一辙，认为圣人之所以为圣就在于，在他人所看不见的时候，仍能反躬自省，不仅内省，而且无愧于心。这也再次证明他把慎独解释为别人所不见时的工夫是有理论依据的。而接下来的"不愧于屋漏"，则是相应于"戒慎恐惧"的思想而言的。

内外动静工夫绝非二事，因为心之未发已发并非两个阶段，而是连续的一个过程，所以以内外动静两种工夫也应是连续不间断的，只是一种工夫而已。好比高山流水，总归是由高到低地流，偶尔遇到凸起之石又会起伏，戒惧之工夫就是常常做之，慎独之工夫则是因地制宜地略微起伏。又好比骑马之人与马儿，人之骑马必要手提缰绳以左右之，然而遇到坎坷险处定会加紧提控。因此戒惧慎独必须内外交养，相互帮衬。但是，何以做到内外交养？这种连续不断的工夫又何以可能？朱熹认为关键在于"主敬"。"盖心主乎一身而无动静语默之间，是以君子之于敬，亦无动静语默而不用其力焉。未发之前，是敬也固已主乎存养之实；已发之际，是敬也又常行于省察之间。"② 涵养与察识能够贯通无碍的工夫关键在"敬"，做到敬才能致中和。"敬义夹持，涵养省察，无所不用其戒谨恐惧，是以当其未发而品节已具，随所发用而本体卓然，以至寂然感通，无

① 朱熹.四书章句集注［M］.北京：中华书局，1983：58.
② 曾枣庄，刘琳.全宋文：第二百四十五册·卷五四八七［M］.上海：上海辞书出版社；合肥：安徽教育出版社，2006：156-157.

少间断,则中和在我,天人无间,而天地之所以位,万物之所以育,其不外是矣。"① 朱熹希望通过涵养与察识,可以使伦理的明察有着情境与理性的流转开放,而德性的涵养能收摄天理于内心之中,成为人性升华的道德基础。双向工夫的共为为人性的改造与道德情操的提高而努力着。

朱熹认为其对道心人心说的阐释正与子思所作《中庸》之思想是一致的,如《中庸》里"天命率性"即为道心,"择善固执"即为专一,"君子时中"即为持中。而其对涵养居敬、明察伦理、戒惧慎独修养工夫的诠释则亦是有据可循的,这就为其学说的建立找到了道统的有力支撑。

---

① 曾枣庄,刘琳.全宋文:第二百五十一册·卷五六三七[M].上海:上海辞书出版社;合肥:安徽教育出版社,2006:215.

第五章　朱熹《论》《孟》下学上达的"成圣"工夫

正是从工夫论角度着眼，朱熹将《论语》《孟子》放在了《大学》之后，在他看来，《论》《孟》更多地是教人做工夫。在《朱子语类》卷第十九，朱熹在阐述《论》《孟》之别时有言："《论语》之书，无非操存、涵养之要；《七篇》之书，莫非体验、扩充之端。盖孔子大概使人优游餍饫，涵泳讽味；孟子大概是要人探索力讨，反己自求。故伊川曰：'孔子句句是自然，孟子句句是事实。'亦此意也。如《论语》所言'居处恭，执事敬，与人忠'，'出门如见大宾，使民如承大祭'，'非礼勿视听言动'之类，皆是存养底意思。孟子言性善，存心，养性，孺子入井之心，四端之发，若火始然、泉始达之类，皆是要体认得这心性下落，扩而充之。"这段话，显然是站在工夫角度来分析《论》《孟》各自的特点与相互差异。同样，朱熹还说道："孔子教人只从中间起，使人便做工夫去，久则自能知向上底道理，所谓'下学上达'也。孟子始终都举，先要人识心性著落，却下功夫做去。"① 在朱熹"四书"体系里，《大学》因其所蕴含的为学工夫之八条目而被朱熹立为修身治人的纲领，《中庸》则在工夫论基础上由工夫而本体，成功地将"允执厥中"提升至本体境界，很好地表明了形上本体与实践日用的双向关系②，《论语》《孟子》因其所记录的圣人先贤修身治人的实践工夫体认而被朱熹视为下学上达修养工夫的不同进路。

---

① 朱熹．朱子语类：卷十九［M］．黎靖德，编，王星贤，点校．北京：中华书局，1986：429.

② 关于此点，在《宋代〈四书〉学与理学》中有这样一段论述："《中庸》一书之所以能够从《礼记》中列出，成为《四书》之一，一方面是由于它本身所具的工夫论特色，另一方面更是由于它成功地将工夫与本体结合起来。……《四书》学的真正学术主旨是修己治人的工夫论，天理的本体论来自对生活实践的日用工夫的把握，同时它最终仍须回归到生活实践的工夫中去。"参见：朱汉民，肖永明．宋代《四书》学与理学［M］．北京：中华书局，2009：326.

对《论语》《孟子》的评价，朱熹引程子之言："学者当以《论语》《孟子》为本。《论语》《孟子》既治，则六经可不治而明矣。"若依程子本义，并非"治"《论语》《孟子》便可不必"治""六经"，无论《论语》《孟子》还是"六经"都可"见道"，只是读《论语》《孟子》比读六经更容易见"道"。朱熹以"理"释"道"，从《论语》切入，以"道"为"事物当然之理"、以"逝者如斯夫"之"仁"言道之体、以"吾道一以贯之"言道之工夫；以《孟子》为延展，以"性理"沟通"人心"与"天道"，以"理欲二分""以理制欲"为工夫路向，以"格物致知"连贯至"尽心知性"统一"道问学""尊德性"。朱熹在诠释《论语》《孟子》中"道""理""心""性"这些概念时，其重点并非"道者，事物当然之理""心统性情"这样的形而上学诠释，而是"求仁之方""求放心"的工夫论诠释。虽然朱熹在《论语集注》中讲："事亲当孝，事兄当悌"，而讲清"当然之理"不是其治学终点，其后必然要有一个更高层次的"所以然"之义。正如朱熹所言："知事物之当然者，只是某事知得是如此，某事知得是如此。到知其所以然，则又上面见得一截。"①

第一节　孔子成圣工夫之要

"四书"中之《论语》是朱熹逃佛老而入儒，由高妙而入平易，至上达而由下学的主要路径。② 在《朱子语类》卷第百一七，陈淳问学时，朱熹就把《论语》定义为一部工夫学，他说："《论语》一部自'学而时习之'至'尧曰'，都是做工夫处。不成只说了'与点'，便将许多都掉了。圣贤说事亲便要如此，事君便要如此，事长便要如此，言便要如此，行便要如此，都是好用工夫处。"朱熹看重孔子推己及人之恕的工夫之方，但更看重格物穷理与居敬涵养的工夫锤炼。朱熹作为理学家，其思想的重心是如何涵养与穷格的工夫过程，而诸如《论语》"吾与点也"的圣人气象则是一种工夫效验。早在《论孟精义纲领》中朱熹就已经将本体之境作为下学工夫上达的自然效验，而在由工夫而效验的道德实践中，工夫无疑是朱熹重之又重的环节。在李侗对其"理一分殊"

---

① 朱熹. 朱子语类：卷二十三［M］. 黎靖德，编，王星贤，点校. 北京：中华书局，1986：555-556.

② 对这一过程的详尽分析参见：束景南. 朱子大传［M］. 福州：福建教育出版社，1992：51-187.

程学精神的指示下，朱熹对《论语》的注解走上了下学而上达的为学进德之路，将《论语》诠释成一部指点工夫的下学上达之径。在朱熹看来，《论语》是集儒学内圣与外王于一体的经典著作。通过《论语》，学者可以用志逆意的方式体贴圣人之本心，验证于现实日用，进而转化成为自得的内圣之境，又推之于外王，实现国家治理的抱负。朱熹这种诠释思路对其"四书学"以"实践—体验"为特征的下学上达之径的确立有着直接的影响。①

具体而言，《论语》中工夫论的展开，始于对"约"的论述，其中有六章涉及"约"。这六章基本涵盖了孔子工夫论思想的整个规模，对后世儒家工夫论的发展延伸起到重要作用。博文约礼是孔子工夫论的总纲也是主要内容，强调对知识的探求和对礼仪的遵守，这对于宋明儒学讨论"道问学"与"尊德性"及其关系有重要影响。坚持博文约礼的工夫论表达，可以纠正轻视工夫以及在工夫内容上随意的问题，对反思阳明后学流弊有重要意义。本节主要探析"不仁者不可以久处约"和"约而为泰"两章的意蕴，并围绕"约"这一概念，对孔子"约"之工夫思想提出自己的主张。

解释《论语》"不仁者不可以久处约"和"约而为泰"这两章的核心是要论清"约"在句中的内涵。"约"字，金文和篆书都是表达缠束之义，是一个形声字，偏旁"糸"指细丝，《说文解字》的解释为："约，缠束也。从糸，勺声。"段玉裁《说文解字注》："约，缠束也。束者，缚也。引申为俭约。"该字表示一个人主动约束自己的欲望和行为，主要讲的是自我的意志和实践。"约"用作本义约束，如《诗经·斯干》中"约之阁阁"指的是绳子紧紧捆扎墙板与杵发出的声响。引申义为约定、契约、盟约，如"子固为我与之约矣"②。引申义为简要，如"其言也约而达"③。还有卑微、卑屈的意思，如"王不如设戎，约辞行成"④ 中的"约辞"是指语言卑微。又引申为衰弱，如"夫事君者，不为外内行，不为丰约举"⑤。"约"还有受限制之含义，引申义为困境，泛指由于某种原因形成的困局。至南北朝，经学家皇侃才把"约"与贫困联系起来，

---

① 朱汉民. 实践—体验：朱熹的《四书》诠释方法［J］. 中国哲学史，2004（4）：91-94.

② 阮元. 十三经注疏：八［M］. 清嘉庆刊本. 北京：中华书局，2009：5021.

③ 阮元. 十三经注疏：六［M］. 清嘉庆刊本. 北京：中华书局，2009：3301.

④ 左丘明. 国语集解：吴语第十九［M］. 徐元诰，集解. 王树民，沉长云，点校. 北京：中华书局，2002：537.

⑤ 左丘明. 国语集解：楚语下第十八［M］. 徐元诰，集解. 王树民，沉长云，点校. 北京：中华书局，2002：524.

对"不仁者不可以久处约"中之"约"释为"约，犹贫困也"①。此时，皇侃并没有把"约"完全解释为贫困，他只是借论"贫困"的处境来论述"约"之状态，并且他并未给"约"以明确的定义，为后世的研究保留了空间。依皇侃之释义，"处约"大概类似于"处贫"，但又不完全等同。皇侃的《论语集解义疏》对后世《论语》研究影响虽然很大，但皇侃以类比来解读"约"的做法，后世学者往往不太关注，直接理解"约"即为贫困。皇侃对此处"约"的解释尚有很大的商榷空间。

《论语》中有六处明确论述了"约"，其中有三处论述的是"博文约礼"之义。《论语·雍也》载："子曰：'君子博学于文，约之以礼，亦可以弗畔矣夫！'"②《论语·子罕》载："夫子循循然善诱人，博我以文，约我以礼。"③还有一处是孔子感叹"约"之大用："以约失之者鲜矣。"④ 可以看出，以上所论之"约"都含有约束之义，强调要依据礼的原则约束自己。"不仁者不可以久处约"和"约而为泰"两章，同样蕴含了"约束"之义，若以此义理解则更能揭示"约"这个词在所在语境中意指工夫的重要意义，对《论语》伦理价值的理解也更加深入。另外，《论语·里仁》第二章记载孔子论"约"云："子曰：'不仁者不可以久处约，不可以长处乐。仁者安仁，知者利仁。'"⑤ 后世学者对此章的理解，大多数沿袭了皇侃的注解，如，北宋邢昺的注解为："'不仁者不可以久处约'者，言不仁之人不可令久长处贫约，若久困则为非也。'不可以长处乐'者，言亦不可令久长处于富贵逸乐，若久长处乐，则必骄佚。"⑥ 特别是朱熹注曰："约，贫困也。利，犹贪也，盖深知笃好而必欲得之也。不仁之人，失其本心，久约必滥，久乐必淫。"⑦ 至现代，研究《论语》的学者对该章的解释基本上还是沿袭旧说。蒋伯潜关于"约"的注解是："'乐'，欢乐之乐。'知'，今作智。'约'是窘困的意思。不仁之人，不可以长久处在窘困的境地。若长久处在窘困的境地，必定会做出为非作恶的事情。但又不可长久处于富贵安乐的境地。若长久处在安乐的境地，也必骄奢淫逸，做出不好的事情来。仁

---

① 程树德. 论语集释：卷七［M］. 程俊英，蒋见元，点校. 北京：中华书局，1990：228.

② 朱熹. 四书章句集注［M］. 北京：中华书局，2008：91.

③ 朱熹. 四书章句集注［M］. 北京：中华书局，2008：111.

④ 朱熹. 四书章句集注［M］. 北京：中华书局，2008：74.

⑤ 朱熹. 四书章句集注［M］. 北京：中华书局，2008：69.

⑥ 阮元. 十三经注疏：十［M］. 清嘉庆刊本. 北京：中华书局，2009：5366.

⑦ 朱熹. 四书章句集注［M］. 北京：中华书局，1983：69.

者能素位而行，随遇而安，久处约而不为贫贱所移，长处乐而不为富贵所淫。"① 可以看出他对"约"的解释比较谨慎，将"约"解释为窘困，指约束、不自由的状态，而并不突出物质贫瘠义。很明显蒋伯潜对古人"约"的注解存在异议，但又讲仁者能"久处约而不为贫贱所移"，还是把贫贱与"处约"统一在一处。若是把"乐"解释为富贵，相对于"约"就需要有个贫困之类的内涵与之对应。如：李泽厚就以"困苦"解释"约"，其言："不仁的人，不能长期坚持在困苦环境中，也不能长期居处在安乐环境中。"② 古今学者多把"约"和"乐"理解为一定的物质生活状况的基础性来源，一是受到前人注解的影响，二是从注解理路上，往往认同前人将"乐"解释为富贵的认识。虽然有些学者对"约"的解释有质疑，但为了与"富贵"之乐有所对应，还是将"贫困"注入"约"之内涵之中。

换言之，经典注解、诠释时应该有一个整体的思考，其中语句的结构需要有对称性，句中要有对应的词语，对这些词语的解释也应该有对应性、相关性，这可视为经典注解、诠释的"对应法则"。这个法则是解释该章的关键所在，而学者对这个法则的运用出现问题，就会导致对该章的解读出现问题。如果要对该章做一个新解，则需要同时对"约"和"乐"做出新解，需要对这句话的义理有一个整体而深入的把握。如上文，"约"的本义是约束，其引申义都是在这个本义的基础上的延展。"俭约"就是其中一个引申义，其义为生活的俭朴，体现了"俭朴"是人主动或被动的选择，这里就没有特指物质财富的贫瘠之义。贫家之人可以选择"俭朴"，富贵之人也可以选择"俭朴"。其真正含义是约束自身的物质欲望，反对奢靡浪费，而俭约和贫困毕竟内涵不同，俭约并不必然含有贫困之义。此外还有与"骄"相对时，对"约"的注解。《礼记·坊记》里有"小人贫斯约，富斯骄；约斯盗，骄斯乱"这句话，郑玄注："约，犹穷也。"③ 这里"小人贫斯约"意指小人因生活贫穷造成内心世界的卑微感，体现了人的心态和行为，并没有体现客观的物质财富的多寡。其中"穷"指不通达、不得志，是客观境遇的表达。把"约"诠释为"穷"，就无法与"骄"相对应，违背了经典诠释的"对应法则"。所以，依郑玄的注解，在这里是不恰当的。即使如此，后世学者诠释该章时，一般都会参考郑玄关于"约"的注解，不可避

---

① 蒋伯潜. 四书读本 [M]. 上海：上海辞书出版社，2017：103.
② 李泽厚. 论语今读 [M]. 北京：世界图书出版有限公司北京分公司，2019：66.
③ 孔颖达. 礼记正义 [M]. 北京：北京大学出版社，1999：1400.

免地受到"干扰"。荀子将"约"引申为"谦约"。在他看来君子能"喜则和而治，忧则静而理，通则文而明，穷则约而详"。熊公哲把此处的"约"注为"谦约"①。可以看出，依熊公哲的解释，荀子将"约"释为"谦约"较郑玄之解更为准确。这里的"约"和《礼记·坊记》"贫斯约"中的"约"语义大体相仿，都指心态和行为。至于不仁者是否能"久处贫"，依荀子看来即便不仁者也是可以实现"久处贫"的，前提是国家法制完备，使"铤而走险"的"作奸犯科"比"久处贫"的风险更大、成本更多。让"小人"畏惧严刑峻法，知道为非作歹的巨大代价，即便有私心私欲也不敢付诸实践，即便有作奸犯科之心，在严刑峻法的震慑下，也只剩通过正当艰辛劳动等改变贫穷现状这一条路。可见荀子的解释是合理的，天下没有任何理由让贫困之人一定要持久地安于贫困。"小人"处于贫困会不安分、会为非作歹不是必然的。因此，"约"不能解释为贫困，而应该解释为约束，意指约身返礼，体现为当有的实践工夫，即约束自己，使其言行符合礼的原则。"约"作"约束"讲，体现工夫之内涵，从后世学者对"克己复礼为仁"的诠释中亦有所体现，如何晏《论语集解》："马曰：克己，约身也。孔曰：复，反也。身能反礼，则为仁矣。"皇侃《论语义疏》："克，犹约也。复，犹反也。言若能自约俭己身，还反于礼中，则为仁也。"②这里的"克己复礼"即指约身返礼，在这里基于对仁的不同表达，"克己复礼为仁"和"久处贫"有着相同的内涵，都是从工夫论德性。因此"不仁者不可以久处约"当诠释为：不仁者不能长期制约自己的一己私欲，而不是"久处贫"。就现实而言，"小人"的道德意志往往薄弱，随着时间推移，不能自我约束，难抵诱惑，容易放纵。可见，"不可以久处约"是基于现实对不仁者的客观判别，反之，"可以久处约"则是对仁者的判别。如果一个人能恒久地保持自我约束的定力，坚持修养工夫，他就是仁者。在孔子看来，能否持久地处于仁道是判断一个人修养境界的标准。子曰："回也，其心三月不违仁，其余则日月至焉而已矣。"③ 可见，孔子就是通过这个标准来判别其弟子的境界修养的高低的。

就"乐"而言，其有两个核心之义：其一，指五音八声之总体规模，是音乐演奏、礼乐教化之乐；其二，指心态和乐、心情愉悦之乐。在孔子看来，此两个含义有着内在的统一性，彰显了礼乐教化的重大作用。人心可以通过乐来

① 熊公哲. 荀子今注今译［M］. 重庆：重庆出版社，2009：39.

② 程树德. 论语集释：卷二十四［M］. 程俊英，蒋见元，点校. 北京：中华书局，1990：819.

③ 朱熹. 四书章句集注［M］. 北京：中华书局，1983：86.

涵养、教化进而提升生命境界，使人的性情状态达到安详、和谐之境。虽然，"乐"在《论语》中也确有物质生活享乐的含义，如孔子言损者有三种喜好："乐骄乐，乐佚游，乐宴乐，损矣。"① 其中，无论是骄纵放肆之"乐骄乐"、过分沉溺于宴饮之"乐宴乐"，还是在道德价值上呈中性的"乐佚游"，都是不加节制的放纵之乐。可见"富贵"并非陷于以上"三乐"的前提。但依《论语》本义，"乐"并非指逸乐之乐，而是指礼乐教化和境界提升意蕴下之乐。有道德涵养，生命境界高深，内心之乐自然流露，此种"乐"不需要有任何"富贵"的前提。所以无论是"三损"之乐还是教化之乐，富贵都不是其必要条件和前提基础。

同时，贫困也不是对人内心快乐的限制和约束。孔子非常推崇处于贫困之中的人仍能保持乐观向上的心态。如《论语·学而》篇中孔子与子贡的对话："子贡曰：'贫而无谄，富而无骄，何如？'子曰：'可也。未若贫而乐、富而好礼者也。'"② 孔子非常赞赏陷于贫困而不谄媚的行为，这反映了孔子对贫富持一种达观的态度。依孔子看来，拥有富贵并非就拥有快乐，乐之本身不是因欲望满足而获得的快感，而是因道德修养提升境界而自然洋溢的精神之乐。这种快乐是超越之乐、永恒之乐，如孔子言"发愤忘食，乐以忘忧，不知老之将至云尔""饭疏食饮水，曲肱而枕之，乐亦在其中矣。不义而富且贵，于我如浮云"③。这种超越之乐，即孔子提倡的"孔颜之乐"。孔子曾称赞颜回言："贤哉，回也！一箪食，一瓢饮，在陋巷，人不堪其忧，回也不改其乐。贤哉，回也！"④ 可见"孔颜之乐"是与追求名利富贵及物质享受之乐严格区分开的道德修为层面上的精神之乐。这种快乐是由修养的切实工夫而实现的，外在的追名逐利、丰富的物质堆砌无法获得这一快乐。可以看出，孔子对于"乐"的洞悉已经达到了天人境界。在他看来，教化下的境界提升体现了"乐"的圆满性、超越性。因此，他慎之又慎地运用"乐"，清醒地将物质享受隔绝在"乐"的内涵之外。

诚然，将物质享受隔绝在快乐之外在今天有很大的商榷空间，但孔子这种对物质生活和精神生活的区分依然有着重大意义。事实上，儒家义理的核心基础及伦理思想的价值导向就根源于这一区分。在后世儒家特别是宋代道学中，

① 朱熹. 四书章句集注 [M]. 北京：中华书局，1983：172.
② 朱熹. 四书章句集注 [M]. 北京：中华书局，1983：52.
③ 朱熹. 四书章句集注 [M]. 北京：中华书局，1983：97.
④ 朱熹. 四书章句集注 [M]. 北京：中华书局，1983：87.

将贫困不能和乐对立之义进一步延伸为理、欲乐不能混淆之义。实际上，"约"和"乐"是统一的，"约"体现了成乐之工夫。把"约"解释为贫困而和"乐"对举，偏离了儒家的义理价值。所以此章之"乐"不能诠释为富贵，应该解释为基于本心的超越之乐。进而"不仁者不可以长处乐"应该诠释为：不仁者不能恒久地获得这一"超越之乐"。不仁者短时间可以坚持修养工夫，使行为符合仁道标准，但他们容易受外物之诱惑萌生一己之私，就不能长久保持道德工夫，所以也不能长久保持快乐。"君子坦荡荡，小人长戚戚"① 也指此义，"戚戚"解释为忧愁之色，"小人长戚戚"指"小人"私欲、计较太重，不能恒常守护仁道，所以常处焦虑、忧惧之中。《论语·子罕》所谓"仁者不忧"也与"不仁者不可以长处乐"之义相同。

综上所述，"不仁者"必然"不能长处于乐"，其中所蕴含的"约"和"乐"两词是仁道的重要组成部分。"不可以久处约"与"不可以长处乐"正是不仁者在这两个方面的显著特质，意指不仁者在保持修养工夫和道德德性两方面都不能长久。与之对应，"仁者安仁"指"仁者"常处仁道之中，是自觉地、恒常地居于仁；"知者利仁"则指"知者"的认识行为能够始终符合仁的标准，并将其不断向外扩充，为社会营造仁爱的氛围。如果把"约"和"乐"解释为不仁者的追名逐利的状态，那么"不仁者不可以久处约，不可以长处乐"则体现的是"不仁者"对于贫富的立场，而不是表达"不仁者"在"仁"上面的体悟、感受和所达到的境界；而对于"仁者"和"知者"的"安仁"和"利仁"却是在明确地表达这方面的内容。由此，该章前后句表达所针对的问题就形成了语言逻辑混淆，全章的义理之义便不能贯通。诠释经典的基础性原则是对某一概念的解释在语句中要符合逻辑，首先应优先以这一概念的本义来解释，而不能依据主观臆断去随意创造"新解"。依据"约"和"乐"两字的本义，以其正面义来解释该章，能够阐发出该章所关心的核心内容是工夫修养与工夫境界，而不是论述物质生活状态优劣，真实还原了该章思想的本来面目；另一方面，该章"约"之工夫之要即是符合礼的标准，而"超越之乐"是礼乐教化之"乐"的目的和本质属性。按以上含义诠释"约""乐"体现出的孔子礼乐教化思想更加符合孔子的本义。

《论语·述而》第二十五章"子曰：'圣人，吾不得而见之矣；得见君子者，斯可矣。'子曰：'善人，吾不得而见之矣；得见有恒者，斯可矣。亡而为

---

① 朱熹. 四书章句集注［M］. 北京：中华书局，1983：102.

有，虚而为盈，约而为泰，难乎有恒矣。'"其中"亡而为有，虚而为盈，约而为泰，难乎有恒矣"一句尤为重要，其核心是"有恒"的论解。在《说文解字》中，"恒"解释为常，义指保持稳定长久、运行不息的状态，扩展至人，指高尚品格的保持、功夫修养的坚持。"亡而为有，虚而为盈，约而为泰"是对"有恒"的正面论述，指人格修养的工夫践行；"难乎有恒矣"是对"有恒"的反面论述，可解读为"难乎！有恒矣"，或"难乎有恒矣"等。后世有学者认为，正是"亡而为有""虚而为盈""约而为泰"，才不能实现"有恒"，究其原因是此三者都是消极层面的浮夸之事。如皇侃言："此目不恒之人也。亡，无也。当时浇乱，人皆夸张，指无为有，说虚作盈，家贫约而外诈奢泰，皆与恒反，故云难乎有恒矣。"① 朱熹注曰："三者皆虚夸之事。凡若此者，必不能守其常也。"② 程树德的按语云："图好看俗语谓顾面子，'亡而为有'三句即所谓顾面子也。凡顾面子之人其始不过为喜作伪之伪君子，其终必流为无忌惮之真小人，乌能有恒？"③ 之后很多学者延续、认同了这些注解，忽视了《论语·述而》文本语境下"有恒"之真实内涵。就本章的语言结构而言，首先，孔子感慨善人难觅，在这种形势下，发现"有恒者"更难能可贵。进入这一语境，首先要对"有恒者"的具体特质给予充分认同。如果语意一转至"有恒"不能实现的原因，则形成了"积极""消极"前后两种语境，表意则前后不通。

《论语》中不乏类似结构的表述，如子曰："不得中行而与之，必也狂狷乎！狂者进取，狷者有所不为也。"④ 在孔子看来，"狂""狷"二者的资质有限，"不得中行"，较"狷者""有所不为"，"狂者"毕竟积极进取，是可教的，所以孔子予以肯定，在感叹"不得中行而与之，必也狂狷乎"之后，从"狂""狷"二者的特点出发，正反两面陈述了二者的行为。《论语·述而》与《论语·子路》这一章，语境相仿，义理相似，从语脉、文气、意蕴等来看，"亡而为有""虚而为盈""约而为泰"三者在"有恒"那里体现为正面的表达。三者如果都是负面的表达，则消极义明显而无丝毫进取性特质。在孔子看来，虽然强调"各安其位""各谋其政"的等级秩序，但就教化而言，其向来主张"有

---

① 程树德．论语集释：卷二十四［M］．程俊英，蒋见元，点校．北京：中华书局，1990：489
② 朱熹．四书章句集注［M］．北京：中华书局，1983：99.
③ 程树德．论语集释：卷二十四［M］．程俊英，蒋见元，点校．北京：中华书局，1990：489.
④ 朱熹．四书章句集注［M］．北京：中华书局，1983：147.

教无类"社会的普遍教化，通过教化，每个人都能实现道德修养、处事能力的提升。"各安其位"的"躺平"，"各谋其政"的"妥协"不是孔子之本义。道德修养、止于至善、永无止境，孔子并非让一些人安于现状而不思进取，而是要突破有限性、实现无限性，这正是人之为人的重要特质。因此，对人自我提升的压制是反人性的。

就具体含义而言，相对应的"亡""虚""约"和"有""盈""泰"之间的关系为何？《论语·泰伯》篇对理解这一"关系"很有启发意义。此篇中，曾子曰："以能问于不能，以多问于寡；有若无，实若虚，犯而不校，昔者吾友尝从事于斯矣。"这句话是曾子在赞扬他的朋友，一般认为是指赞扬颜子。首先此篇中的"能""不能""多""寡""有""无""实""虚"都两两对应，与《论语·述而》篇词语使用范式颇为类似，特别是"有若无，实若虚"与"亡而为有，虚而为盈"也可对照来看，其中"亡"与"无"相对应，都有"虚"的意思，"盈"与"虚"相对照，体现了虚实相对。在曾子看来，虽然颜子富有才华却能请教比其才华低的人，自己知识丰富却去请教比其知识匮乏的人，彰显了其无而有、虚而实的境界。这里的"有"与"实"是指知识充盈和道德高尚，"无"和"虚"指颜子表现出的工夫涵养，体现了颜子不耻下问、虚怀若谷的人格。"为"指做、行、实践，在《论语》中有多处采用了这一含义，如"为仁由己""为礼不敬""三年不为乐"之"为仁""为礼""为乐"，都体现了对仁、礼、乐的实践。又如"譬如为山，未成一篑，止，吾止也。譬如平地，虽覆一篑，进，吾往也"①，"为"的时候并没有山，山只是"为"的方向、结果，"为山"表示一个行为的过程。此言中"为山"指堆土成山，体现积极主动的作为。因此，"为"应解释为实践、施为，而不是"当作"。"无而为有"的过程就像"为山"，是一件事从着手到做成的过程，也是一个人的知识、经验积少成多，能力不断提高的过程，这里的"有"就是"为"的目标和结果。"虚而为盈"，指人的学识不断积累和人格修养不断提高，以实现实有所得、道德充盈之状态。这里的"约"同样没有贫困的内涵，而是指端正自身的工夫实践。"泰"指内心平和舒泰的状态，是一种问心无愧而舒展的状态，是工夫所致之结果，"约而为泰"指依据"约"的道德实践工夫，达到内心的平和舒泰状态。

颜子好学，多表现为大智若愚形象，其内在生命体现出了"有若无"与

---

① 朱熹. 四书章句集注［M］. 北京：中华书局，1983：114.

"实若虚","有"与"实"是指颜回的学识和人格涵养,而"无"与"虚"体现了颜子道德实践时的心态和工夫状态。曾子很认可颜子即"有"即"实"、即"无"即"虚"的境界;推而言之,《论语·述而》的"无""虚""约"义指有恒者道德实践具有的心理和状态。依照此实践,知识才能积累,境界才能提升。反之,若自以为是,感觉已有、已盈、已泰,就失去了保持恒心道德实践、不断提升自我的动力。古代学者一般把"为"解释为当作、装作的意思,指一个人"亡""虚""约",却要装作"有""盈""泰",应该为"亡""虚""约",却要为"有""盈""泰"。可以看出,这里讲的不是意志能否持续的有恒无恒的问题,而是直与不直、诚与不诚的问题。"有恒"体现了坚定的道德意志,虽然其学识、人格境界与仁人还有差距,但其能处于一个人格不断纯化、学识不断积累的过程之中,在过程中很难被外界干扰。"有恒"是个人道德修养的重要依据,道德工夫之要在于"有恒"。朱熹就特别强调"有恒"在道德修养中的基础性作用,其言:"愚谓有恒者之与圣人,高下固悬绝矣,然未有不自有恒而能至于圣者也。故章末申言有恒之义,其示人入德之门,可谓深切而著明矣。"① 在朱熹看来,"有恒而能至于圣者"之义与《论语·述而》意蕴契合,但如果没有基于"有恒"真正内涵,在《论语·述而》章末只是论述什么不是"有恒"或不能实现"有恒"的原因,对"亡而为有""虚而为盈""约而为泰"作负面解读,那么就不能支撑其"章末申言有恒之义"之论。所以,正面论述"有恒"之义才是正面"申言有恒之义"。章末正面论述"有恒",强调了恒信是修养工夫的重要前提,只要保持恒心,坚持道德实践,日积月累自然会豁然贯通。而保持恒心是件难事,坚持道德实践则更难,因此,孔子对"有恒"的内涵进行正面论述后,也感到做到"有恒"很难,故其言:"难乎,有恒矣!"总之,章末一句可以理解为:自无而有,自虚而实,依"有恒"进行道德实践进而达到"孔颜之乐"之境界。在孔子看来,圣人、君子、善人、有恒四种人格层次呈阶梯状,其目的是要人保持"有恒"的品格,持之以恒地进行道德实践,就必然会从有恒者一步一个台阶,最后实现圣人境界。

可见,"约"之工夫体现主体对于内心和行为的约束,指一种内心谨慎,在行为上依据道德标准而又不僵化的工夫。实现此工夫需要持续地实践,并保持恒心、不间断地积累知识提升道德涵养才能达义精仁熟之境。孔子讲:"克己复

---

① 朱熹. 四书章句集注 [M]. 北京:中华书局,1983:99.

礼为仁。一日克己复礼，天下归仁焉。为仁由己，而由人乎哉?"① 在孔子看来，"克己"即约己;"为仁由己"强调道德自律，真正将自己作为道德实践的主体，"约"体现了在其自己的自觉约束自己，而不是由一个外在力量约束自己。在日常生活中，自己的言行一定会有适当的限制，但这一"限制"是需要获得主体理性自觉自愿的认可的，而不是盲目地或者被强制地遵守，自己要通过道德理性和认知理性对外在规则进行反思和肯定才能做好约之工夫。约之工夫是要出自内心真实的道德情感，进一步讲是仁的情感真实性之体验，而不是对繁文缛节形式化地遵守。礼是一种教化的方式，但对礼的实践应该避免对文化礼仪形式化的理解和遵守，如后世礼教异化对人性的束缚和扼杀，导致个体生命精神的枯萎，这违反了儒家仁道的根本精神。外在力量不应该强制主体遵守超出合理限度的要求，不能以社会和他人认可的价值强加于人，而是通过引导和教化促进个体道德和理性的觉醒，以达到个体对自己行为的自觉和负责。此外，从认知的角度看，约礼需要博文的支持。孔子非常重视博文的工夫，强调对知识的学习。博文是约礼的内在要求，支持着约礼工夫的展开。约是由自己的道德理性出发，同时要求有一定的认知能力和水平，需要广泛和深入地获取知识和信息，才能恰到好处地调节自己的情绪和行为。

博文和约礼是互相融贯的一个整体性工夫框架。王阳明讲博文是约礼的工夫，指约礼是要建立在一定知识积累基础之上的。学问积累是实践约礼工夫的一个必要过程，对各种事理要有一个了解和把握，要面对具体的情境做出具体的行为，以开放的认识视野做工夫，尽量避免个体行为选择的盲目性。

从情感的角度看，约是对情感的一种调节，调节情感的内容以及表达方式。制约不合理情感的发出以及情感的恣肆表达方式。这种调节不是一种非理性的抑制。强行抑制使自己不动心是告子的方式，而儒家之修身工夫不是这样的。孔子约之工夫始终贯彻仁的精神，这样才能生发出真实的情感，约是经过道德的融贯和理性的选择，以一种更加适宜的方式表达真实的情感。做到恰到好处的情感表达，才能保证情感工夫的持续性。情感的过度压抑和过度释放，都会对人的身心健康造成危害，而约就是一种情感的调节，是对情感和身心的保护。情感是人与人之间的双向性关系，只有通过约的实践，才能和他人建立一个合理、适度的情感关系。所以"约"对人际关系也是一种保护。

约之工夫实践要求持续保持敬的心态。敬是发自内心的敬谨之心态，居敬

---

① 朱熹. 四书章句集注 [M]. 北京:中华书局，1983:131.

是涵养心性的基础性工夫。孔子批评"为礼不敬"①，要求"修己以敬"② 以及"言忠信，行笃敬"③，强调的就是约之工夫要以敬为基础，要持守住忠信这种本性，同时保持笃实和敬谨的心态和风格。敬要求心思要凝聚，不能散乱，言行不能太随意，持守又不能过于拘谨，这里就有一个节和度的问题，约就是要把握好这个分寸和尺度。约的本义是约束，但孔子的约之工夫，并非只有约束这一个面向。约是调节的能力，包含有舒泰的面向。孔子燕居的"申申如也，夭夭如也"及"与点"之赞，都表达出儒家这种心情放松、舒泰的一面。从守约达致的境界讲，持续保持敬的心态，工夫纯熟，自然达致乐的心境，就是上文所讲的"约而为泰"，能产生乐是守约的内在所具有的功能，守礼就是为人行事皆有所本，有所依循，如此才能心安理得，唯敬畏才能洒落，能守礼才是真自在。

　　孔子约之工夫是约和乐的统一，而颜子体乐道深，曾子则侧重于守约。颜子早逝，不能传孔子乐道；而曾子弟子众多，其守约之道为后世儒家之主流，均以心存敬畏、严守规矩为重，这对儒家的工夫基本面貌有很大的影响。但后世也有如周敦颐、程颢、王阳明等儒者对乐道深有体会，他们的学说在一定程度上对过分守约的问题进行了修正。孔子之学问是修己治人之学，其根本又是修己，修己就是约己，是对治自己修身中问题的方式，对治过分的私欲、不良的习惯等，以达到变化气质、成就人格之目标。人的精力是有限的，把精力用在消极的方面，则积极方面的活动就会受到压缩和影响。"约"把言行引导到更加合理的活动之中，对于个人的成长成才、事业的成功，都是非常重要的。

　　所以说，"约"一方面是对治，是向内反思，同时也是向外推扩，是成就自我的过程，也是开物成物的过程。从处理好各种关系的角度看，约是处理个体与整体、个体与全体关系的行为方式，其所追求的是建立人与人之间情感感通的普遍性，以实现个体道德实践的同时达到整体的和谐。综上所述，可以得出"约"是孔子工夫思想的核心概念这一结论。随着时代的发展，生产和生活方式发生了很大的变化，相应的伦理政治秩序、心性道德修养也正在发生着深刻的变化，感性的个体以更加独立的方式面对他人和社会，"约"作为修身工夫，其内容与形式会发生很大的变化，约的工夫理论也会在重视尊重和保护个体权利

---

① 朱熹. 四书章句集注 [M]. 北京：中华书局，1983：69.
② 朱熹. 四书章句集注 [M]. 北京：中华书局，1983：159.
③ 朱熹. 四书章句集注 [M]. 北京：中华书局，1983：162.

的基础上有一个创新性的转化和发展。

第二节 朱熹《论语》下学上达的工夫入路

儒学的根基是仁。"仁"在中国古代是一种含义极广的道德范畴，本意指人与人之间互亲互爱的关系。自从孔子把"仁"界定为人之为人的类本质，将其作为最高的道德原则、道德准则，甚至道德境界，仁的人人关系及"爱人"原则便确立了儒家的价值内涵或根基。从孔孟到程朱，世易时迁，儒学也随之表现出不同的时代性，但其核心始终是"仁"。仁，成为儒者一生追求的理想人格或人之本质。《论语》中多处问仁，《集注》中也多有对仁的阐释，如何求仁成仁成为《论语》下学而上达之径的关键。下面就简要论述一下，以孔孟和朱熹为核心的"仁"的发展历程。

一、言仁

《论语》① 中载"问仁"处有七：

"樊迟……问仁。曰：'仁者先难而后获，可谓仁矣'。"（《论语·雍也》）

"颜渊问仁。子曰：'克己复礼为仁……'颜渊曰：'请问其目。'子曰：'非礼勿视，非礼勿听，非礼勿言，非礼勿动。'颜渊曰：'回虽不敏，请事斯语矣'。"（《论语·颜渊》）

"仲弓问仁。子曰：'出门如见大宾，使民如承大祭；己所不欲，勿施于人；在邦无怨，在家无怨。'仲弓曰：'雍虽不敏，请事斯语矣'。"（《论语·颜渊》）

"司马牛问仁。子曰：'仁者，其言也讱。'曰：'其言也讱，斯谓之仁已乎?'子曰：'为之难，言之得无讱乎'?"（《论语·颜渊》）

"樊迟问仁。子曰：'爱人'。"（《论语·颜渊》）

"樊迟问仁。子曰：'居处恭，执事敬，与人忠。虽之夷狄，不可弃也'。"（《论语·子路》）

"子张问仁于孔子。孔子曰："能行五者于天下为仁矣。'请问之。曰：'恭、宽、信、敏、惠。恭则不侮，宽则得众，信则人任焉，敏则有功，惠则足

---

① 此处《论语》篇目均引自朱熹. 四书章句集注 [M]. 北京：中华书局，1983.

以使人'。"（《论语·阳货》）

《论语》中，孔子并没有详细阐释什么是仁。即便诸如上述"问仁"，孔子也不过是答以"为仁"。孔子继承三代文明余绪，以发自血缘亲情的仁之"亲"唤起人的道德理性和社会伦理责任，修己安人，使分崩离析的社会重新复归于稳定和谐之序。孔子认为，人要成为道德意义上的理想的人，需要经过后天的艰苦修养。孔子对仁的哲学提升，使之从其他诸德中独立出来，然而孔子却没有或说无法给予其准确定义，只作论曰："刚、毅、木、讷近仁。"关于此点，我们可以理解为孔子的着眼点多是关注现实问题，而非高深的形上理论问题，这与后来儒者不同。换言之，儒家思想一开始就是不同于佛老之学的，儒者追求的是如何内圣而外王，如何修身、齐家、治国、平天下。这也正是朱熹哲学思想起步的最初渊源。也正是基于此点，孔子更注重的是如何求仁成仁。概括起来主要为四个方面的义理，一是仁者爱人；二是克己复礼为仁；三是孝悌为本；四是杀身成仁。虽然孔子之仁能够很好地用于现实或指导人生，但孔子并没有明确论证仁与人之关系，似乎缺少了形上依据。孟子意识到此，以"仁义礼智四者兼举而并观"①，以孔子之仁为基础，在"性相近，习相远"的启示下，完善了仁与人的形上论证，推进了孔子"仁"学思想。

孟子说，"仁也者，人也"②，"仁，人心也"③。孟子将形体之外的摸不到看不着的源自血缘亲情的德性变为人的本质，将人与人之间的关系内化为普遍的道德规范。根据孔子"性相近"一说，孟子开掘出向善的人性论。他认为人是可以为善的，主张人性本善，因此只要顺性而行，就是依德而行。在孟子看来，人皆有善的初生之质。恻隐之心、羞恶之心、恭敬之心、是非之心组成完整的人心，是人人皆有的先天道德意识。它们是人的道德行为——仁义礼智的先天根据（善端）。如此着力于人之个体，转向人之内心的探索，就不仅指出仁义礼智非外铄于我而我本固有之，且点明了仁义礼智根存于内在之本心，将人心道德化，以良心论性，指出道德根源于人心。所以孟子并不一味地强调行仁，而是更主张存心养性的存养工夫。这就有了更进一步的哲学提升。从作为孔子努力实现的使命，上升到较为形上的内在存养本心。对孟子而言，学问之道无须他求，只不过求放心而已。因为人生而具有向善之可能，之所以为恶，那是

---

① 曾枣庄，刘琳. 全宋文：第二百四十八册·卷五五六四 [M]. 上海：上海辞书出版社，2006：181.

② 朱熹. 四书章句集注 [M]. 北京：中华书局，1983：364.

③ 朱熹. 四书章句集注 [M]. 北京：中华书局，1983：325.

由于后天环境影响而不能尽其才（善的初生之质）的缘故。所以，只要努力存养本心，不放逐良心，不丢失本心即可。"养心莫善于寡欲"①，将仁内化于心，成为人意志的内在源泉，使心仁合一。一外一内，一行一养，孔孟对仁的定义导致了后儒仁学的两种进路。

朱熹承接孔孟、二程，对"仁"亦多有阐发，努力解决孔孟仁学之疑问，将仁学推至成熟形态。朱熹首先探讨了仁是什么？如何做到仁？他指出，在二程先生之前，学者只以爱解仁；而二程先生之后，又专务说仁，而忽略了操存涵养之功。二者皆有偏失。

朱熹认为孔子多言仁爱，讲仁是为了更好地行仁，讲爱是为了参照礼使人们自觉遵循道德准则，履行道德义务。虽然朱熹认识到，孔子答弟子所问仁者，均答以为仁之方，但是朱熹并未在"求仁之方"上有多大创见，他对仁学的最大建树是明确规定了仁与诸德、仁与人之关系，界定了"仁"的含义。

朱熹在《集注》中这样诠释道："仁者，本心之全德。克，胜也。己，谓身之私欲也。复，反也。礼者，天理之节文也。为仁者，所以全其心之德也。盖心之全德，莫非天理，而亦不能不坏于人欲。故为仁者必有以胜私欲而复于礼，则事皆天理，而本心之德复全于我矣。归，犹与也。又言一日克己复礼，则天下之人皆与其仁，极言其效之甚速而至大也。又言为仁由己而非他人所能预，又见其机之在我而无难也。日日克之，不以为难，则私欲净尽，天理流行，而仁不可胜用矣。程子曰：'非礼处便是私意。既是私意，如何得仁？须是克尽己私，皆归于礼，方始是仁。'又曰：'克己复礼，则事事皆仁，故曰天下归仁。'谢氏曰：'克己须从性偏难克处克将去。'"② 在这段注释中，简单概括了朱熹对"克己复礼为仁"的认识。首先，他对仁、克、己、复、礼、为仁、归等词语进行了注解，并用本心、心之德、私欲、天理等理学范畴对仁、己、礼等作了解释，与前人之释迥然不同，突显了浓厚的理学意味。其次，在此基础上，他又串讲孔子之句意，与其"存天理，灭人欲"的理学思想有机地结合起来。这种诠释方式不但为其理学思想找到了正统儒家理论的支撑，还证明了其道统的可靠性。尽管这只是朱熹的解释，并非孔子之原意，但是不能说朱熹的解释就是毫无意义和价值的。哲学本来就具有时代性，只有发展的理论才具有生命力，所以我们对于朱熹的诠释应以辩证的观点去探究。从朱熹《集注》中对仁

---

① 朱熹.四书章句集注［M］.北京：中华书局，1983：364.

② 朱熹.四书章句集注［M］.北京：中华书局，1983：131-132.

的诠释可以看出，朱熹对仁的解读已不拘泥于以往儒家的传统内容，而是在继承、整合基础上的理论创新。

《论语》中言仁极为灵活，孔子针对不同的人与事，对仁各有不同解说，无论事物高低、深浅、大小、精粗之处都有仁的体现，而"爱人"则是对仁的本质概括。孔子把仁界定为一种与人息息相关的品行。朱熹《集注》对仁之训释亦随其语境之不同而各有不同，总的来说，朱熹把仁定义为"心之德，爱之理"①。意思是，仁是对于自己同类相爱的感情，是发自内心的一种德性。何为"德"？朱熹释为"其固有之善"②。在对仁的基本定义上，朱熹和孔子都是从人的德行品行界定，这也正体现了下学上达之义。朱熹将仁解释为"爱之理"与"心之德"是从爱的情感上和内心德性上言仁。这是朱熹仁学上最突出的创举。朱熹在诠释《论语·颜渊》中"克己复礼为仁"时曰："本心之全德"。总之，从心性上言仁，为朱熹解释"仁"的一大特色，是其将孔子之"仁"和孟子"仁，之人心也"整合之后的进一步阐发。

人是禀受阴阳五行而生，心之未发则具仁义礼智之性以为体，心之已发则有恻隐、羞恶、恭敬、是非之情以为用。人类"四端"都是天理之本然，三纲五常归根到底就是一个"仁"字。朱熹认为，向善是前提，人心本善才有爱，有爱才向善，但是还要懂得爱之理。只有从最亲的血缘关系开始，才能自亲亲而仁民，自仁民而爱物。他不同意程颐主张的仁者天下之正理的说法，他认为"仁者，只是吾心之正理"③。由于内圣外王的最终追求目标，所以朱熹在任何时候都十分重视内心之觉悟，注重内化和修养的重要性。若是一个人德盛仁熟，将内心知觉之仁，奉为立身之本，又时时遵循事物的本质规律，则虽欲违之，安能违之？在《答汪子卿》中，朱熹还说："则仁之所以为仁者，初未尝晓然有见于心，而的然有得于己，吾恐所谓不违不害者之茫然，如捕风系影之无所措，而所以处夫穷通得丧之际者或未能泰然无所动于其中也。"④ 只有对宇宙间之天理流行"晓然有见于心，而的然有得于己"，才能行所当行，不当行则不行。所谓仁者心之德，人之仁与不仁、圣人与常人之差异，朱熹认为就在于是否得其

---

① 王梓材，冯云濠. 宋元学案补遗：卷四十九 [M]. 沈芝盈，梁运华，点校. 北京：中华书局，2012：2779.

② 朱熹. 四书章句集注 [M]. 北京：中华书局，1983：615.

③ 朱熹. 朱子语类：卷四十五 [M]. 黎靖德，编，王星贤，点校. 北京：中华书局，1986：1153.

④ 曾枣庄，刘琳. 全宋文：第二百四十八册·卷五五五八 [M]. 上海：上海辞书出版社；合肥：安徽教育出版社，2006：90.

本心。正是在"本心"意义上，朱熹认为无须"一旦"积累之功，一日之间、一念相应即可得仁。朱熹认为求仁离不开力行，力行则须"主敬致知，交相为助"才能从内心自觉运行而无差错。所以"心之德"必从"主敬致知"而来，从圣贤之学，走圣贤之路。

简单来说，朱熹对仁的界定包括以下内容：首先，朱熹认为仁不是爱，而是爱的根基；其次，在心性上言仁。一是仁即心也，而非心外有仁，仁是心之本性。二是心之于仁，好比水之于冷，火之于热。仁是心的固有属性，不能笼统地说仁等同于心。三是就本体论而言，仁是天地生生之德；又从天人关系上，上溯于天，推出了仁本于天。在仁与诸德的关系上，朱熹将其解释为整体和部分的关系，认为"仁打一动，便是义礼智信当来。不是要仁使时，仁来用；要义使时，义来用，只是这一个道理，流出去自然有许多分别。且如心、性、情，而今只略略动著，便有三个物事在那里，其实只是一个物"①。这是从仁的方面规定仁义礼智。在仁与人的关系上，朱熹坚持孟子所言，主张"仁"是人之为人的核心价值。与孟子不同的是，朱熹不仅从人性论上来证明这一点，还从性情论上加以补充说明，详见下文。

由上述可见，仁学由孔子发端，孟子阐扬，至朱熹总结定型，其间经历了何谓仁、何以行仁、为何行仁三个阶段，构成了仁学体系的完整框架。

二、仁者爱人

《论语·颜渊》曰："樊迟问仁。子曰：'爱人。'"② 孟子也说："仁者爱人。"③ 朱熹说仁是"爱之理"④"爱人，仁之施"⑤。总之，仁是一种源于血缘亲情的，对于同类相爱的发自内心的一种情感或德性。孔子说，人要想成就其理想人格，达到人的本质的完全体现，首先就是要"泛爱众，而亲仁"⑥，而这个仁落实到现实情感则表现为忠与恕。所谓忠，《论语》各篇中多有记载，如《论语·子路》篇："居处恭，执事敬，与人忠。"《论语·颜渊》篇："居之无

① 朱熹. 朱子语类：卷九十八［M］. 黎靖德，编，王星贤，点校. 北京：中华书局，1986：2527.
② 朱熹. 四书章句集注［M］. 北京：中华书局，1983：123.
③ 朱熹. 四书章句集注［M］. 北京：中华书局，1983：298.
④ 朱熹. 四书章句集注［M］. 北京：中华书局，1983：48.
⑤ 朱熹. 四书章句集注［M］. 北京：中华书局，1983：139.
⑥ 朱熹. 四书章句集注［M］. 北京：中华书局，1983：49.

倦，行之以忠。"《论语·八佾》篇："君使臣以礼，臣事君以忠。"等等。由此看来，忠既要待人忠诚真实，又要忠于职守，还要对他人竭尽所能地履行自己的道德责任和伦理义务，这是人道之爱，也即孔子所言的"主忠信"。所谓恕，即将心比心，推己及人以爱人，所谓己所不欲，勿施于人是也！恕是一种爱人的态度，是一种道德普遍原则。自己所不想的也不要施加在别人身上，自己所期望的也希望别人拥有。换句话说，恕就是要像对待自己那样去对待别人。"夫仁者，己欲立而立人，己欲达而达人。能近取譬，可谓仁之方也。"[1] 仁是忠与恕的合体，恕体现了爱心，忠则体现了尽责。可以说，忠恕之道是从为人、为己两个方面来规范、约定人们的思想道德行为。一个人做到了忠与恕，就达到了仁爱之境。

忠恕问题在孔子那里就是仁者爱人的原则和态度问题，然而随着时间的变迁和后来学者的多元阐释，忠恕问题到了南宋朱熹时代已经衍生出许多新的问题，主要是对忠恕与道之关系的不同阐释。其问题核心主要来源于《论语》中曾子所言"夫子之道，忠恕而已矣"，和《中庸》里子思所引孔子之语"忠恕违道不远"。《论语》中曾子认为，孔子"吾道一以贯之"即"忠恕而已矣"，而《中庸》所引孔子之言"忠恕违道不远"表明，忠恕并非即为道，只是违道不远而已矣。这两部经典在忠恕问题上的不一致，成为儒学诠释者不得不面对和必须加以解决的问题。而这一问题到二程时才得到初步的解释，即通过"体用"贯"忠恕"。朱熹则在二程思想基础上，遍注群经，综罗百代，涵养新知，构造出一个完善的"忠恕"系统，完美地解决了该问题，将孔子的忠恕之道大大地向前推进了一步。

二程首先解决了曾子用为"二"的"忠恕"来解释孔子为"一"的"一以贯之"之道的问题。二程将忠解释为天理，为体；将恕解释为人道，为用，以体用范畴将忠恕一贯起来。这种解释虽非夫子忠恕之本初之意，但是却为后来诠释者提供了解决忠恕问题的方法进路。在这个问题上，二程首先诠释了"忠"与"恕"之义，将忠解释为无妄，将恕解释为推己及物。忠是人内心爱人的真实无妄之本，恕则是此真实无妄爱人之心的现实体现，一体一用，显微无间，所以忠恕一贯非二，由此便解决了"忠恕"为"二"、"一以贯之"为"一"的分歧。而对于"忠恕违道不远矣"一说，二程又提出了仁恕之分，认为仁乃"以己及物"，恕乃"推己及物"，二者的区别实为一"推"字。"以己"即自然

---

① 朱熹. 四书章句集注 [M]. 北京：中华书局，1983：92.

而然地做到及物,"推己"却有一个"推"的工夫才能"及物"。也正是在此基础上,二程对忠恕非道之说做了明确解释。两位先生认为,夫子"一以贯之"之道实乃仁道,亦即"违道不远矣"之道。而"忠恕违道不远"之忠恕乃恕道,曾子所释夫子之一以贯之的忠恕则是对仁道的更易于把握的解释。所以,伊川先生说:"'忠恕违道不远',非一以贯之之忠恕也。"①"一以贯之"之忠恕是对夫子"一以贯之"之仁道境界的把握,是自然而然所为,不须假以"推"之工夫。而"违道不远"之忠恕是要人为刻意地"推"才能达到"及物"的境界。这样二程就完成了对忠恕问题的初步解决。

朱熹站在二程思想的基础上,对忠恕问题做了更详细明确的阐释,圆满地解决了这一儒学问题。首先,朱熹将"忠"界定为"尽己",将"恕"界定为"推己",即"尽己之谓忠,推己之谓恕"②。"尽己"是尽己之心,竭尽所能、全心全意。"推己"是推己之心以及人,将心比心。忠是"主于内",由自我主宰的,所以"无一毫自欺处";恕是"见于外",表现在对待他人的态度上是否"平施"。更有甚者,朱熹将二者上升到本体角度,以天道与人道之分对二者加以区别。忠为天理之本然,恕为人道之修养,此亦即二程一体一用思想之继承。

其次,朱熹亦对"忠"与"恕"之间具体如何"一贯"做了更加详细的阐释,认为一"忠"可以有百千万个"恕"。以"忠"为"一",以"忠"贯"恕"。一个是本体,一个是发用。一个是"理一",一个是"分殊","体一而用殊"。二者如影随形,不可分割。忠与恕,就像一棵大树的根与叶,枝叶是由树根生发的,恕之"枝叶"亦由忠之"本根"生发,而忠之"本根"的存在和效用又是通过恕之"枝叶"的茂盛而体现的。朱熹以本根与枝叶喻以忠恕,亦即说明二者是一体的:虽本根是一,枝叶为多,但实属同一棵树,而非二物,忠恕亦是如此,二者为一,不可分作两个。

最后,他对忠恕做了三种不同的层次分明的境界说:一是无心之忠恕的天地说,二是无为的忠恕的圣人说,三是着力的忠恕的学者说。所谓无心之忠恕的天地说是指天地至诚无息,化生万物。圣人之心自然而然,豁然大公,亦无私欲,物来顺应,无须去推,所以说圣人是无为的忠恕。而学者,甚至贤者都是需要推己之心,方能及物,所以说学者是着力的忠恕。朱熹认为,圣人已不

①　程颢,程颐.二程集:遗书卷第二十一下[M].王孝鱼,点校.北京:中华书局,2004:274.

②　朱熹.四书章句集注[M].北京:中华书局,1983:72.

存有人己物我之分，因此对于"及物"，圣人不须推己及人或以己度人就自然而然"及物"。所以朱熹认为，忠恕对圣人而言本是不存在的，或说圣人无忠恕可言，但"不可谓圣人非忠恕也"①。因为圣人之境的自然而然"及物"亦是某种意义上的忠恕。"忠近诚，恕近仁"②，圣人之"忠恕"是"无待于推"的忠恕。所以"在圣人，本不消言忠恕"③，只以诚与仁来言之。朱熹用圣人之忠恕区别了《论语》与《中庸》中的"'忠恕违道不远'，非一以贯之之忠恕也"，较好地融合了两者的不一致。除此之外，朱熹又设定了天地之忠恕概念来解决二程"忠者天道（天理），恕者人道（人事）"的问题。天地运行，至诚无息，为物不二，使万物各正其性命，各得其所是，此之谓天地之忠恕。天地之忠即"维天之命，于穆不已"；天地之恕即"乾道变化，各正性命"。同时，朱熹还从"忠者体，恕者用"出发，认为忠恕不可分，所以有天地之"忠"，就有天地之"恕"。这样朱熹就把恕也升格为天地之道，从而解决了二程"忠者天道，恕者人道"思想中忠恕相分离的矛盾。通过忠恕之天地、圣人、学者三个层次的划分，朱熹很好地解决了《论语》与《中庸》在忠恕问题上的不一致，同时挖掘并构建出儒学更深层次的忠恕思想。

总的来说，朱熹所构建的忠恕思想表明，忠恕本身就存在着一贯的逻辑关系，而且这一贯的逻辑关系还存在三个不同的层次：一是无心的天地之忠恕，即至诚无息；二是无为的圣人之忠恕，即圣人"一以贯之"的"诚与仁"；三是着力的学者之忠恕，即推己及物之忠恕。同时，又将"理一分殊"的理学框架贯穿在这三个逻辑层次中。这也正体现了朱熹作为宋明理学家欲将儒学忠恕思想体系化的用力倾向。

三、孝悌为本

儒学的本质是仁，仁是人道的崇高理想。这种本质源于人生而具有的最纯真最恒久的血缘亲情，所以要推崇人的爱人之精神和社会伦理责任，最重要和最首要的就是培养人的血缘亲情。而血缘亲情里最要紧的就是孝悌情结。"君子

---

① 朱熹．朱子语类：卷第二十七［M］．黎靖德，编，王星贤，点校．北京：中华书局，1986：672.

② 朱熹．朱子语类：卷第二十七［M］．黎靖德，编，王星贤，点校．北京：中华书局，1986：671.

③ 朱熹．朱子语类：卷第二十七［M］．黎靖德，编，王星贤，点校．北京：中华书局，1986：672.

务本，本立而道生。孝弟也者，其为仁之本与！"① 一个人做到孝顺父母、敬爱兄长，就做到了仁爱精神的基本，因为孝悌是仁爱精神和社会伦理责任的情感基础。如果一个人对父母兄长不孝不敬，漠视最基本的血缘亲情，那么还有什么情感可言？就更谈不上忠恕之道了。虽然从表面上看，孝仅仅规定"我"与父母之间的特殊情感，但是，正是这一特殊关系才是"我"与一切他人的关系基础，父母可以说只是"我"之外的一切他人之一。对孝中之敬的阐述表明，孝已远非某种特定的自然情感，而是蕴含着对他人的超越血缘亲情的爱人精神。所以，孝悌为本，孝悌是最基本的下学上达之工夫。关于孝悌观念的论述可以说贯穿于朱熹言论的始终，朱熹对儒家孝道观念的注重表现在诸多方面，特别是在道德哲学和道德践行方面，朱熹分形上、形下两个方面，对儒家孝悌为本的仁爱精神做了阐发。在朱熹看来，孝亦是仁的现实根本，在德性修养上，孝亦是完成理想人格的现实出发点。对孝道基本内容的理解和对孝悌精神主旨的把握，以及对孝悌之道的践行是儒家德性修养的关键之一。

　　朱熹对孝悌观念的理解是从形上、形下两个方面展开的。从道德哲学上看，朱熹是从理本论角度来界定孝悌为本的。在朱熹的理学思想体系中，理是至高范畴，相当于孔子的"仁"。他认为，理是天地万物的根本、本源。天地之间有理有气，理是万事万物之本，气是万事万物之具。理是无形无象的，只有搭挂于气上，理随气动。但在逻辑上，理在气先，理在万事万物之先。"未有这事，先有这理。如未有君臣，已先有君臣之理；未有父子，已先有父子之理。"② 君臣之理、父子之理都是先于君君臣臣、父父子子而存在的。父子关系是循父子之理而行的。而父子之理实乃万物一理。虽说万物一理，但是物物各有一太极，各自有各自之物理，所以父子之理又是理一的分殊。朱熹说："万物皆有此理，理皆同出一原。但所居之位不同，则其理之用不一。如为君须仁，为臣须敬，为子须孝，为父须慈。"③ 这样，人人关系的践行就不单单是伦理意义上的血缘亲情，而是天理本体意义上的循理而行。朱熹还说："君臣父子皆定分也。"④

---

① 朱熹．四书章句集注［M］．北京：中华书局，1983：48.
② 朱熹．朱子语类：卷第九十五［M］．黎靖德，编，王星贤，点校．北京：中华书局，1986：2436.
③ 朱熹．朱子语类：卷第十八［M］．黎靖德，编，王星贤，点校．北京：中华书局，1986：398.
④ 朱熹．朱子语类：卷第十八［M］．黎靖德，编，王星贤，点校．北京：中华书局，1986：398.

除了人人关系的践行是循理而为以外，朱熹还强调人人关系皆天理所定，是与生俱来的，先天必然的。子有子分，父有父分，君有君分，臣有臣分。所以子女对父母的孝是古今共有之理，孝道是做子女的天分，是天理所依，是与生俱来的。这样，源于血缘亲情的孝就不只是道德情感，而上升为天理所赋的义务和职责，成为天理的化身，是天理的发用流行。至此，朱熹就为孝道的践行寻找到了形上之根据，使行孝成为必然。

对于仁与孝的关系，朱熹亦多有阐释。如："为仁，犹曰行仁。……谦退不敢质言也。言君子凡事专用力于根本，根本既立，则其道自生。若上文所谓孝弟，乃是为仁之本，学者务此，则仁道自此而生也。"又说："论仁，则仁是孝弟之本；行仁，则当自孝弟始。"① 仁是孝悌之道的价值根本，孝悌之道是仁的实现基础。也可以说，孝悌为行仁之本，仁为行孝悌之基。人的德性修养、理想人格的实现需要通过切实的求仁成仁工夫方能达成，而孝悌之道是求仁成仁修养工夫的"发端处"。朱熹认为，"孝弟便是仁"②。"孝弟不是仁，更把什么做仁！"③ 朱熹从两方面来论述这一观点。首先，仁是孝悌之本。朱熹说："仁是理之在心者，孝悌是此心之发现者。"④ 在人性论上，对孝悌观念来说，仁是性，是体；孝悌是情，是用。"仁是性，发出来是情，便是孝弟。孝弟仁之用，以至仁民爱物，只是这个仁。"⑤ 又"仁固性也，而见于事亲从兄之际，莫非仁之发也。有子谓孝弟行仁之本，说者于是以爱言仁，而爱不足以尽之；以心喻仁，而心实宰之"⑥。在事上论，则仁是理，孝悌是理之发用。为了更好地说明仁是孝悌之本，朱熹用水之源做例子来解释仁与孝之关系。他说："仁如水之

---

① 朱熹. 朱子语类：卷第二十 [M]. 黎靖德，编，王星贤，点校. 北京：中华书局，1986：463.

② 朱熹. 朱子语类：卷第二十 [M]. 黎靖德，编，王星贤，点校. 北京：中华书局，1986：474.

③ 朱熹. 朱子语类：卷第二十 [M]. 黎靖德，编，王星贤，点校. 北京：中华书局，1986：473.

④ 朱熹. 朱子语类：卷第二十 [M]. 黎靖德，编，王星贤，点校. 北京：中华书局，1986：475.

⑤ 朱熹. 朱子语类：卷第二十 [M]. 黎靖德，编，王星贤，点校. 北京：中华书局，1986：473.

⑥ 朱熹. 朱子语类：卷第二十 [M]. 黎靖德，编，王星贤，点校. 北京：中华书局，1986：469.

源，孝弟是水流底第一坎，仁民是第二坎，爱物则三坎也。"① 仁是水之源，水之流必过第一坎，方才过第二坎、第三坎，不可能不先过第一坎就直接过第二、三坎。"仁便是本了，上面更无本。如水之流，必过第一池，然后过第二池、第三池。未有不先过第一池，而能及第二、第三者。仁便是水之源，而孝弟便是便是第一池。不惟仁如此，而为义礼智亦必以此为本也。"② 所以，"论性，则仁是孝弟之本。惟其有这仁，所以能孝弟。仁是根，孝弟是发出来底；仁是体，孝弟是用；仁是性，孝弟是仁里面事。"③ 其次，孝悌是仁之本。这是说，孝悌是行仁之始。这是朱熹继承二程行仁乃自孝悌始的思想而来的。"盖仁自事亲、从兄，以至亲亲、仁民，仁民、爱物，无非仁。"④ 人与人之间最根本的情感就是血缘亲情，血缘亲情是一切情感的基础。所以，爱要自内始，从亲亲而爱天下。所以朱熹说："爱亲爱兄是行仁之本。"⑤ "孝行于家，而后仁爱及于物，所谓亲亲而仁民也。故为仁以孝弟为本。"⑥

在道德践行方面，朱熹对孝悌之道也做了大量阐发。首先，"父子相隐，天理人情之至也"⑦。隐，即隐藏、隐瞒，朱熹在这里主要强调的是外隐，即对外隐瞒。父子相隐是说父子在对外时要互相隐瞒，顾全情面，这是天理人情。朱熹解释道："父子相隐，本非直，而'直在其中'。如耕，本要饱；然有水旱之变，便有'馁在其中'。"⑧ 但这仅是对外而言。对内来说，如果"父母有当几谏处"，则不能隐，反要谏。"人情自有偏处，所亲爱莫如父母，至于父母有当几谏处，岂可以亲爱而忘正救！所敬畏莫如君父，至于当直言正谏，岂可专持

① 朱熹．朱子语类：卷第二十［M］．黎靖德，编，王星贤，点校．北京：中华书局，1986：463.
② 朱熹．朱子语类：卷第二十［M］．黎靖德，编，王星贤，点校．北京：中华书局，1986：463.
③ 朱熹．朱子语类：卷第一百一十九［M］．黎靖德，编，王星贤，点校．北京：中华书局，1986：2867.
④ 朱熹．朱子语类：卷第二十［M］．黎靖德，编，王星贤，点校．北京：中华书局，1986：473.
⑤ 朱熹．朱子语类：卷第二十［M］．黎靖德，编，王星贤，点校．北京：中华书局，1986：473.
⑥ 朱熹．四书章句集注［M］．北京：中华书局，1983：48.
⑦ 朱熹．四书章句集注［M］．北京：中华书局，1983：146.
⑧ 朱熹．朱子语类：卷第二十四［M］．黎靖德，编，王星贤，点校．北京：中华书局，1986：591.

敬畏而不敢言！所敖惰处，如见那人非其心之所喜，自懒与之言，即是忽之之意。"① 又 "至如子从父之令，本似孝，孔子却以为不孝。与其得罪于乡间，不若且谏父之过，使不陷于不义，这处方是孝"②。对父母当谏处行谏方是孝。此外，如何劝谏也表明了孝的态度。《论语·里仁》记载："事父母几谏。见志不从，又敬不违，劳而不怨。"朱熹在《集注》中这样阐发："几，微也。微谏，所谓'父母有过，下气怡色，柔声以谏'也。见志不从，又敬不违，所谓'谏若不入，起敬起孝，悦则复谏'也。劳而不怨，所谓'与其得罪于乡、党、州、闾，宁熟谏。父母怒不悦，而挞之流血，不敢疾怨，起敬起孝'也。"③ 所以，朱熹是主张劝谏的，但是劝谏的前提是要顾全父母的情面，做到不急不恼，耐心地劝导，且不要谏而不听就放弃。因为朱熹说："如家人有严君焉，吾之所以当畏敬者也。然但不义则争之，若过于畏敬而从其令，则陷于偏矣。"④ 所以，劝谏正是敬父行孝的一种表现。

总之，在朱熹看来，孝悌之道是圣贤教人在日常之间如何做人成人的。父慈子孝是做人的根本，也是成人的基础。孝悌之道是人成为人的一个重要条件，因为仁是人的本质，而孝悌是行仁之始。不能行孝悌之道，那么人就不能成为人，这是人和其他万物本质的区别。可见，孝悌观念虽是朱熹对儒家传统思想继承和发展的一个方面，但却贯穿了朱熹内圣外王思想的始终。

四、克己复礼为仁

任何时代的思想体系的建构最终都是为了重构合理的社会秩序，朱熹对修养工夫的追求在其特定的历史背景下，也在不断地为了新的礼治体系而努力探寻着更为有力的理论依据。朱熹"四书学"中对"礼"的认识也是在其理学规模之下厘定的。朱熹礼学思想的最大特点在于既重视上达之境的形上建构，又强调下学工夫的形下践履；既重视理的本体厘定，又重视礼的工夫修养。而这一思想的体现正是朱熹中庸之道的运用。

① 朱熹. 朱子语类：卷第十六 [M]. 黎靖德，编，王星贤，点校. 北京：中华书局，1986：352.
② 朱熹. 朱子语类：卷第十六 [M]. 黎靖德，编，王星贤，点校. 北京：中华书局，1986：352.
③ 朱熹. 四书章句集注 [M]. 北京：中华书局，1983：73.
④ 朱熹. 朱子语类：卷第十六 [M]. 黎靖德，编，王星贤，点校. 北京：中华书局，1986：350.

首先，朱熹是从本体论的层面来考察礼的形上本体的。理是内在的本质、规律，事物的本然依据。礼是外在的典章制度、道德规范、行为准则。理、礼不论是内在的指向还是外在的呈现，都有着明显的虚实之别。宋儒理学所探究的理，很容易被视为悬空的无搭挂处的"虚"或"虚理"，而这个"虚理"又主宰着现实世界的万事万物，这就需要搭建一个连接悬空和现实的桥梁，否则宋儒苦心追寻的理学就如同虚无的佛老之学一般缥缈无实。如何解决只有上达之境而无下学工夫之偏弊，成为北宋到南宋理学一以贯之的根本问题，而朱熹所努力追寻的，尤其"四书"之诠释正是基于此点。理学既要引导整个社会转向"内在"，同时又需为人们找出"外在"的下学上达之径。朱熹以理释礼，在综合了先秦与宋代诸儒的思想精华基础上，把孔子倡导的通过个人修养和精神调节而达到的内在行为准则和道德规范的礼，与宋儒推崇的形上本体之天理与道德理性之性理有机地整合在一起，形成了理、礼双彰的思想。

朱熹以理释礼的诠释方式，受到了二程、张载"礼者，理也"这一共识的影响。"所谓礼者，天之理也，以其有序而不可过，故谓之礼。"① 朱熹在《朱子语类》中讲"礼，只是理，只是看合当恁地"②，把礼当作理应然之体现。

在朱熹的哲学体系中，理是一个无所不包，涵盖一切自然、社会、人生、万物规律的形上本体概念，又是统摄仁、义、礼、智、信，彰显三纲五常的形下道德伦理。所以孔子倡导的道德准则和行为规范的礼，在朱熹看来无疑就是天理、万理中之一理。这就为传统儒家的道德规范和行为准则冠以形上之据的色彩，把形下的道德礼仪规范提升到至高无上的本体层面。而这个"三纲五常""伦理道德""礼仪规约"就是朱熹思想中的"礼"。以"万理之一理"释礼，既是为儒家三纲五常的伦理道德冠以形上本体之依据，又决定了人们遵守礼仪规范的无条件性和恒常性。朱熹说："未有这事，先有这理。"③"未有父子，已有父子之理。"④ 可见，在朱熹看来，存在之理决定着存在之存在。表现在伦理纲常上，理就是礼。换句话说，礼是理在人伦实际中的表现。以礼规范人伦关

---

① 曾枣庄，刘琳．全宋文：第二百五十五册·卷五七二七［M］．上海：上海辞书出版社；合肥：安徽教育出版社，2006：150.

② 朱熹．朱子语类：卷第三十五［M］．黎靖德，编，王星贤，点校．北京：中华书局，1986：911.

③ 朱熹．朱子语类：卷第九十五［M］．黎靖德，编，王星贤，点校．北京：中华书局，1986：2436.

④ 朱熹．朱子语类：卷第九十五［M］．黎靖德，编，王星贤，点校．北京：中华书局，1986：1532.

系，维系社会和谐，是天理流行之体现或承载。

孔子的礼是以和谐有序为原则，以中庸为尺度的。在孔子那里，礼所规定的等级秩序是不可逾越的，所以孔子十分重视"正名"。朱熹也注意到礼中严格的等级差异和不可侵犯之处。与孔子不同的是，朱熹还解决了人为何以及如何主动服从礼的严格性。换言之，礼的严格性何以能在人类社会中立足并维持下去？

朱熹认为，礼是天理的自然流露，并非强人所难，故又是"至和处"，即人的情感与礼不是二分的。这点和孔子的观点是一致的。孔子认为礼是自然的，非人为的。情之于礼具有内在性，情构成了礼的深层底蕴。无论是日常生活的礼节还是大的祭祀之礼，都是人们内在情感的表现。无论孔子还是朱熹都认为若没有自身真切的情感做基础，只是强人所难地依从外在的指挥，那么礼就没有意义可言了。与孔子不同的是，朱熹强调礼乃天理之自然流露。朱熹强调礼是人的性情的自然体现和表达，而人的性情和名分又是理以赋之，因此礼乃天理之自然。万事万物由于气禀所限，千差万别，无一相同，参差不齐，所以万物之间的关系和秩序也同样是有差序等级的。同时，礼又是性情的自然表达，知得此礼，行得此礼，内外合一，自然和乐融融。但是，礼是圣人体贴天理而来，圣人之道乃天之道，故只有圣人能够自然而然地合于礼。那么，人何以知得此礼？朱熹强调，人要努力做到尽心知性、存心养性、操存持守、笃实践履，从而达到与天理为一。如此方知礼，知礼则行礼亦自然而为之了。

操存持守、尽心知性、存心养性，是朱熹涵养工夫的核心。朱熹之所以如此强调，说到底是因为人性的问题，这就涉及朱熹以理释礼的性理问题。朱熹认为"性即理"，人禀受天理以成性。所以人具有和本然纯善之天理相一致的先验的善，具体表现为仁、义、礼、智、信等道德规范，此谓天命之性。但是，人性之中确实又存在着与天理相左的"非善"，朱熹认为这是禀赋理气产生的气质之性所致。正如朱熹以珍珠浸于清水与浊水为比喻，说明人与人之间的差异并非由天命之性所致，珍珠都是光鲜明亮的，这是本质，此珍珠和彼珍珠本质上是没有任何差异的，而现实表现中的差异则是由于清浊水的遮蔽度不同所造成的，即受所禀之气的厚薄清浊之不同所致的气质之性不同造成的。"天降生民，则既莫不与之以仁义礼智之性矣。然其气质之禀或不能齐，是以不能皆有以知其性之所有而全之也。"① 理一而分殊，万物皆一理，所以人人都有仁义礼

---

① 朱熹. 四书章句集注［M］. 北京：中华书局，1983：1.

智的本然善端,但由于气禀所拘,厚薄清浊不齐,使人之本性有所遮蔽,不能全其性,故而不能尽其心知其性。朱熹用天命之性的本然和气质之性的差异巧妙地对应于以仁、义、礼、智、信为核心的儒家道德伦理纲常和以是非善恶为代表的人欲之私,认为道德理性和道德行为乃是根源于天命之性的先验纯善,而是非善恶的人欲之私则是由于气质之性的偏失。如此一来,朱熹就从人性论上为传统儒家的道德论找到了理论支撑,告诉人们要与人为善,尊德性,守道德,合礼法,因为这是人之本性,亦是天理使然。

其次,朱熹非常重视礼的下学工夫。朱熹用天理来阐释礼,是对社会礼治的形而上的提升,这是宋儒建构儒学本体论的需要,也是理学心性理论发展的结果。这是从形上角度说的,那么站在形下层面上,朱熹又是如何解释的呢?这就是朱熹礼的下学工夫。

朱熹一方面以理释礼,一方面又主张不能以理易礼。朱熹认为,只说理就偏向了引导整个社会转向"内在"。为了同时也给人们找出"外在"的下学上达之径,就不能不复礼,否则就缺失了儒家极为重视的践履工夫。言礼才能在实践中确立内心的自然的规矩准则。光谈理,就会脱离现实的践履工夫,会使人们学无持守,就会导致儒家与佛老混为一谈。而礼则是天理节文,是教人如何做。只有持入世之道的儒家才强调礼的教化。这个礼指的是形而下的礼。形下之礼是社会的典章制度和道德规范,是维护上层建筑以及人与人之间的礼节仪式,是一切行为的标准和要求。儒家推崇的理想社会秩序是贵贱、尊卑、长幼、亲疏有别,要求人们的生活方式和处事行为符合他们的身份和地位,不同的身份和地位有不同的行为规范,不同的社会关系之间有不同的礼节制度,这就是礼。作为观念形态的礼,孔子把内在的仁与之结合起来,认为礼与仁是分不开的。

孔子把人的道德规范集于一体,形成了以"仁"为核心的伦理思想结构,认为仁是社会伦理关系的体现,是君君臣臣、父父子子等三纲五常的伦理集结,也是社会生产变革的结果。社会生产变革势必会引起人与人之间关系的变化,孔子就是在"礼崩乐坏"的历史背景下,继承三代文明余绪,倡导"敬德保民"的礼乐文治教化思想,构建了早期的儒家思想体系。至于如何求仁成仁,孔子最为看重的就是克己而复礼。

孔子认为,克制自己的生理本能,做到日用间的视、听、言、行都合于礼,如此以往,礼所体现的道德原则和伦理规范自然而然就内化为人的内在德行——仁。换句话说,作为人之为人的类本质的仁,并非人的个体意志的表现,而是普遍道德准则和社会伦理原则在个体意识中的内化。礼是仁的外在表现，仁则是礼的内在依据。所以孔子主张没有离开仁的礼。礼的实行若离开了仁就成了丧失了内涵和价值的虚假形式。"为仁"是通达之工夫，"仁"是上达之境界。在宋明理学中，"仁"已不仅仅是孔孟"仁者爱人"，还是"生生之德"的宇宙精神。这种仁的天理化，目的是给礼进行哲学的奠基，实质上就是将礼化为理。① 因此，在理学话语中，"复礼"也不仅仅是自由意志对普遍伦理原则和社会礼仪规范的外在臣服，而是个人内圣成仁的德行修养工夫。对"礼"的这种理解使朱熹讲"礼"时更重视它的道德践履意义。

朱熹说："孔子所谓克己复礼，《中庸》所谓致中和，尊德性，道问学，《大学》所谓明明德，《书》曰'人心惟危，道心惟微，惟精惟一，允执厥中'，圣贤千言万语，只是教人明天理，灭人欲。"② 在朱熹看来，礼的内在规定性得以展开的根本动因就是"明天理，灭人欲"，只有克制和超越自己的生理本能、个体感性欲望，才能彰显出本然之性，才能最终得以完备人的内在德性，达到最高之境界。

朱熹对克己复礼的阐释是分为三个部分的，即克己、复礼、为仁。《论语·颜渊》篇中有关颜渊问仁说，朱熹这样诠释："仁者，本心之全德。克，胜也。己，谓身之私欲也。复，反也。礼者，天理之节文也。为仁者，所以全其心之德也。盖心之全德，莫非天理，而亦不能不坏于人欲。故为仁者必有以胜私欲而复于礼，则事皆天理，而本心之德复全于我矣。归，犹与也。又言一日克己复礼，则天下之人皆与其仁，极言其效之甚速而至大也。又言为仁由己而非他人所能预，又见其机在我而无难也。日日克之，不以为难，则私欲净尽，天理流行，而仁不可胜用矣。"③ 这段话全面概括了朱熹对"克己复礼为仁"的观点。首先，仁是本心之全德，为仁就是全本心之全德。礼，在这里涵盖了天理之应然和天理之自然。心之全德亦即天理，但是由于气禀之偏，心之全德也会受到身之私欲所害。所以为了能够尽可能地减少私欲对德行的影响，要努力战胜私欲复归天理之本然，那么心之德也就自然复全。然而此非易事，需一日一日的克己复礼工夫，而此工夫在我而非他，且克己复礼之后自然就归仁了。克己、复礼、归仁，这三者是相辅相成的自然过程。克己与复礼是相辅相成的，

① 牟钟鉴. 儒学价值的新探索 [M]. 济南：齐鲁书社，2001：136.
② 朱熹. 朱子语类：卷第十二 [M]. 黎靖德，编，王星贤，点校. 北京：中华书局，1986：207.
③ 朱熹. 四书章句集注 [M]. 北京：中华书局，1983：132.

二者缺一不可为仁。复礼就必须要克己，克制自己的本能欲望和自由意志使言行符合社会规范和普遍伦理原则。而克己亦要复礼。佛家也讲克己，但是佛家克己而不复礼，因此易致使人陷入空虚寂寥的空无，而无"落脚处"。儒家既讲究克己又追求复礼，着眼点正是为了在现实人生中寻求安顿处。朱熹强调克己与复礼，正是他极力追求为己之学的体现。

　　求仁何以要克己复礼？朱熹是这样认为的："性情之德无所不备，而一言足以尽其妙，曰'仁'而已。所以求仁者盖亦多术，而一言足以举其要，曰'克己复礼'而已。盖仁也者，天地所以生物之心，而人物之所得以为心者也……然人有是身，则有耳、目、鼻、口、四肢之欲，而或不能无害夫仁。人既不仁，则其所以灭天理而穷人欲者，将益无所不至。此君子之学所以汲汲于求仁，而求仁之要亦曰去其所以害仁者而已。盖非礼而视，人欲之害仁也；非礼而听，人欲之害仁也；非礼而言且动焉，人欲之害仁也。知人欲之所以害仁者在是，于是乎有以拔其本、塞其源，克之克之而又克之，以至于一旦豁然欲尽而理纯，则其胸中之所存者，岂不粹然天地生物之心，而蔼然其若春阳之温哉？默而成之，固无一理之不具而无一物之不该也。感而通焉，则无事之不得于理而无物之不被其爱矣。呜呼！此仁之为德，所以一言而可以尽性情之妙，而其所求之之要，则夫子之所以告颜渊者，亦可谓一言而举也与。"① 人受气禀所拘，就不能保证天命之性不被气质之性所遮蔽，而通过克己复礼这一反复不间断的工夫，就能去其所以害仁之欲，欲尽而理纯，那么感而遂通，则无事之不得于理，无物之不被其所爱矣。在这一过程中，己是凭借其内心之仁来克，否则无根无据不知何以克、为何克；克己则一定要落实到复礼，但复礼不是目的，归仁才是目的，即克己、复礼都是为了归仁；归仁又要有具体的礼作为安顿处才能一步步实现。所以下学上达是一以贯之，求仁之处在于下学之工夫，而下学工夫之终极目标在于归仁。克己复礼为仁再克己，是一个循环往返的不息的修养过程，在此过程中，道德意识不断内化，道德修养之境界也自然会得到不断提升。

　　从朱熹以理释礼，又不以理易礼，我们可以看出朱熹在理、礼关系上的分析是与其体用思想体系一脉相承的。首先，朱熹认为礼是理之应然和自然之体现，是万理中之一理。此理贯通"礼仪三百，威仪三千"的礼仪之规。这是从体的层面解读礼的形而上意蕴。其次，朱熹不以理易礼，强调礼是"归宿处"，

---

　　①　曾枣庄，刘琳. 全宋文：第二百四十八册·卷五五六四［M］. 上海：上海辞书出版社；合肥：安徽教育出版社，2006：39.

是实而非空，是持守用力处。这是从用的层面强调礼之形而下的践履工夫。朱熹对礼、理关系的阐释可以这样概括，既要认识到礼所具有的天理、性理的内涵，又要在实践中努力履行。有些后儒学者认为朱熹理、礼的双重论述是因其中、晚年思想转型之故。关于这个说法，确实存在一些相关资料支持。① 这里且不论这种观点是否合于事实，可以肯定的是朱熹对礼的双重解释。朱熹之所以从形上和形下层面来阐述礼，就是为了说明内外双向的修养工夫。而这种解释显然是在继承程颐"礼即理"观点之上对"克己复礼"工夫的强调，"程子曰：颜渊问克己复礼之目，子曰：'非礼勿视，非礼勿听，非礼勿言，非礼勿动。'四者，身之用也。由乎中而应乎外，制于外所以养其中也。颜渊事斯语，所以进于圣人。后之学圣人者，宜服膺而勿失也，因箴以自警。其视箴曰：'心兮本虚，应物无迹。操之有要，视为之则。蔽交于前，其中则迁。制之于外，以安其内。克己复礼，久而诚矣。'其听箴曰：'人有秉彝，本乎天性。知诱物化，遂亡其正。卓彼先觉，知止有定。闲邪存诚，非礼勿听。'其言箴曰：'人心之动，因言以宣。发禁躁妄，内斯静专。矧是枢机，兴戎出好。吉凶荣辱，惟其所召。伤易则诞，伤烦则支。己肆物忤，出悖来违。非法不道，钦哉训辞！'其动箴曰：'哲人知几，诚之于思。志士励行，守之于为。顺理则裕，从欲惟危。造次克念，战兢自持。习与性成，圣贤同归。'"②

第三节 理学格局下的朱熹《孟子》之工夫内蕴

在南宋多元化学术格局下，朱熹对孟学有褒有贬，有继承也有扬弃。比如，朱熹在《孟子序说》中继承二程思想，在人性论上认为孟子言性未及"气"，

① 朱熹说："程子言敬，必以整齐严肃、正衣冠、尊瞻视为先，又言未有箕踞而心不慢者，如此乃是至论。而先圣说克己复礼，寻常讲说，于'礼'字每不快意，必训作'理'字然后已，今乃知其精微缜密，非常情所及耳。"(《晦庵先生朱文公文集》卷第四十三《答林择之》) 此话记载应该是在1170年，正值朱熹四十岁左右，这说明朱熹当时已主张礼就是天理，克己复礼即为克制己欲复天理。1192年，在答赵致道书信中有言："不曰理而曰礼者，盖言理则隐而无形，言礼则实而有据。礼者，理之显设而有节文者也，言礼则理在其中矣。"(《晦庵先生朱文公文集》卷第五十九《答赵致道》) 对此朱熹并未予以否定，可见在朱熹那里，礼与理还是有虚实之分别的，诸如朱熹其他思想概念的运用一般，都有一定的语意环境和条件背景，只能在不同语境下予以不同理解，不能一概而论。

② 朱熹. 四书章句集注 [M]. 北京：中华书局，1983：132.

造成理论的不完善。但孟子言"仁义",道"性善""求放心"之说则是朱熹所大力赞同的。总的来说,《孟子集注》亦是在《大学》所厘定的格局之下,对《孟子》所蕴含的工夫进路和内圣外王之内蕴所进行的整理和诠释。正如钱穆对朱熹孟学思想与《孟子》思想所做出的区别:"《孟子》'尽其心知其性也,知其性则知天矣'章,明说尽心始可知性,知性始可知天,但朱熹《集注》又倒说了……(朱熹)极看重人心,确是《孟子》原意,但主先穷理然后可以尽心,则与《大学·格物补传》相一致。《孟子》原意,要人把自己此心恻隐羞恶诸端向外推扩尽致,则自然可以知性。并非说知性了始可尽心,更非说穷理是知性功夫,此处可见朱熹与孟子意见有异,在其下功夫处,一内一外,正相倒呈。"①

从根本上说,朱熹认为,只有去除气禀之偏蔽,引导气质之性,以道心率人心,将人欲涤尽之际,才能凸显儒学真精神,从而实现内圣而外王的理想追求,这正是《大学》义理格局中格穷工夫的运用。朱熹对《孟子》的改造性或创造性的义理注释或次第编排,如论性善、论仁义、论心学、论义利等,其目的亦是以下学而上达的工夫进路为儒学之本真精神、为内圣外王的儒学终极理论目标而服务。所以说,朱熹对《孟子》的阐释,也是在《大学》正心修身的道德修养和国家治理的政治追求格局中而言的。

朱熹对《孟子》的研究体现了他的心性理论。朱熹思想的根本和目标是内圣而外王,所以可以说朱熹哲学的最根本之处是对人的研究,而心性论就是以人为本,就人而论。朱熹糅合理学与儒学,通过理气论,为人找到了安身立命的场所以及人之所以存在的根据;通过人性与物性之不同,揭示了人之所以为人的根据;通过性、气的区别和比较找到了人与人之所以不同、为善为恶的根据;最后通过"心统性情"说进一步将心性理论系统化。本节就以朱熹人性论为视角,对孟子心性论做个简要梳理。

一、理气视域下以性善为核心的人性论

"性善"概念属于理学视域中的人性论范畴。"性"这一概念在朱熹哲学中有不同的意义。"性"既指人物所禀受之天理,又兼指人物之性,或专指人性。朱熹人性论,是以理气观释孟子人性论,把"性"提升到了本体论的层面。

就一般意义而言,性是事物的自然属性。物莫不有性,人亦是天地万物之

---

① 钱穆.中国学术思想史论丛:第5卷[M].合肥:安徽教育出版社,2004:165.

一，故有人性之必然。可以说，性是人与物存在和变化的根据。因为"宇宙之间，一理而已。天得之而为天，地得之而为之地，而凡生于天地之间者，又各得之以为性"①。万物禀理即为性，故性与理一。在朱熹看来，性为万物之本源，是万物禀受天地之理而成，是万事万物得以生存的根据。孟子曰："天下之言性也，则故而已矣。故者，以利为本。"朱熹曰："性者，人物所得以生之理也。故者，其已然之迹，若所谓天下之故者也。利，犹顺也，语其自然之势也。言事物之理，虽若无形而难知，然其发见之已然，则必有迹而易见。故天下之言性者，但言其故而理自明，犹所谓善言天者必有验于人也。然其所谓故者，又必本其自然之势；如人之善、水之下，非有所矫揉造作而然者也。若人之为恶、水之在山，则非自然之故矣。"② 通过"已然之迹"的外在表现，可以识得性之本然，发现事物的本性。从世间表象上看，人与万物各不相同；从理一分殊上看，人与万物各有分殊，所以人性与物性必然迥异。朱熹说："人物之生，同得天地之理以为性，同得天地之气以为形；其不同者，独人于其间得形气之正，而能有以全其性，为少异耳。虽曰少异，然人物之所以分，实在于此。"③ 人、物都是禀赋天地之理以成性，禀赋天地之气以成形，不同之处在于人"得形气之正"，所以能"全其性"，而物未得形气之正，所以不能"全其性"。这就是人与物之根本不同。显然，这些诠释是朱熹从理气论出发来阐释人性与物性的同异。以理气释人性是朱熹对《孟子》原文思想的发挥。

关于人性，朱熹这样论述："性者，人之所得于天之理也；生者，人之所得于天之气也。性，形而上者也；气，形而下者也。人物之生，莫不有是性，亦莫不有是气。然以气言之，则知觉、运动，人与物若不异也；以理言之，则仁义礼智之禀，岂物之所得而全哉？此人之性所以无不善而为万物之灵也。告子不知性之为理，而以所谓气者当之，是以杞柳、湍水之喻，食、色'无善无不善'之说，纵横缪戾，纷纭舛错，而此章之误乃其本根。所以然者，盖徒知知觉、运动之蠢然者，人与物同；而不知仁义礼智之粹然者，人与物异也。孟子以是折之，其义精矣。"④ 以气言之，人与物知觉运动本无不同；以理言之，人与物皆得理而生。为了更好地区别人性与物性之不同，朱熹继承了孟子关于人

---

① 曾枣庄，刘琳．全宋文：第二百五十一册·卷五六四七［M］．上海：上海辞书出版社；合肥：安徽教育出版社，2006：349.
② 朱熹．四书章句集注［M］．北京：中华书局，1983：297.
③ 朱熹．四书章句集注［M］．北京：中华书局，1983：294.
④ 朱熹．四书章句集注［M］．北京：中华书局，1983：326.

的本质在于"四心"的说法，认为仁义礼智信乃五行之理的分殊表现，进一步确定了仁义礼智信的伦理价值。朱熹从伦理道德上指出，人有仁义礼智信之全德，而物则不备，因此，人为万物之灵。总的来说，在人物之性理上，朱熹是用理有偏有全和气禀不同来诠释的。只是朱熹在论述中时有混淆，比如朱熹在解释《孟子·告子》章时是强调气异而理异的。与《太极解义》理同气异说不一致，朱熹是主张天赋万物之理本无不同的。同时，朱熹还讲理有偏全同异，认为人物所禀受之理受气蔽隔不能完全显现，并且也承认所禀受之理本身亦有偏全。所以，朱熹理气观在人性论上的运用，使后人很容易陷入理解的混乱。换言之，这只是朱熹在运用理气释人性时语境之不同所致。"所疑理气之偏，若论本原，即有理然后有气，故理不可以偏全论。若论禀赋，则有是气而后理随以具，故有是气则有是理，无是气则无是理，是气多则是理多，是气少即是理少，又岂不可以偏全论耶？"① 在人物之生所禀理气问题上，朱熹一方面认为气有清浊、厚薄之分，所以禀受有异，一方面认为气禀不仅影响得理之偏全，还会蒙蔽所得之理的显现，气禀偏则得理偏，气有所塞则理亦相隔。这就是人与物，乃至人与人各不相同之内在根据。

朱熹理学视域下的心性论源于对二程"性即理"的继承和发展。从人性论的角度看，性即理在于强调人的本性合于道德原则，与天理完全一致。从本体论的角度看，朱熹把理实体化，认为天地之间有理亦有气，人物禀理成性、禀气成形，使天地万物之一理落入人之形气得以成性，从而用理气将本体论与人性论一贯直下。就广义的性而言，性是万理的总名，万理既是一理的体现，又是性的内容。就狭义的性而言，性只是万物所有之理中之特殊存在的一部分，诸如大海之水和盛之于器中的大海之水。天地之理如同大海之水，而人物之性则犹如盛入器皿中的大海之水，二者在本质上是同一的，所不同的是存在形式而已。理是随气流行，性是被气所拘。按照朱熹的解释，流于天地间的理和禀赋于人物的理，二者是同一道理。好比游在水池中的鱼，池中之水与饮入鱼腹中之水乃同是一水。在朱熹看来，天理与人物之性就是命与和禀受的关系。从人物之性来看，是禀受天地之理而来；从天理角度来看，是天命与万物。

通过性理与气禀说的论证，朱熹在性与天道之间建立了直接联系。人的道德本性源于天地之理，天地之理是人的道德本性的最终依据。同时朱熹按照

---

① 曾枣庄，刘琳．全宋文：第二百四十八册·卷五五七七［M］．上海：上海辞书出版社；合肥：安徽教育出版社，2006：390.

"理一分殊"原则论证了在不同领域、不同形体之上，宇宙普遍规律的表现形式是不同的。朱熹将性即理与气禀说以及"理一分殊"原则贯穿于物性与人性，指出其理同气异。又因人与人以及人与物之禀受各异，从而表现出个体性的差异，故理气有偏有全。朱熹说，性即理也，是万理之总名。万理于天地宇宙之间乃万物公共之理，禀赋于人便为性。"天之所命，如朝廷指挥差除人去做官；性如官职，官便有职事。"① 从性与天道的直接联系中，朱熹把性升格到本体论的高度，赋予了社会等级制度及伦理道德合理价值，使人们能够从内心出发，使各正其命、各安其职成为一种必然。

天命之性与气质之性是朱熹对比人心道心时提出的主要概念，以此来说明善恶来源问题。换言之，人性问题就是探讨人性善恶的形成以及善恶行为的根据问题。孟子主张性善，认为人都有向善的初生之质，"乃若其情，则可以为善矣，乃所谓善也。若夫为不善，非才之罪也。恻隐之心，人皆有之；羞恶之心，人皆有之；恭敬之心，人皆有之；是非之心，人皆有之。恻隐之心，仁也；羞恶之心，义也；恭敬之心，礼也；是非之心，智也。仁义礼智，非由外铄我也，我固有之也，弗思耳矣。故曰：求则得之，舍则失之。或相倍蓰而无算者，不能尽其才者也"② 。人人都有良心，即人心之道德本然。良心是固有的，是天赋予人们善良的本质，所以人自然而然有向善的倾向。至于有所不善，那只是因为在物欲诱惑下，人们丧失道德理性的自觉，不能尽其才所致。所以孟子在工夫论上提出，要知言养气，切身自反，做到心无愧怍。朱熹继承孟子性善说，将理气观引入性善论；又继承张载的性二元论，指出性善乃是理所赋予的天命之性，而为恶则是气禀所偏而致的气质之性。孟子所言性善只是就天命之性而言，并没有意识到气质之性的存在；而且孟子虽主张性善是心之本体，但并未明确说明性善的终极来源。基于此，朱熹将气论引入性论，很大程度上发挥和完善了孟子性善论思想。

"二性说"是朱熹人性论的基本思想。而朱熹对张载性二元论的继承乃源于其对人性善恶问题的解决。孟子认为，恶完全是人后天所致。而朱熹不认同这点，他认为人禀天地之理以成性只是点明人有先天的善的品质，为人的本性赋予道德涵义，但并不能说明恶的所由生。在朱熹看来，不善亦有先天的根据，

---

① 朱熹.朱子语类：卷第一百四一十七［M］.黎靖德，编，王星贤，点校.北京：中华书局，1986：2816.

② 朱熹.四书章句集注［M］.北京：中华书局，1983：328.

但这种恶却可以通过道德修养工夫加以改变。所以为了说明人性之善恶的完备，在用禀赋之理说明先验的善的本质的同时，亦该指出先验的恶的根据，这就是朱熹气质之说。所谓气质并非就是气质之性。气即阴阳五行之气，质即由气聚集而成的形质。通过气质之说，朱熹更详细地论述了人与物、人与人之不同。物我禀气成形，我禀此气成此形，他禀彼气成彼形。只因阴阳五行之气流行于天地间，禀赋精英之气则成人，禀赋渣滓之气乃成物。此乃人与物之不同。而人与人之不同则在于禀赋精英之气中的是精华还是糟粕。人与物之别在于人禀受精英之气而成，人与人之别在于精英之气的相对清或浊，这就造成了人与人之间道德和智慧的先天之异。"若大概而论，则人清而物浊，人正而物偏。又细别之，则智乃清之清，贤乃正之正，愚乃清之浊，不肖乃正之偏，而横渠所谓物有近人之性者，又浊之清、偏之正也。"① 由此看来，天命与气质之说分别说明了人的先验的为善和为恶之根据。因此，理学主张从天命与气质两方面对人的影响来解释人的善恶品质的产生方才完备。二者的关系又如何？朱熹认为，天命、气质既不相离又不相杂。气质乃天命之性所搭寄处，又能遮蔽天命之性。人物同时禀受理与气，二者缺一不可。虽然二者不相离，但是也并非如盐放于水一般。按朱熹这种解释，性与气禀犹如油洒于水上一般。而对于气质之所以遮蔽天命之性，朱熹亦举例做了说明：以灯为本性，以灯笼为气质。灯本无不明，此乃本性，然而罩上灯笼之后，灯光的明暗则有不同。如若用厚纸糊成灯笼以罩之，灯光则不甚明亮；如若用薄纸糊成灯笼以罩之，灯光较之厚纸灯笼则稍明；如若罩以薄纱，灯光又明亮些；如若撤去灯罩，则甚是明亮。性虽亦明，"只为气质不同，故发见有偏"②。朱熹的意思是，人的道德意识的差异取决于气禀的偏驳与清浊对天命之性的遮蔽。而人与物的不同，除了这点不同之外，亦源于人得形命之正，而物得之偏而不全。

既然人物所生兼禀理气两方面，所以现实的人物之性也不能简单地就理而论或就气而论。不仅要说明天命与气质的作用，还要说明天命与气质对人性产生的影响，即天命之性和气质之性，这就是朱熹的"二性说"。在这里涉及了性之本体的概念。性之本体即本然之理的性，是不受气质遮蔽的性理。但是只要形气具焉，理便有安顿，理一有安顿便会受到气质的作用，所以才说性便已非

---

① 曾枣庄，刘琳．全宋文：第二百四十九册·卷五五八六［M］．上海：上海辞书出版社，2006：147.

② 朱熹．朱子语类：卷第六十四［M］．黎靖德，编，王星贤，点校．北京：中华书局，1986：1572.

性（本然之性）。朱熹还说："人物未生时，只可谓之理，说性未得，此所谓'在天曰命'也。'才说性时便已不是性'者，言才谓之性，便是人生以后，此理已堕在形气之中，不全是性之本体矣。故曰'便已不是性'也。此所谓'在人曰性'也。大抵人有此形气，则是此理始具于形气之中而谓之性，才是说性，便已涉乎有生而兼乎气质，不得为性之本体也。然性之本体，亦未尝杂，要人就此上面见得其本体元未尝离，亦未尝杂耳。"① 在朱熹看来，人在未出生之前，存在于天地宇宙间的飘忽不定的超越之存在只是理而已，不能称之为性。只有理随气之聚禀赋于人之后，才可谓之性，但是由于气之所拘，本然之理亦受到限制，并非就是所谓性的本体。按照朱熹的解释，理安顿后方可谓之性。而此时的性亦受到气质的影响，从而一切现实的人性、直接的人性都已不是性之本体，非性之本然了。所以对于天命之性来说，朱熹将其视为道德的内在根据，是本然之性；对于气质之性来说，不仅仅是气质的性能，它是本然之性或说性之本体的转化，亦如灯上的灯罩或薄纱。所以可以说，气质之性是天地之性受到气质熏染或遮蔽后的人性。

朱熹"二性说"无疑是对传统人性论的一个重大发展。朱熹批判孟子只把性看作天命之性，批判荀子只把性看作气质之性，认为先儒在人性论上多或偏于天命之性或偏于气质之性。而此二者是不能分开单论的。诸如"孟子只论性，不论气，便不全备。论性不论气，这性说不尽，论气不论性，性之本领处又不透彻。荀、杨、韩诸人虽是论性，质言之只说得气。荀子见得不好人底性，便说做恶"②。孟子不论气，只论性；荀子、韩愈等人虽论性，但质言之多论气，俱为不全备。因为论性而不论气，那么性之全体总有道不尽之处；论气而不论性，性之本体又难以参透到底。因此，朱熹为了避免再次陷入诸如孟荀之难而难以自圆其说的理论困境，继承张载性二元论，结合理气观，用天命之性与气质之性调和了人性之善恶的形成及根据问题。不过，我们也不得不说，朱熹这种看似完备的调和与解决，是站在唯心主义的立场而论的，亦含有神秘论成分。

为了进一步说明天命与气质对人性的影响和作用，朱熹又将天理与人欲引进来，主张"明天理，灭人欲"。他认为人生活在现实的物质世界，时刻与人与物接触，难免会受物欲所蔽。这是很正常的一个事实。但是如果物欲泛滥，就

---

① 朱熹．朱子语类：卷第九十五［M］．黎靖德，编，王星贤，点校．北京：中华书局，1986：2430.

② 朱熹．朱子语类：卷第五十九［M］．黎靖德，编，王星贤，点校．北京：中华书局，1986：78.

会蒙蔽人之本性，即人性之本然。本然之性的蒙蔽就会导致恶行的体现。所以，在内圣外王的儒家理想目标之下，朱熹主张必须要明心之体，剔除物欲所蔽，复归人性之本然，通过修养工夫涵养人之向善之本质，引导现实中的人行善。所以，"明天理，灭人欲"可以说是朱熹人性道德修养论的实质。并且，朱熹又借孟子居仁由义工夫，发挥了仁、义与利的关系。他主张人在现实世界中，要由仁义行，而非行仁义，这是与孟子相同之处。不同的是，他亦用天理与人欲来说明义与利的关系。

从朱熹天命之性和气质之性的论述来看，他认为天命之性即理，而气质之性则有理有气。而且就气质之性而言，气禀所拘愈少，则天理愈明，天理所蔽愈多，则人欲之私愈胜。在朱熹那里，天理是宇宙之源，是万物生生之本，是人性之本体，是至正、至善、至真、至美的存在。天理就事而言曰"理"；禀赋于人物之形体则曰"性"。所以，人的本性是天所赋予的。"以理言之，则仁义礼智之禀，岂物之所得而全哉？此人性所以无不善，而为万物之灵也。"① 仁义礼智"四端"就是天所赋予人的本性，这就是理。所以人要存其所得之天理，就必须剔除气质之性对天理的蔽锢（人欲），变化气质。换句话说，就是要告诫人们必须变化气质，灭私欲，才能凸显本然之向善之性，复归天理之明。

但是，朱熹的"明天理，灭人欲"思想，并非就是禁欲主义。这里涉及朱熹对天理和人欲的界定。"根于性，则为仁义礼皆之德；发于情，则为恻隐、羞恶、辞逊、是非之端；形于身，则为手足耳目口鼻之用；见于事，则为君臣父子夫妇兄弟朋友之常。"② 朱熹继承先儒伦理纲常，认为仁义礼智信之德和君臣父子兄弟夫妇朋友之常就是天理所在于人之体现，遵四德五常行事就是循天理而为。概而论之，朱熹这里的理，换言之就是伦理道德。朱熹的"人欲"是指人们对物质不恰当的、过分的欲望，并非一切生理欲望，也并非一切对物的欲望。依据中庸之道，即人对物的欲望和需求必须适中，过或不及都不可，要做到恰当。饿之思食，天理也；饿之思美味，欲也。对人欲的恰当与否的界定，孟子也有过论断。他举例说："丈夫生而愿为之有室，女子生而愿为之有家。父母之心，人皆有之。不待父母之命、媒妁之言，钻穴隙相窥，逾墙相从，则父母国人皆贱之。"③ 可见，所灭者只是对物质不适中的欲望要求。而对于适中的

① 朱熹．四书章句集注［M］．北京：中华书局，1983：326．

② 黄宗羲．宋元学案：卷四十九［M］．全祖望，补修．陈金生，梁运华，点校．北京：中华书局，1986：1578．

③ 朱熹．四书章句集注［M］．北京：中华书局，1983：266．

人欲，比如饥饿思饮食，则是合乎道理的，是天理的体现。所以，朱熹的人欲指的是不适中的物质欲望，是对于物质生活的过度追求和愿望。"明天理，灭人欲"就是告诫人们要时常遵循道德伦理纲常，剔除不适中的物质欲望，存四德之性，遵五常之行。朱熹"明天理，灭人欲"的主张是对先秦理欲之争的批判性继承，是在对儒家理欲观贯通的基础上总结完善而得来的。随着程朱理学地位的提升，这一纲领本身也被升格为统治阶级大肆普及的道德纲领，统领中国封建社会的伦理道德长达千年。需要指出的是，封建统治阶级为了巩固阶级利益，禁锢麻痹人民的思想，在很大程度上扭曲了朱熹"明天理，灭人欲"的本意。在新中国推翻旧制度、旧思想的倡导下，"明天理，灭人欲"思想别批为封建礼教，且把朱熹作为封建礼教的始作俑者。这都是源于对"明天理，灭人欲"本意的扭曲，是对朱熹思想的片面理解所造成的。所以，今天的我们应该把理论的实质、朱熹思想的本意以及统治阶级对其思想的利用等问题一一厘清，还朱熹以清白，正思想以本源。

首先，"明天理，灭人欲"思想是朱熹在先儒思想基础上归纳发展而来的。朱熹认为孔子的仁即指本心之全德，己即指个体之私欲，礼即指天理之流行。"克己复礼为仁"即指克制、控制个体之私欲复归天理，这就是本心之德的体现。所以为仁者要时刻战胜己之不适中私欲，使事事皆出于天理，努力做到使本心之德复全于我。实际上，这就是朱熹所谓的"明天理，灭人欲"。而且根据孔子"一日克己复礼，天下归仁"及"为仁由己"说，朱熹认为克己复礼成效之速，"一日"即可，表明克己复礼何以能；同时，"为仁由己"说明为仁在我而非他人，人人能行仁而非难事，表明克己复礼所以能。"存天理，灭人欲"亦是如此！而《中庸》之"致中和""尊德性""道问学"，朱熹认为"致中和"就是推至中和的境界，无偏无倚，无人欲之偏以乱之。"尊德性"就是尊天地之正理，德性即天理。"道问学"是一种修养工夫，即通过格物以穷理，不断明心中之理。朱熹在《中庸章句》中曰："尊德性，所以存心而极乎道体之大也。道问学，所以致知而尽乎道体之细也。二者，修德凝道之大端也，不以一毫私意自蔽，不以一毫私欲自累。"① 由此看来，这与"明天理，灭人欲"亦无异！而"明明德"与天理人欲的对应关系，朱熹在《大学章句》中是这样解释的："（虽有此明德），但为气禀所拘，人欲所蔽，则有时而昏；然其本体之明，则有

---

① 朱熹. 四书章句集注［M］. 北京：中华书局，1983：35.

未尝息者。故学者当因其所发而遂明之，以复其初也。"① 至于人心道心问题，朱熹亦循程颐以天理人欲训释之。这个问题后面有详细论述，此处暂且不论。不过，我们还是可以看出，"明天理，灭人欲"的思想并非朱熹随意捏造，而是以儒家重要典籍的核心理论为基础归纳总结出来的。

其次，朱熹的"明天理，灭人欲"思想是一种修养工夫。纵观朱熹整体思想，无论本体论、认识论还是人性论，朱熹都是围绕天理而展开的。确立理的至高无上地位，其目的就是给现实世界中的人树立至高无上的道德规范和道德准则，使人们能够必然且自然地遵循伦理纲常，从而开出内圣外王。因为朱熹哲学的最终落脚点是人，而人的问题换言之就是人性问题。在朱熹看来，修养工夫是化解人性问题的根本方法。在朱熹人性论中，天理即性之本体、心之本然，是未受气禀物欲所蔽的未发之心的状态。循此本然状态，则为道公且正且善。而人欲则是性发为情，受到外物影响而萌发的不适中的已发之心的状态。"物欲昏蔽，便是恶底心。"② 如果对物欲所蔽置之不理，那么便会生出恶的心，偏离向善之本性。所以，朱熹时刻告诫人们要"明天理，灭人欲"。如何明，如何灭？朱熹提倡存养、扩充之功夫。"学者须是革尽人欲，复尽天理，方始是学。"③ 又"未知学问，此心浑为人欲。既知学问，则天理自然发见，而人欲渐渐消去者，固是好矣。然克得一层，又有一层，大者固不可有，而纤微尤要密察"④。在现实践履中，朱熹主张通过道问学、格致工夫以及穷理的过程，积累学问，发现天理之自然，存养之，实现"天理存，则人欲亡"的理想。当然，这并非一日之功，需要如同"今日格一物，明日格一物"一样持之以恒，以"持敬"为工夫。因为"敬则天理常明，自然人欲惩窒消治"。

朱熹主张人有天命之性和气质之性，无可避免地有气禀蒙蔽之弊，为了引导人们复归本性，必须加以克制私欲，彰显天理。"明天理，灭人欲"，换言之，就是防范个体欲望的过度泛滥，维护自然社会和人类社会的和谐发展。所以"明天理，灭人欲"是朱熹人性论的实质，亦是人性修养问题，是朱熹站在先贤

---

① 朱熹．四书章句集注［M］．北京：中华书局，1983：3.
② 朱熹．朱子语类：卷第七十一［M］．黎靖德，编，王星贤，点校．北京：中华书局，1986：1795.
③ 朱熹．朱子语类：卷第十三［M］．黎靖德，编，王星贤，点校．北京：中华书局，1986：223.
④ 朱熹．朱子语类：卷第十三［M］．黎靖德，编，王星贤，点校．北京：中华书局，1986：223.

诸儒思想精髓基础上归纳总结出的来经典的为人哲学。

二、朱孟心学修养之工夫进路

朱熹和孟子都追求至善的理想境界，但在修养进路上却大不相同。孟子主张只要扩充本心，善养吾浩然正气，发明本心，就可以了。这是由内而外的一种修养工夫。朱熹虽也极看重本心，但是他与孟子反道而行，追寻由外而内的修养工夫。孟子主张尽心知性而知天，朱熹却主张知性而后方能尽心。二者在修养工夫上的不同，与其各自心性哲学内涵之不同有关。

"心"之概念，其含义较为混杂，不同哲学体系有不同的界定，甚至同一体系的不同理论对"心"概念的运用亦有所差异。比如有先验根据的心，有善恶之心等。概括来讲，"心"一般指的是主体意识或道德本体。对"心"概念的严格厘定始于孟子。孟子把人心道德化，赋予人心以道德涵义。以道德意识为人心之本然，孟子称此心为"良心"。正是把人心界定在善良的道德意义上，且人人具有此善良本心，所以孟子在人性论上主张性善论。在孟子看来，人先天地具有道德意识，这个善良的道德意识就是恻隐、羞恶、恭敬、是非之心。它是人的道德行为的先天根据。所以，"心"在孟子那里是一种先验的道德根据，它内在于"我"，是"我"固有之而非外铄于"我"的。并且这种内在的德性可以通过人在现实中的行为表现而体现出来。所以说，道德理性或良心就是人的行为的道德根据，而人的现实行为则是善良本心的自然体现。在孟子那里，良心就是人的本性，是善之本源，是道德本体。而恶行的产生则是因在外物诱惑的影响下，丧失道德本心之自觉，并非行恶之人没有善良本心，只是没有尽其才之故。所以在孟子那里，主张克制物欲，也认为物欲会使人的本心受到遮蔽或侵蚀。这点与朱熹持相同观点。但是由于孟子认为此先验道德根据是内在于"我"的，所以孟子主张"不动心"，以"养吾浩然之气"。在孟子看来，人只要将内心发挥到极致，即可体认本心而知天，不需要在认知上下功夫。所以，孟子在心性哲学上开创了尽心知性而知天的理论模式。"尽其心者，知其性也，知其性，则知天矣。"① 在修养工夫上，提出知言养气，切身自反，做到心无愧怍。所以，孟子在修养进路上是由内而外的一种求内在道德理性之自觉和精神境界的培养。这点与朱熹心性进路不同。

在朱熹哲学中，理是宇宙本体，是万物生生之源，赋予人之形体即成性。

① 朱熹．四书章句集注［M］．北京：中华书局，1983：349.

天理乃性之本体，这种先验之根据是外在于"我"的。"心"的概念在朱熹那里并非如孟子所指。在朱熹哲学里，"心"既指知觉能力，即能知能觉，犹如耳能闻目能见，又指"心"的具体知觉，即知觉的是什么。总的来说，心就是能知觉且能所知觉。正是心的这种意义，所以才会有对人心道心问题的大谈特谈。知觉道德意识的就是道心，知觉各种情欲的就是人心。由此看来，"心"在朱熹那里只是一个能知能觉之官，而非诸如性、理之范畴。为了更详细地区别"心"在朱熹和孟子那里的不同，我们看看朱熹对"心"之概念的运用。

朱熹强调，心为人身之主宰。人的一切思虑、欲望及所产生的各种行为活动都是心作用的结果。知觉是心的能力，运用知觉于行为亦是在心的支配作用下而为。这里需要说明的是，心的这种主宰是指对人之形体的支配，且有一定的自主性和能动性，而并非"命于物者"，即非天地万物存在与否的主宰者。《孟子集注》中曰："心者，人之神明，所以具众理而应万事者也。"[①] 心是一神明之舍，包含万理，却不主宰万物，但能应万事。正是因为心有主宰，始终处于对人践履的支配位置，所以朱熹亦强调心的修养的重要性，提出了"心之神明，妙众理而宰万物"说。但与孟子不同。孟子主张听命于人心的主宰，因为人心是先验的道德理性。朱熹所谓的宰万物则是指心对人形体和行为的支配。

对于心之体，心之本然状态，朱熹强调心体虚明。人心本然是虚明的，犹如镜也，可以真实地反映外物本质，所以人才能知能觉，并且能够所知觉。但是在现实中，人往往会受到主观意识的影响而对物之认识有所偏蔽，囿于成见，梏于私意，以至不能如实地反映事物的本来面目，从而达不到正确地认识事物的本质。人心犹如一面镜子，镜子通透，有物来照方能显现物之本像，倘若镜子别有一个影像在其中，那么何以能映照物之本像？有所偏蔽就会妨碍心所具有的无限量的功能运用的正常发挥。所以要复归心之湛然虚明的状态，即心之本然。这就需要一定的修养工夫，从而解除主体的偏蔽，达到一种无所偏无所蔽的自然本体状态。朱熹强调心体虚明的思想，认为心是没有偏蔽、没有任何因素影响的认识主体，就像镜子一样，无尘垢之蔽所以明，无影像在中所以虚。这是心之本然状态。只要人加以修养以保持这种虚明状态，那么人在认识和应接事物时就不会有所偏差。这点犹如荀子的解蔽思想。所不同的是，朱熹这种虚明，不仅是一种靠修养工夫可以达到的境界状态，而且就是心之本然。需要说明的是，朱熹心体虚明的心不是孟子所谓的心，它不是一种先验的道德根据，

① 朱熹.四书章句集注［M］.北京：中华书局，1983：349.

而是指一般的认识主体，是一个包含道德意识在内的认识主体。这个认识主体在未接事物时是一种本然状态，是虚是明；而一旦应接外物则心有所用，尽管心之本体依旧存在，但是已非心之本然状态。这就是朱熹常论的未发已发之心。换言之，心体虚明思想包含了未发已发的中和思想。前面论述未发时要静中体验，操持涵养，已发时要察识端倪。但须强调的是，这里讲未感时心体虚明，并不是说所有人在心未感事物时都是虚明的。这好比镜子在未照物时，自身也有可能被尘垢所遮蔽，它是一种需修养工夫方可达到的至高的圣贤境界。

朱熹心性哲学中对心的诸多观点，全面继承了中国古代哲学关于心的见解，同时朱熹又加以发挥和发展了宋代理学前驱，比如张载、二程等在心性方面的理论成果，从而较为完善全面地将心性论哲学呈现出来。

在朱熹哲学中，心与理都是重要范畴。心作为包含道德意识在内的认识主体，与天赋予人为之性的理之间有何关系，是朱熹必然也是必须要面对和解决的问题。在心与理的关系上（这个理主要是指作为人性的理），朱熹主张心具众理，可从三个视角来看：一是从构成上看，人心包含了天所赋予人的天理，即理存在于心中，而非形体之其他部位。二是从伦理意义上看，人心先天地内在了道德意识和道德属性，一切道德行为都是有内在依据的。三是从概念范畴上看，心是属于现象总体的范畴，理（性）则是一个本体层面的本质范畴，这就从根本上区分了心与性的含义。

首先，心包万理。朱熹说："性如心之田地，充此中虚，莫非是理而已。心是神明之舍，为一身之主宰。性便是许多道理，得之于天而具于心者。"① 在朱熹看来，心是虚，性充于其中，心为神明之舍，一身之主宰，性是得于天地之理禀赋之，存于气聚之形体以心者。"心是虚底物，性是里面穰肚稻草"②，又"心以性为体，心将性做馅子模样"③，简单地说，心就是外在的"壳"，性就是内在的"填充物"。

其次，理具于一心，乃与知觉不相离也。心有知觉，理充于心中，且理作为人之本性，支配、作用着人的思虑活动，成为人一切活动的内在道德根据，

① 朱熹. 朱子语类：卷第九十八［M］. 黎靖德，编，王星贤，点校. 北京：中华书局，1986：2514.

② 朱熹. 朱子语类：卷第六十［M］. 黎靖德，编，王星贤，点校. 北京：中华书局，1986：1426.

③ 朱熹. 朱子语类：卷第五［M］. 黎靖德，编，王星贤，点校. 北京：中华书局，1986：89.

它就必然在知觉思虑意识中有所体现。所以，从这里也可以看出，"舍心无以见性，舍性无以见心"①。即便心与性如此之难分难舍，缺一不可，但是心毕竟不是性，就像不能说盛着水的碗就是水一样，虽固只一理，"然自有合而言处，又有析而言处"②。所以，"谓性便是心则不可，谓心便是性亦不可"③。

最后，心与理一。这是就修养论上而言。朱熹认为，心具众理，这与孟子万物皆备于我说同出一源。理先天地内在于人心，并非人经过后天涵养而存之的。虽然理先天内在，但是本质与现象往往存在着偏差，意即有些现象并非本质的如实表现。虽然理作为本性始终潜藏在心中，但是人在现实中会受到人欲或不合理思虑的影响而有失本性。所以朱熹认为仅仅心具众理还不足以规范人的道德理性之自觉。只有将道德意识完全变成现实意识，使现实意识完全受性理的支配，才可以完成道德理性之自觉，这就是朱熹强调的要在修养境界上达到心与理一。虽然心本虚明且具众理，但是如果不剔除人心之昏蔽，道德本性就不能完全显现，行为活动、意识活动就不可能完全合理，所以必须要做到心与理一。

这里说明一下，心与理一并不是说心就是理，与陆、王"心即理"之说更是不同。朱熹的心与理一含有心即理的意思，但是这个心只是指有相当修养境界的圣贤之人的心，他们通过修养工夫达到了与理合一的境界，剔除了人心之昏蔽，此时的心与理一可以称为心即理，即仁者心即理。除此之外，朱熹的心与理一即指理具于心，心具有理。其所强调的重点在于，性理即在心中，而非后天得之于外的。与陆、王之"心"的不同之处在于，朱熹既主张心中有理，也强调气禀对心之所发的影响，而陆、王只知心中有理，心即理也。朱熹对"心即理"的批评反驳也正在于此点。所以朱熹只讲心具众理却不说心即理。

心能知能觉且能所知觉。心体虚明，心具众理，但是，对于所知觉亦要分个真妄邪正。因为人心时有昏蔽，人的意识活动并非无时无刻都完全合乎社会的道德原则。且性理虽本善，心却千思万虑，出入无时，有善恶之分。所以，心的知觉有善也有恶，有好也有不好。对此，人要做到明了，且应该努力做到

---

① 朱熹. 朱子语类：卷第五 ［M］. 黎靖德，编，王星贤，点校. 北京：中华书局，1986：96.

② 朱熹. 朱子语类：卷第十八 ［M］. 黎靖德，编，王星贤，点校. 北京：中华书局，1986：411.

③ 朱熹. 朱子语类：卷第十八 ［M］. 黎靖德，编，王星贤，点校. 北京：中华书局，1986：411.

使道德意识活动支配人的现实行为。这也是一种修养工夫。

在朱熹看来，心的知觉无非就是道德意识活动和非道德意识活动两种。知觉道德意识的心是道心，知觉非道德意识的心是人心。人心、道心都是人的知觉之心，只是所知觉的内容不同。人心、道心是中国哲学中的一组重要范畴。但在汉唐以前，二者并未构成一组具有哲学意涵的概念。把人心与道心赋予心性论或理气论特殊意涵的，始于二程。二程从理气论的角度把道心与人心阐释为理与气的关系，同时，又曰："人心，私欲也；道心，正心也。"① 伊川先生又从心性论角度对二者做了一番阐释，将人心与道心理解成心的两个方面。至于为何存在两个角度的阐释，二程并未给予明确说法，以至于这两种解读引发了后来学者颇多争论，这里不再展开论述。朱熹对道心人心说的诠释也是以理气论为基础而论的。正如其他思想一样，朱熹对此问题的探究也是经历了一个很长的发展过程，直到晚年才确立其基本观点。②

朱熹认为，人之所生，禀理为性，禀气成形。各种情欲思虑都是源于形成血肉之躯的气禀，而道德意识或道德理性则是源于内在的人之本性。在经验和感性的作用下，对情欲思虑的知觉，有时会偏离人之本性，不遵循或者违背道德理性，这时的心就是人心；而如若能够很好地控制、主宰人心，使之合乎道德理性，回归人之本性，那么心即为道心。所以，知觉个人情感欲望的心就是人心；知觉道德意识的心就是道心。对个人情感欲望如果不加以控制，任其流行则会越来越危险。同时，潜藏在人心之内的道德理性就会越来越难以显现出来。正如《〈中庸章句〉序》中所言："而以为有人心道心之异者，则以其或生于形气之私，或原于性命之正，而所以为知觉者不同，是以或危殆而不安，或微妙而难见耳。"③ 不过，心是一心，只分两边说。在朱熹那里，人心道心本是不二的，只是人心从情欲说，道心从义理说。既然人有道心亦有人心，那么这一心在知觉时有何关系？朱熹主张要以道心率人心。由气禀之形体所发是服从于个体情感欲望的，属于私且偏；而由天赋之性理所发则是道德意识的，是合乎社会整体利益的，属于公且正。如果人人都仅听凭自己内心情感欲望的需求，那么就失去了道德理性，失去了公德之心，如此一来，整个社会等级秩序将不

---

① 程颢，程颐. 二程集：遗书卷第十九 [M]. 王孝鱼，点校. 北京：中华书局，2004：256.

② 有关此过程的详细论述请参阅：谢晓东. 寻求真理：朱子对"道心、人心"问题的探索 [J]. 河北大学学报（哲学社会科学版），2003（3）：97-102.

③ 朱熹. 四书章句集注 [M]. 北京：中华书局，1983：14.

复存在。所以要杜绝这种情况的发生，必须要以道心来率人心。《〈中庸章句〉序》曰："必使道心常为一身之主，而人心每听命焉，则危者安，微者著，而动静云为自无过不及之差矣。"① 道心乃义理之心，人心是私欲之心，所以道心当为人心之主宰，人心当以道心为准则。但是道心为人心之主宰并非指道心人心乃体用之关系。因为道心人心都是已发之心，是一心而已，是同一认识主体的不同认识内容。只是在情感欲望与道德意识或说道德意识与非道德意识发生冲突、难以抉择时，以道心裁制人心，使人的现实行为成为道德活动。因为人都禀赋理气，有性有形，无一例外，所以人心道心也无一例外地存在于每个人。无论凡圣贤愚皆有道心人心。而人心道心的主宰问题也正是人为凡圣贤愚的区别所在。

对于人心，朱熹进一步详细阐释，提出"人心不即是人欲"说。人心与人欲是朱熹心性论里容易让人混淆的两个概念。在朱熹看来，人心是知觉于自然欲望，好比口之于味，目之于色，耳之于声，无恶可言，所以并非所有的自然欲望都是不善的，最多会有危之可能。人的生存必然有一定的自然需求，比如饿了要吃东西，渴了要喝水，冷了要添衣，热了要摇扇，这都是人生存的基本需求和欲望，它们不能说是不善的。在一般的情况下，它们是无善无恶的，是呈道德中性的。唯有在自然欲望违背天理时，人心未受天理的节制而流为人欲之危时方为恶。比如饿了要吃东西，这时人心是无善无恶的，若饿了要吃山珍海味，那就是恶了，因为山珍海味已不是单纯的自然欲望，而是超过了基本的生存需要，这才成为"人欲"或"私欲"。而人欲才是属于恶的范畴，多被用于指不合理的感情欲望。所以，人心不是人欲。由自然属性决定的各种生理、感情欲望有不合理的，也有合理的。在一定的程度内，朱熹是承认人心合理性的。理解了朱熹所言的人欲是特指不合天理的欲望，承认自然欲望有一定的合理性，就不会误解其"存天理，灭人欲"为禁欲主义了，而只是主张要消除违背天理的欲望而已。从人心道心问题来看，朱熹并不一味地排斥人的自然属性所决定的情感欲望和生理欲望，但是他强调要以道德理性来监督和克制自然欲望，使之无过无不及。

朱熹在心性哲学上的突出贡献就是与"理一分殊"并驾齐驱的心统性情论。心统性情是就心、性、情的关系而论，主要从"兼"和"主宰"两义析之。总的来说，心统性情是内在道德之心对自我道德行为的统摄和管御。心性哲学换

---

① 　朱熹.四书章句集注［M］.北京：中华书局，1983：14.

言之就是"通过心性修养以实现超凡入圣"①。所以，朱熹对此用功颇深。心统性情说虽是朱熹继承张载思想而来，但张载的"心统性情"之说是依据孟子尽心知性而知天的理论模式而来。朱熹以先儒思想精髓为基础，融合程颐心有体用说和张载心统性情说，从而发展出对宋明理学乃至整个中国哲学有极大影响力的心性理论。

从概念厘定来看，朱熹是这样界定的：仁义礼智皆性，恻隐、羞恶、辞让、是非乃情。以仁去爱，以义去恶，以礼来让，以智来知，这是心也。心、性在前面已有论述，这里不再重复。情是人的本性在接触外物时自然而然发生的一种"应"。换言之，情就是性的外在表现。情的意义或价值就在于可以通过外在的情感表露把握内在而不可见的本性。《孟子集注》言："因其情之发，而性之本然可得而见，犹有物在中而绪见于外也。"② 心统性情之"统"，朱熹认为有二义：心兼性情、心主性情。

"心者，兼性情而言。兼性情而言者，包括乎性情也。"③ 心兼性情亦是心包性情之意。首先，"凡此四者（仁义礼智），具于人心，乃性之本体。方其未发，漠然无形象之可见；及其发而为用，则仁者为恻隐，义者为羞恶，礼者为恭敬，智者为是非，随事发见，各有苗脉，不相淆乱，所谓情也"④。未发为性，已发为情，而心兼未发已发。心之未发时具仁义礼智之四德，心之已发时著恻隐、羞恶、辞让、是非之四端，所以心贯乎未发已发，主于性、行于情。其次，从性体情用来说，心兼体用。性即心之理，情乃心之用。心兼体用，心管摄性情。陈来先生用这样一个例子来说明心、性、情："心如一部自动机床，其切削磨铣为情，其所以切削磨铣之原理为性，此机床即所以具此理而行此情者，乃心。此机床空转（未接事物）为未发，加工时（已接事物）为已发，机床的自动调节控制即心之主宰。"⑤

心主性情，是说心主宰统摄性情之作用。朱熹说，性乃体，为未发；情乃用，为已发。心统其未发已发。心主情，犹如理智对情感的控制。感物而动，

---

① 张立文. 朱熹"心统性情"论的现代价值 [J]. 中国文化研究，2001（2）：26-31.

② 朱熹. 四书章句集注 [M]. 北京：中华书局，1983：238.

③ 朱熹. 朱子语类：卷第二十 [M]. 黎靖德，编，王星贤，点校. 北京：中华书局，1986：475.

④ 朱熹. 朱子语类：卷第二十 [M]. 黎靖德，编，王星贤，点校. 北京：中华书局，1986：475.

⑤ 陈来. 朱子哲学研究 [M]. 北京：生活·读书·新知三联书店，2010：295.

遂发为情，这是人在生理、心理、情感上的需要。虽是需要，但"其要系乎心君宰与不宰耳"①。心主宰情，使感物而动之情得其正，合乎中节。若情欲横流就会遮蔽性，这点犹如道心对人心的统率之意。心主性，朱熹这样说，在未感通外物之时，倘若没有一个主宰存在，那么亦不能达到静的状态，达不到静的状态就势必会动而乱之。"不能慎独，则虽事物未至，固已纷纶胶扰，无复未发之时。"② 未感物时思虑未萌，但是不可谓无心，保证心寂然不动的状态，使天性安其静，这种主敬涵养工夫是保持未发之中的状态不受干扰的必要条件。只有在未发时保持了中的状态，已发为用时才会达到中节的状态。所以，对心的修养很大程度上决定着性的支配作用能否正常发挥出来。心不受干扰地作用于人的现实思虑、行为的作用，即是心对性的主宰。

正如张立文先生所言："'心统性情'，心既主宰性，又主宰情，这里心是既包含仁义礼智四德之性，又蕴涵恻隐、羞恶、恭敬、是非四端之情，这是一个道德心，而非形而上学意义上的心。无论是涵养天性，还是情欲得正，都无不出于道德心的主宰。此'主宰'既非有意志人格神对天地万物的主宰，亦非古代君主的权力意志对于社会人事的主宰，而是自我道德心对自我道德行为、道德活动的一种统御和管摄，对于提高当时人的道德素质，改善道德环境，营造'礼仪之邦'，有积极作用和价值。"③

---

① 曾枣庄，刘琳．全宋文：第二百四十九册·卷五五九二［M］．上海：上海辞书出版社；合肥：安徽教育出版社，2006：241.
② 曾枣庄，刘琳．全宋文：第二百四十六册·卷五五二一［M］．上海：上海辞书出版社；合肥：安徽教育出版社，2006：297.
③ 张立文．朱熹"心统性情"论的现代价值［J］．中国文化研究，2001（2）：26-31.

第六章　朱熹内圣追求下"絜矩"之道的政治哲学

　　朱熹"四书学"的核心价值就在于修己治人的内圣外王之道。任何一个时期的哲学家,其理论思想都是有时代性的,它的哲学使命都是为当下社会政治生活服务的。朱熹作为在南宋动乱时期一个肩负巨大历史责任的思想家、哲学家,自然也肩负着这一政治使命。社会动荡、民族危机、战乱不断、阶级矛盾日益尖锐、统治阶级愈发腐败等社会问题,使得朱熹逐渐认识到社会纲纪的混乱才是最根本原因之所在。他说:"臣闻四海之广,兆民至众,人各有意,欲行其私。而善为治者,乃能总摄而整齐之,使之各循其理而莫敢不如吾志之所欲者,则以先有纲纪以持之于上,而后有风俗以驱之于下也。何谓纲纪? 辨贤否以定上下之分,核功罪以公赏罚之施也。何谓风俗? 使人皆知善之可慕而必为,皆知不善之可羞而必去也。"① 朱熹及宋初诸士大夫都意识到民众的私欲、道义的沦丧、礼法的丢失是南宋所面临的最迫切的问题。只有人人维护三代文明余绪、追寻礼乐之乐、彰显天理道义,君臣各谋其政,民众遵守礼仪道德,才能构建和谐美好的社会蓝图。这就是朱熹主张修己治人的,由内圣开外王理论的现实基础。而朱熹王道哲学也正是其"四书学"修己治人的儒家工夫论的现实意义与价值所在。

　　朱熹对政治哲学的阐发,主要取源于"四书"之《大学》意蕴。可以说,《大学章句》中所显现的政治哲学理论是朱熹"四书学"乃至其全部哲学的最终归宿和意义所在。他为当时及后代描绘了一幅以修身为本,以家齐国治天下平为目标的政治理想蓝图,试图以此来规范君臣民众的行为准则,进而促进整个人类社会,以及人类与自然的和谐。在朱熹整个"四书学"体系中,始终贯彻着《大学》所厘定的下学去蔽、渐次上达的为学理路。他认为由此便开启了

---

① 曾枣庄,刘琳. 全宋文:第二百四十三册·卷五四三 [M]. 上海:上海辞书出版社;合肥:安徽教育出版社,2006:53-54.

"成人"乃至"成仁"之路径，并由独立个体的道德至善亦可推出齐、治、平的天下理想。朱熹的格致论由格物、致知到豁然贯通，是以性即理、万物同一理的本体为理论提前的。但在"理一分殊"原则下，物物又各有一太极，万物各有一殊理，落实到人，则人虽有良知，但气禀所拘难免察识有偏。所以，要通过物格达到知致，通过涵养与穷理的内外双向穷极之功，存天理，灭人欲，使人向心与理一的境界渐进。在此过程中，朱熹还着力强调"主敬"。只有穷尽物理才能获得真知，获得真知才能践行，知行合一才是心与理一、天理存人欲灭的"敬"的主体精神的彰显。至此，方能推己及人，实现内圣开外王的儒学理想。"大学之目标即在不仅培养一己行善之君子，最终却在培养齐家、治国、平天下之圣人。"①

第一节　王道之政的内圣追求及其理学基础

传统儒家政治哲学以王道思想为核心，这一概念与伦理价值相连贯，特指统一于道德规范的政治秩序。它体现了儒家对理想政治治理方式的追求。在汉代以前，儒家王道精神体现为一种符合伦理规范的为政理念，即所谓的"先王之道"。《论语·学而》中，有子曰："礼之用，和为贵。先王之道，斯为美，小大由之。有所不行，知和而和，不以礼节之，亦不可行也。"② 可见，此时的王道思想以"礼之用""和为贵"为核心。至宋代，儒家思想融入了大量佛老形上学的智慧，使儒家的伦理纲常有了形而上的支撑。通过对宋代以来周敦颐、二程、张载等人形上学思想的总结、创新，朱熹将王道统一于"天理"，不断发掘儒家政治理想中道德原则的形上依据，从本体论的层次诠释了儒家王道秩序的合理性，证明了儒家政治伦理的核心理念与宇宙普遍规律的相符合。可以看到，以朱熹为代表的宋代理学家，将儒家政治哲学从两汉宇宙论层面提升至本体论层面，这既是逆境行舟的理论深化，更是顺应时代的实践探索，其标志着以王道精神为核心的传统儒家政治哲学发展到一个新阶段。

---

① 李有兵. 道德与情感：朱熹中和问题研究［M］. 北京：中国传媒大学出版社，2006：164.

② 朱熹. 四书章句集注［M］. 北京：中华书局，1983：51.

一、"内圣"追求下的王道之政

王道是中国古人在某一特定历史时期，面对某些普遍性问题，依据当时普遍认同的文化习惯、道德标准，在不违背当时的政治秩序和法律制度的前提下，所采取的某种态度和实践。在儒家，"王道"是一种与"霸道"相对，倡导仁义治天下的政治主张。《尚书·洪范》载："无偏无党，王道荡荡；无党无偏，王道平平；无反无侧，王道正直。"其中"无偏无党""无反无侧"是"王道"的外在呈现，意指治理国家要执中守一，不结党营私，强调执政者要着眼大局，做到大公无私。而在春秋战国时代，各国多实行"霸道"，使儒家创始人孔子"明王道，干七十余君，莫能用"①。在孔子看来，"君君，臣臣，父父，子子"各有其"礼"，行为符合"礼"是实现"在其位谋其政"的王道秩序的基础，而做到这一点的前提是做到"仁"。在东周时期，无论各诸侯国还是天下民众，首要的问题是"生存"，显然"仁者爱人""忠恕之道"这样的主张，在那个动荡的时代有些"不合时宜"。即便如此，总有一些逆势而为的"孤勇者"，比如孟子。"以德行仁者王"② 是孟子最核心的政治主张，"七十子之服孔子"③ 是孟子眼中"以德服人者，中心悦而诚服也"④ 的典范。孟子进一步深化了孔子"成仁""行礼"的"王道"思想。在他看来，"三代之得天下也以仁，其失天下也以不仁"⑤"以德行仁者王"，行"仁政"是"王道"的开始，"利义之辩"是"王道""霸道"之别的关键。在那个"礼崩乐坏"的时代，"子弑其父""臣弑其君"比比皆是，"天下之人，唯利是求"是其症结，因此其与梁惠王见面就讲："王何必曰利，亦有仁义而已矣。"⑥

在先秦，儒家王道理想一般以制度和历史两方面为依据。华夷之辩及由其

---

① 司马迁. 史记：卷十四 [M]. 裴骃，集解. 司马贞，索隐. 张守节，正义. 中华书局编辑部，点校. 北京：中华书局，1982：509.

② 朱熹. 四书章句集注·孟子集注卷三 公孙丑章句上 [M]. 北京：中华书局，1983：235.

③ 朱熹. 四书章句集注·孟子集注卷三 公孙丑章句上 [M]. 北京：中华书局，1983：235.

④ 朱熹. 四书章句集注·孟子集注卷三 公孙丑章句上 [M]. 北京：中华书局，1983：235.

⑤ 朱熹. 四书章句集注·孟子集注卷七 离娄章句上 [M]. 北京：中华书局，1983：277.

⑥ 朱熹. 四书章句集注·孟子集注卷一 梁惠王章句上 [M]. 北京：中华书局，1983：201.

而产生的朝贡体系是儒家王道理想制度性依据的来源。最初华夷之别主要体现于血缘，天子直系血脉为"华夏"，旁系血脉为"夷"。至东周，华夷之分逐渐发展为受礼乐教化程度高低的地域之分。言必称"三代"的"先王之道"是儒家王道理想历史性依据的来源。"三代观"体现出的不仅是古人对夏、商、周三代的追忆和缅怀，更是儒者以"三代"历史为基础、结合所在时代实际创造出的政治秩序、伦理价值的典范。因此，"三代""先王之道"体现的不仅是"历史叙事"，更是"政治学叙事""伦理学叙事"。古代无数政治家和思想家在力倡王道的过程中，经常将"三代"概念注入他们所追求的意义内涵，企图借助赋历史以新意的方式，使"三代"的历史经验对"当代"产生撞击，以求指引未来。①

特别是在儒者看来，三代之后，礼崩乐坏，人心不古；而三代中蕴含着政治秩序构建中普遍必然的伦理价值。孔子讲："巍巍乎，舜禹之有天下也，而不与焉。""周之德，其可谓至德也已矣。"② 又讲："吾学周礼，今用之，吾从周。"③ 在孔子看来，"三代"是其心中最完美的理想时代，三代之王大多是圣王，臣子大多是明臣。至孟子，其更是"言必称尧舜"，将"三代"之"仁政"作为后世之典范。正如其所言："规矩，方圆之至也；圣人，人伦之至也。欲为君尽君道，欲为臣尽臣道，二者皆法尧舜而已矣。不以舜之所以事尧事君，不敬其君者也；不以尧之所以治民治民，贼其民者也。"④ 又如在《礼记》中："大道之行也，天下为公。选贤与能，讲信修睦，故人不独亲其亲，不独子其子，使老有所终，壮有所用，幼有所长，矜寡孤独废疾者，皆有所养。男有分，女有归。货，恶其弃于地也，不必藏于己；力，恶其不出于身也，不必为己。是故，谋闭而不兴，盗窃乱贼而不作，故外户而不闭。是谓大同。"⑤ 这是历代儒者心心向往的"三代"王道社会理想的"大同"社会。若"天下为公"的"大同社会"是王道理想的上限，那么"天下为家"的"小康社会"则是王道理想的下限。"今大道既隐，天下为家，各亲其亲，各子其子，货力为己。大人世及以为礼，城郭沟池以为固，礼仪以为纪，以正君臣，以笃父子，以睦兄弟，以和夫妇，以设制度，以立田里，以贤勇知，以功为己。故谋用是作，而兵由

① 黄俊杰. 儒家思想与中国历史思维［M］. 上海：华东师范大学出版社，2016：82.
② 阮元. 十三经注疏：十［M］. 清嘉庆刊本. 北京：中华书局，2009：5403.
③ 阮元. 十三经注疏：六［M］. 清嘉庆刊本. 北京：中华书局，2009：3546.
④ 朱熹. 四书章句集注［M］. 北京：中华书局，1983：277.
⑤ 阮元. 十三经注疏：六［M］. 清嘉庆刊本. 北京：中华书局，2009：3062.

此起。禹汤文武成王周公，由此其选也。以著其义，以考其信，著有过，刑仁讲让，示民有常。如有不由此者，在势者去，众以为殃。是谓小康。"①

因此，儒家讲"三代"理想王道社会之目的，不仅是为东周乱世树立"仁政""德治"的治理典范，更是借"三代""圣王"践行王道时内在的道德修养，为当时各路诸侯塑造了与民同忧、经世济民的治理形象，也为民众指明了修身养性、成圣成贤的修养方向。

虽然先秦儒家已经把王道归为"德治""仁政"。但无论是孔子以"仁者爱人""忠恕之道"为基础的治理主张、孟子以"恻隐之心"为来源的"民本""仁政"主张，还是《礼记》所载的"大同""小康"的政治理想，都仅停留在政治学、伦理学范畴中，并未真正提升至更普遍、更基础的哲学层面。可以说，先秦儒家王道思想，或只借华夷之辩厘清了王道的制度性、政治性依据，或只借"三代""先王之道"讲清了王道的历史性、伦理性依据，但都未从更深层的形上学层面去剖析其主体性依据和客观性依据。因此，中国古代很长时期"王道"就等同于"先王之道""华夏之道"。至董仲舒，情况发生了变化。董仲舒言："古之造文者，三画而连其中，谓之王。三画者，天、地与人也；而连其中者，通其道也。取天、地与人之中以为贯而参通之，非王者孰能当是？是故王者唯天之施。施其时而成之，法其命而循之诸人，法其数而以起事，治其道而以出法，治其志而归之于仁。"② 这是古代中国第一次以"先王之道""华夷之辩"之外的视角，去直接探讨"王道"本源。其中，王之"三画者"——"天""地""人"构成了一个三位一体的统一宇宙。这不仅为君权神授提供了宇宙论的依据，"法其命而循之诸人，法其数而以起事，治其道而以出法，治其志而归之于仁"更强调了对君权的制约，"受命于天"在于"取仁于天而仁也"。董仲舒"天经地义"的王道观由此成为中国古代王道形上学的思想原点。

至宋代，在二程看来，"先王之道"不仅是儒家《大学》倡导的正心诚意修身齐家国家治理之学，还是着眼于君主心术的本源之学。在他们看来，治天下者应为极高修养境界的人即所谓"内圣"，由此向外推至治理便是"外王"，以"内圣"实现"外王"就是"王道"。程颢说："得天理之正，极人伦之至者，尧、舜之道也；用其私心，依仁义之偏者，霸者之事也。王道如砥，本乎

---

① 孙希旦. 礼记集解：卷二十一［M］. 沈啸寰，王星贤，点校. 北京：中华书局，1989：583.

② 董仲舒. 春秋繁露：卷十一［M］. 朱方舟，整理. 朱维铮，审阅. 上海：上海书店出版社，2012：31.

人情，出乎礼义，若履大路而行，无复回曲。霸者崎岖反侧于曲径之中，而卒不可与入尧、舜之道。故诚心而王则王矣，假之而霸则霸矣，二者其道不同，在审其初而已。《易》所谓'差若毫厘，缪以千里'者，其初不可不审也。故治天下者，必先立其志，正志先立，则邪说不能移，异端不能惑，故力进于道而莫之御也。苟以霸者之心而求王道之成，是炫石以为玉也。故仲尼之徒，无道桓、文之事，而曾西耻比管仲者，义所不由也，况下于霸者哉？"①

　　程颢继承了传统儒家外王合于内圣的观点，认为内圣之目的不仅是成全自己的人格养成，更是成全别人、成全天下的王道之行；外王的治理方式不仅是经验的累积，更是源于内圣的形上天理依据。因此，内圣缺乏外王的目的便会导向佛老的"虚空"之修，外王缺乏内圣的支撑便会导向行权谋之事的霸道。在二程看来："王道与儒道同，皆通贯天地，学纯则纯王纯儒也。"② 而此时宋代的"儒道"相较于先秦时期纲常人伦的伦理学构建、两汉时期政治学的宇宙论来源，发生了显著变化。其中，"人道""治道"都是"天理"映射。"在天为命，在义为理，在人为性，主于身为心，其实一也。"③ "天之付与之谓命，禀之在我之谓性，见于事业之谓理。"④ 不论经典文本还是政治制度，都不是"天理"本身，而是实现、贯彻"天理"的工具；"天理"本身呈现于"心"，是"性"之本来面目，"王道""仁政"是出于"性"、发于"心"的"理所当然"。以天理之法则行王道治理，是出于内在修养而实现复归"心""性"之"内圣"境界，再由此合于"天理"之"心""性"成外王之事业，即所谓以"纯王之心"行"纯王之政"："王者高拱于穆清之上，而化行于裨海之外，何修何饰而致哉？以纯王之心，行纯王之政尔。纯王之心，纯王之政，老吾老以及人之老，幼吾幼以及人之幼，此纯王之心也。使老者得其养，幼者得其所，此纯王之政也。"⑤

　　此构建以民意、民利为基础的"王道""仁政"，同时也是《尚书》的核心

---

① 程颢，程颐．二程集：文集卷第一［M］．王孝鱼，点校．北京：中华书局，2004：450-451.

② 程颢，程颐．二程集：外书卷第十一［M］．王孝鱼，点校．北京：中华书局，2004：411.

③ 程颢，程颐．二程集：遗书卷第十八［M］．王孝鱼，点校．北京：中华书局，2004：204.

④ 程颢，程颐．二程集：遗书卷第六［M］．王孝鱼，点校．北京：中华书局，2004：91.

⑤ 程颢，程颐．二程集：文集卷第二［M］．王孝鱼，点校．北京：中华书局，2004：465.

要义之一。成忠英在论述《尚书》政治哲学时讲：

> "君"的存在，体现了一个提升的价值，其目标在于发挥人的能力，为人民的群体建立发展的空间，这是对"政治"之形成的重要论述，亦是对政治组织之可能的重要论述，其彰显了一个人能成为人类群体领导者的可能性，鼓励人实现其潜力，发挥内在于人的天人之性，也就是天之所命之性。①

在成先生看来，治理的内在理性统一于"天理"之法则，"天之所命之性"是一切治理模式的终极依据。换言之，"天之所命之性"虽是绝对必然的客观法则，但其并不外在于人，"先王"所行"王道"不是消极地符合"天理"，而是其内在本有的"道德本心""天命知性"与"天理"相合。所谓"皇天无亲，惟德是辅。民心无常，惟惠之怀"②，指的是成"德"即是复归"本心""天性"，出于"本心""天性"行王道即是合于民意，合于民意即是合于"天理"，合于"天理"就必然会得到上天的垂青而王天下。因此，好的治理模式出于"仁政"，"仁政"出于"本心""天性"，"本心""天性"是"天理"在人的呈现。可见"道德本心""天命之性"是"王道""仁政"的价值内核。程颢讲："尝观自三代而后，本朝有超越古今者五事：如百年无内乱；四圣百年；受命之日，市不易肆；百年未尝诛杀大臣；至诚以待夷狄。此皆大抵以忠厚廉耻为之纲纪，故能如此，盖睿主开基，规模自别。"③ 依程颢看来，"道德本心""外王之道"同一不二的整体性是王道治理的起点和基础。论证"王道"何以可能的"合法性"是二程政治哲学的治学核心。

现代语境中，政治合法性一般与政治权利相连贯。让-马克·夸克（Jean-Marc Coicaud）指出："权利是指与他人就有关构成每人份额的部分以及应互守义务的部分达成的谅解。权利在组织起个体之间持续关系的同时，也创造了某种相互的期待，只有得到每个人的赞同才能使之得以实现。"④ 在马克·夸克看

---

① 成中英.《尚书》的政治哲学：德化论的发展［J］.扬州大学学报（人文社会科学版），2014，18（4）：75-83.
② 阮元.十三经注疏：二［M］.清嘉庆刊本.北京：中华书局，2009：484.
③ 程颢，程颐.二程集·遗书卷第十五［M］.王孝鱼，点校.北京：中华书局，2004：159.
④ 让-马克·夸克.合法性与政治［M］.佟心平，王远飞，译.筱娟，校.北京：中央编译出版社，2002：14.

来，执政者及其构建的政治组织、政治制度"既是权利的工具，又是权利的表达。正是这一点给予了政治机构以指挥地位以及它对强制力的垄断。同样也正是这一点将赞同放诸统治权利的核心"①。虽然民众的拥护是执政合法性的重要依据，但不是全部依据或核心依据。"合法性需要对规范的重视，合法性的条件之一就是对于政府的活动应该为何取得谅解，政治究竟应该将何种价值作为自己所推动的目标，处于统治地位的人和处于服从地位的人应该就此达成一致，也只有在这个时候，统治才成为一种权利行为。"② 因此，所谓政治权利反映出的，不是"民粹主义"式的治理模式，而是基于既符合时代潮流又符合理性价值导向的治理模式。合于理性且符合潮流的价值导向最能反映一个时代的普遍价值，依据并符合这一普遍价值的政治制度、治理模式决定了政治的合法性。执政者要将其所构建的政治制度、实行的治理模式符合普遍价值视为一种政治责任，依克里斯托弗·威尔曼来看，这就是乐善好施的责任。显然，这一责任超越了一般的法制设置，上升为一种自觉的道德义务，使民众心悦诚服地认同国家的制度和治理。换言之，民众若履行了公民义务、认同国家制度和治理模式，便获得了要求执政者承担"乐善好施的责任"的权利。因此，"合法性意味着被执政者基于某种经验、价值、理念而将一种政治执政者看作正当的、符合道义的，并对这种政治统治赋以自愿、自觉的认同、支持和拥护"③。可以看出，儒家所追求的政治合法性同样不是依据于法律，而是依据于普遍的价值导向。

周代之后，"天"的概念逐渐从神秘的自然之天演化为义理之天，执政者内在德性成为其拥有权利的前提。"为政以德，譬如北辰，居其所而众星共之。"④孟子所谓"仁政"正是基于执政者的德性"以德服人"，这就是"王道"；反之，倡导"严刑峻法""上下交相利""以力服人者"，则是"霸道"。因此，执政者修身养德不仅是为了提升自身修养境界，更是为了获得广泛的政治认同，筑牢坚实的政治合法性的"王道"。北宋熙宁八年（1075），神宗"诏中外臣僚

---

① 让-马克·夸克. 合法性与政治 [M]. 佟心平，王远飞，译. 筱娟，校. 北京：中央编译出版社，2002：15.

② 让-马克·夸克. 合法性与政治 [M]. 佟心平，王远飞，译. 筱娟，校. 北京：中央编译出版社，2002：19.

③ 戴维·米勒，韦农·波格丹诺. 布莱克维尔政治学百科全书 [M]. 邓正来，译. 北京：中国政法大学出版社，2002：440.

④ 朱熹. 四书章句集注 [M]. 北京：中华书局，1983：53.

直言朝政阙失"①，在代宰相吕公著起草的上皇帝书中，程颐明确地提出："诚能省己之存心，考己之任人，察己之为政，思己之自处，然后质之人言，何惑之不可辨哉？能辨其惑，则知所以应天自新之道矣。臣请为陛下辨之。所谓省己之存心者：人君因亿兆以为尊，其抚之治之之道，当尽其至诚恻怛之心，视之如伤，动敢不慎？兢兢然惟惧一政之不顺于天，一事之不合于理。如此，王者之公心也。若乃恃所据之势，肆求欲之心，以严法令举条纲为可喜，以富国家强兵甲为自得，锐于作为，快于自任，贪惑至于如此，迷错岂能自知？若是者，以天下徇其私欲者也。勤身劳力，适足以致负败；夙兴夜寐，适足以招后悔。以是而致善治者，未之闻也。愿陛下内省于心，有近于是者乎？苟有之，则天之所戒也，当改而自新者也。"②

依程颐来看，执政者行"仁政"首要在"存心"。他指出："臣以为所尤先者有三焉，请为陛下陈之：一曰立志，二曰责任，三曰求贤。"③ "三者之中，复以立志为本。君志立而天下治矣。所谓立志者，至诚一心，以道自任，以圣人之训为可必信，先王之治为可必行。"④ 在程颢看来，为君之道之中"存心""立志""诚心"同样一以贯之，对此其指出："君志定，而天下之治成矣。所谓定志者，一心诚意，择善而固执之也。"⑤ 其中"存心"就是保持好先天本有的"道德本心"，"定志"就是"存心"要"诚"，以"道心"统"人心"。以道德理性处理好"理""欲""义""利"之间的关系，是内在道德修养向外扩充至制度构建、国家治理的关键。程颢指出："天下之害，无不由末之胜也。峻宇雕墙，本于宫室；酒池肉林，本于饮食；淫酷残忍，本于刑罚；穷兵黩武，本于征讨。凡人欲之过者，皆本于奉养，其流之远，则为害矣。先王制其本者，天理也；后人流于末者，人欲也。损之义，损人欲以复天理而已。"⑥ 在程颢看

---

① 李焘. 续资治通鉴长编：卷二百六十九［M］. 上海师范大学古籍整理研究所，华东师范大学古籍整理研究所，点校. 北京：中华书局，2004：6597.

② 程颢，程颐. 二程集·文集卷第五［M］. 王孝鱼，点校. 北京：中华书局，2004：530.

③ 程颢，程颐. 二程集·文集卷第五［M］. 王孝鱼，点校. 北京：中华书局，2004：521.

④ 程颢，程颐. 二程集·文集卷第五［M］. 王孝鱼，点校. 北京：中华书局，2004：547.

⑤ 程颢，程颐. 二程集·文集卷第五［M］. 王孝鱼，点校. 北京：中华书局，2004：256.

⑥ 程颢，程颐. 二程集·周易程氏传卷第三［M］. 王孝鱼，点校. 北京：中华书局，2004：907.

来，"宫室""饮食""刑罚""征讨"本都是正常"人事"，"人欲之过"便成
了"峻宇雕墙""酒池肉林""淫酷残忍""穷兵黩武"这些"祸事"，所以二
程常讲："'人心惟危'，人欲也。'道心惟微'，天理也。'惟精惟一之'。'允执
厥中'，所以行之。"①"天理""人欲"的对峙几乎贯穿了二程所有的政治哲学
和历史哲学。在传统儒家的政治理想中，"圣"与"王"，"仁政"与"德治"
都是统一的。为实现这一统一性，和前代儒者一样，二程毕生都在致力于如何
提升执政者的道德修养。程颐时刻提醒执政者"知、仁、勇三者，天下之达德，
学之要也"②。"治道在于立志、责任、求贤。"③ 而无论"知""仁""勇"等
"达德"还是"治道"，都本于"天理"。程颢则告诫执政者"夫以一夫之身，
立志不笃，则不能自修，况天下之大，非体乾刚健，其能治乎？自昔人君，孰
不欲天下之治？然而或欲为而不知所措，或始锐而不克其终，或安于积久之弊
而不能改为，或惑于众多之论而莫之适用。此皆上志不立故也"④。这里程颢强
调了"立志"的重要性。"立志"是"自修"的起点，是杜绝"积久之弊""惑
于众多之论"的基础。而"立志"又以"识仁"为源头。"识仁"是程颢政治
哲学的核心，体现为感悟天理、与万物融为一体的能力即所谓"一人之心即天
地之心，心一作体。一物之理即万物之理"⑤。具体到王道上，就是"成己须是
仁，推成己之道成物便是智"。

　　朱熹政治哲学是二程"王道"思想的延伸，他将合于"天理"的道德法则
与自然法则统一在一起，并为政治秩序、治理模式在形而上学层面做进一步的
本体论述，进一步强化了其绝对必然性。可以看出，至朱熹，"王道"概念已不
再是简单地重复"先王之道"，而是源于超越"天理"的外在扩充。这一发展
一方面反映了宋代政治学的治学领域由以往的伦理学、宇宙论向形而上的哲学
领域转化，另一方面反映了传统儒家思想的理性化发展。朱熹延续了二程由内

① 程颢，程颐. 二程集·遗书卷第十一 [M]. 王孝鱼，点校. 北京：中华书局，2004：126.
② 程颢，程颐. 二程集·遗书卷第十一 [M]. 王孝鱼，点校. 北京：中华书局，2004：126.
③ 程颢，程颐. 二程集·遗书卷第十一 [M]. 王孝鱼，点校. 北京：中华书局，2004：126.
④ 程颢，程颐. 二程集·文集卷第五 [M]. 王孝鱼，点校. 北京：中华书局，2004：521.
⑤ 程颢，程颐. 二程集·遗书卷第二上 [M]. 王孝鱼，点校. 北京：中华书局，2004：13.

在道德修养开出外王之道的"王道"理路，其中"天理"便是内圣开外王的超越遵循，这显然与先秦孔孟依据"三代圣王"的历史典范构建外王事业的方式不同。朱熹王道政治的实现体现的就是由内圣之修开出外王之道这一过程，而这也正符合传统儒家所设想和所期望的政治理想。朱熹的王道政治是以超越现实存在的天理为理论基础的，与先秦孔孟所倡导的三代圣王之治的历史经验基础不同。因为在朱熹看来，历史终究是历史，它并不能引导现实的政治之道。"历史之所以不可以作为指导现实的理想模型，是因为历史本身并不能告诉人应然的政治生活是什么，所以，任何历史中曾经存在过的政治都只能是理想政治说明与指引的对象，而不能成为理想的自身。"① 也就是说，任何的现实存在都不足以成为评判的标准和指引的目标。所以朱熹从形而上的理本论出发，把王道思想阐释为符合天理的为政之道，以道义或仁义为一切政治主张和政治行为的衡量准则。这样一来，王道思想的实行就是普遍之天理的流行，是一种先验的存在。这也就使得由内圣开外王成为可能。虽然万物分殊，但终究本于一理；人虽气禀各异，但终究有良知。所以只要人主敬涵养、穷理致知，就终能复归天理，心与理一。而王道又是符合天理的为政之道，所以自然而然地，心与理一了，王道之政也就显现出来了。也正是因此，朱熹对王道思想的确立更是强调仁义的价值。任何政治主张和政治行为都要以仁义为原则，违反仁义原则的任何政治治理都是不允许的。比如以王霸之辩、动机与效果为例，为政好坏的标准不是效果，而是动机，如若为政动机偏离仁义，即便取得好的为政效果亦是不可的，同与王道根本对立的霸道无异。在朱熹的王道之政理论下，一切为政只以仁义道德为纲。所以，要想行王道之治，首先就要修身，其次才能齐家、治国、平天下。

二、政治哲学的天理观基础

据前文可知，朱熹的政治哲学以"王道"为核心，以合于"天理"为终极依据，换言之就是以"理"治理国家、平定天下的为政之道。显然，天理观是朱熹政治哲学理论的逻辑起点。

纵观朱熹治学生涯，他最初求学李侗，研习"理一分殊"，由此真正进入儒门。赵师夏曰："文公先生尝谓师夏曰：'余之始学，亦务为侊侗宏阔之言，好

---

① 李锋. 天理与道义的彰显：朱熹王道思想的政治哲学解析［J］. 贵州师范大学学报（社会科学版），2008（4）：1-6.

同而恶异，喜大而耻于小。于延平之言，则以为何为多事若是？天下之理一而已，心疑而不服。同安官余，以延平之言反复思之，始知其不我欺矣。'盖延平之言曰：'吾儒之学所以异于异端者，理一分殊也。理不患其不一，所难者分殊耳。此其要也'。"①

可以看出，朱熹早年受佛老思想影响，对洞悉宇宙万物的普遍性规律颇为用心，而对宇宙万物个性化差异却很少关注。在李侗"理一分殊"论的启发下，朱熹进一步区分了儒家和佛老思想之间的差异，明确了"理"并不是与"人事"割裂的外在超越存在；然而，"理一分殊"难点不是论证"理一"，而是如何论证将"理一"贯彻于具体事物的"分殊"。由此，通过学习李侗的"理一分殊"论，朱熹逐渐将超越的抽象"天理"与具体的现实事物统一在一起。无论是在同安任主簿、进朝给太子讲学，还是建书院讲学，"理一分殊"的观念都促使其关注现实问题。为官，他频繁上书朝廷，分析棘手的现实问题并给予解决方案；在野，他授业解惑，参加基层活动。更重要的是，他并不只是关注现实问题，而是基于儒者的视野，将现实的问题提升到本体论的层面来解析。可见，朱熹思想中呈现的并非极端的形上思辨，而是基于现实问题去洞悉现实背后的"常道""常理"。

朱熹大量的哲学思想、施政之要都收录在其文集中。朱熹所处的南宋时代，是中国历史中文化发展的又一高峰，但在光鲜背后却暗含危机。对外，北方的女真、党项等民族虎视眈眈，边关长燃战火；在内，阶级矛盾日趋复杂尖锐，各种治理方案捉襟见肘。在朱熹看来，内外交困局面之症结在于儒家伦理纲常的失效。在一份上书中其言："臣闻四海之广，兆民至众，人各有意，欲行其私，而善为治者，乃能总摄而整齐之，使之各循其理而莫敢不如吾志之所欲者，则以先有纲纪以持之于上，而后有风俗以驱之于下也。何谓纲纪？辨贤否以定上下之分，核功罪以公赏罚之施也。何谓风俗？使人皆知善之可慕而必为，皆知不善之可羞而必去也。"② 依朱熹来看，南宋面临的混乱局面和东周时代极为相似，"天下之人，唯利是求"而缺乏正确的价值导向的疏导。所以，朝廷要"先有纲纪"端正价值，再使之成为"日用而不觉"的"风俗"，让民众"知善""知不善"以治"私欲"。面对以秦桧擅权为代表的宰相专权，宋代朝廷将

---

① 曾枣庄，刘琳. 全宋文：第二百九十四册·卷六七〇六［M］. 上海：上海辞书出版社；合肥：安徽教育出版社，2006：331.
② 曾枣庄，刘琳. 全宋文：第二百四十三册·卷五四三［M］. 上海：上海辞书出版社；合肥：安徽教育出版社，2006：53-54.

相权逐渐收回中央进一步集权。对此朱熹讲:"臣闻人主以论相为职,宰相以正君为职,二者各得其职,然后体统正而朝廷尊,天下之政必出于一,而无多门之弊。"① 在朱熹看来,君主不能独断专行,应该更多地听取下臣的建议;臣子也不能总是迎合君主的意志,而要时时劝谏,"格君心之非"。君主"以此处心,以此立志,则仁义之道明于上而忠孝之俗成于下。人道既得,天地之和气自当忻合无间……则何事之不可成,何功之不可立哉?"② 。朱熹之所以强调格君主之心,是因为这是解决当时君臣关系问题的主要途径,只有确立合理的君臣关系,上下才能和谐有序,民众才能实践社会伦理,国家才能繁荣昌盛。

从朱熹的政治理念来看,治理理念是天下纲纪和民间教化的关键,它不是形成于执政者的主观臆断,而是来自民众对儒家伦理价值的认同。儒家的政治理想是基于"礼乐"构建的一套纲常秩序,以实现天下的统一、和谐;其中,"礼乐"精神又以"仁""义"为价值内核。关于"仁""义",朱熹指出:"仁但主爱,若其等差,乃义之事。仁、义虽不相离,然其用则各有主而不可乱也。"③ 在朱熹看来,"仁"之主意在"爱人","义"之主意在"等差"。从本体论层面看,"仁""义"是同一不二的;但从现实层面看,二者各有其"用"。因此"盖仁多便遮了义,义多便遮了那仁"④,强调"仁"之"爱人"不能忽视"义"之"等差",强调"义"之"等差"不能忽视"仁"之"爱人"。"爱人"反映了"仁"的普遍性,"等差"反映了"义"的特殊性,这实际上是"理一分殊"论的延续,强调的是普遍性、特殊性、动态性的统一而不是原理性的统一。朱熹对"三代"伦理价值的崇尚,既不来源于儒学的学术主张,也不是对孔孟之学的认同,而是因为它合于"天理",符合社会治理的客观规律。如朱熹所言:"更自一身推之于家,实是有父子,有夫妇,有兄弟;推之天地之间,实是有君臣,有朋友。都不是待后人旋安排,是合下元有此。"⑤ 社会秩序、文化

① 曾枣庄,刘琳. 全宋文:第二百四十三册·卷五四三〇 [M]. 上海:上海辞书出版社;合肥:安徽教育出版社,2006:53.
② 曾枣庄,刘琳. 全宋文:第二百四十三册·卷五四三一 [M]. 上海:上海辞书出版社;合肥:安徽教育出版社,2006:64.
③ 曾枣庄,刘琳. 全宋文:第二百四十五册·卷五四八六 [M]. 上海:上海辞书出版社;合肥:安徽教育出版社,2006:147.
④ 朱熹. 朱子语类:卷第四 [M]. 黎靖德,编,王星贤,点校. 北京:中华书局,1986:57.
⑤ 朱熹. 朱子语类:卷第十四 [M]. 黎靖德,编,王星贤,点校. 北京:中华书局,1986:256.

规范"不为尧存，不为桀亡"完全源自超越人为、永恒不变的天地法则。因此"夫人只是这个人，道只是这个道，岂有三代汉唐之别"①，"尧、舜、三王、周公、孔子所传之道，未尝一日得行于天地之间也。若论道之常存，却又初非人所能预，只是此个自是亘古亘今常存不灭之物，虽千五百年被人作坏，终殄灭他不得耳。"②。所以良好的政治秩序、社会法则所彰显的"天理"，既不是圣王创造，也不是只有圣王才能感悟，普通人通过"省察""格物"都能体证它。而历史中一些集权严重的时期，更多强调"理一"，而忽视"分殊"。正如朱熹在《孟子集注·梁惠王章句下》所言："害仁者，凶暴淫虐，灭绝天理，故谓之贼。害义者，颠倒错乱，伤败彝伦，故谓之残。一夫，言众叛亲离，不复以为君也。《书》曰'独夫纣。'盖四海归之，则为天子；天下叛之，则为独夫。所以深警齐王，垂戒后世也。"③ 针对这一情况，朱熹讲："人主之学，当以明理为先，是理既明，则凡所当为而必为，所不当为而必止者，莫非循天之理，而非有意必固我之私也。"④ 依朱熹来看，解决君主的独断，首先要格君主"意必固我之私"，为当为之事，由此即是合于"天理"。反之，以一己之私行独断专行之事就是违背"天理"。可见，在朱熹看来，"天理"是其政治哲学的终极价值依据，如其所言，"常窃以为亘古亘今，只是一体，顺之者成，逆之者败，固非古之圣贤所能独然，而后世之所谓英雄豪杰者，亦未有能舍此理而得有所建立成就者也"⑤。"天理"是超时空的恒常之理，无论古今，只有合于"天理"才能成就伟业。从现实层面看，历代君臣上下隶属，相互关系多呈现为法家式"上下交相利"的权谋和斗争。而站在"天理"的层面看，无论是君臣之位还是君臣之责，都源于"天理"的法则，君和臣要摒弃源于一己之私的独断，超越"上下交相利"的现实束缚，回归合于"天理"而本有的"道德本心"，各安其位、各负其责。所以，"天理"并不是脱离现实的超越存在，而是潜在或先在于具体事物的存在法则。

---

① 曾枣庄，刘琳．全宋文：第二百四十五册·卷五四七［M］．上海：上海辞书出版社；合肥：安徽教育出版社，2006：323.
② 曾枣庄，刘琳．全宋文：第二百四十五册·卷五四九七［M］．上海：上海辞书出版社；合肥：安徽教育出版社，2006：317.
③ 朱熹．四书章句集注［M］．北京：中华书局，1983：221.
④ 曾枣庄，刘琳．全宋文：第二百四十三册·卷五四三一［M］．上海：上海辞书出版社；合肥：安徽教育出版社，2006：62.
⑤ 曾枣庄，刘琳．全宋文：第二百四十五册·卷五四九七［M］．上海：上海辞书出版社；合肥：安徽教育出版社，2006：325.

在解释了社会治理何以要依据"天理"、如何依据"天理"后，朱熹又把"理"分化为"所以然"之"理"和"所当然"之"理"。"至于天下之物，则必各有所以然之故与其所当然之则，所谓理也。"① 依现代话语，"所以然"之"理"对照事物之"事实"，属于理论理性范畴；"所当然"之"理"对照事物之"价值"，属于实践理性范畴。"夫天下之事，莫不有理……有以穷之，则自君臣之大以至事物之微，莫不知其所以然与其所当然，而无纤芥之疑。"② 无论君臣层面的国家治理还是世间一般性事物，其中都蕴含着"所以然"之"理"和"所当然"之"理"，"天人事一理"体现了二者的辩证统一关系。一方面，二者本就一体而无所区分；另一方面，就功用而言，"所以然"之"理"既为"所当然"之"理"构建了"知识"基础，又被"所当然"之"理"所统御。因此，二者不可执于一端而有所偏颇。

从朱熹政治理念的本体论的根据来看，朱熹政治哲学最显著的特征就是把国家治理、政治秩序的构建上升至本体论的层面来讨论，将其中"道理"统合于宇宙万物之"天理"。为了避免超越之"理"与现实脱离，朱熹借鉴了张载"气"的思想。"天地之间，有理有气。理也者，形而上之道也，生物之本也。气也者，形而下之气也，生物之具也。"③ 在朱熹看来，"理""气"在时间上并无先后，"有理有气""有气有理"。而所谓"先后"只是逻辑上的"先后"，一事物的存在先要有其本体（理），才可讲其具体内容（气）。为更好地厘清"理""气"之关系，朱熹又引出了"道"的概念："道，须是合理与气看。理是虚底物事，无那气质，则此理无安顿处。《易》说'一阴一阳之谓道'，这便兼理与气而言。阴阳，气也。一阴一阳，则是理矣。"④ 在朱熹看来，"道"是"理""气"不二的同一本体，"道生两仪"有了"辩证"，产生了"阴""阳"二气，而为何是"阴""阳"二气，这由"理"所决定。可见，"道"是不二本体，"理"是"本体"之性质，"气"是"本体"之衍生。因此，"道"是"生生之本"，它体现的是极致的普遍性、统一性、大全性；"理"是"生生之理"，

---

① 丘濬. 大学衍义补：治国平天下之要（下）［M］. 金良年，整理，朱维铮，审阅. 上海：上海书店出版社，2012：558.

② 曾枣庄，刘琳. 全宋文：第二百四十六册·卷五五〇五［M］. 上海：上海辞书出版社；合肥：安徽教育出版社，2006：96.

③ 曾枣庄，刘琳. 全宋文：第二百四十六册·卷五五〇五［M］. 上海：上海辞书出版社；合肥：安徽教育出版社，2006：96.

④ 朱熹. 朱子语类：卷第七十四［M］. 黎靖德，编，王星贤，点校. 北京：中华书局，1986：1896.

它体现的是超越的法则性、规律性；"气"是"生生之物"，它体现的是事物的现实性、具体性、特殊性。所以朱熹言："同者理也，不同者气也。"① "都是阴阳，无物不是阴阳。"②

朱熹以理一分殊来讲理气关系。"理一"体现了事物之间普遍的统一关系；"分殊"体现了事物之间的特殊性，不同事物之间以什么关系统一在一起是"理"所决定的。宇宙万物"理一分殊"的存在模式在朱熹看来是宇宙秩序的根本。"大抵天下事物之理，亭当均平，无无对者，惟道为无对。然以形而上下论之，则亦未尝不有对也。盖所谓对者，或以左右，或以上下，或以前后，或以多寡，或以类而对，或以反而对，反复推之，天地之间真无一物兀然无对而孤立者。"③ 依朱熹来看，"对"体现了呈对立辩证的事物，及事物辩证的正反两面；且"对"是普遍存在的，以"阴""阳"为其存在形式。对于"阴阳"，朱熹讲："健，阳也。顺，阴也。"④ "健是禀得那阳之气，顺是禀得那阴之气。"⑤ 依朱熹来看，"理一分殊"的辩证之"对"体现为"阴""阳"不同的特性及功用。而阳之"健"、阴之"顺"看似两极对立，却又相辅相成、互为条件，使"阴阳"二气既和谐平衡又可相互转化，由此才能产生万物。朱熹多以卦象来论述"阴""阳"二气的辩证对立与相互转化的关系。如《周易》中的否卦和未济卦。朱熹讲："未济，事未成之时也，水火不交，不相为用。"⑥ 在否卦、未济卦里，乾与火属性为"阳"，坤与水属性为阴，在上之阳体现为绝对性，在下之阴体现为差别性。当上下阴阳只强调自身的属性，始终处于对立关系，那么，双方就不能实现同一，进而万物不通，乾坤不能成万物。依朱熹来看，与从阴阳对立转化到阴阳交会的泰卦相反，在否卦和未济卦中，阴阳双方互相强调自己的属性，造成两者之间只有对立的关系，不能达到统一的和谐关系。当双方的对立关系发生改变，又会片面地强调一方的绝对性。关于革卦，

---

① 朱熹.朱子语类：卷第七十四 [M].黎靖德，编，王星贤，点校.北京：中华书局，1986：1896.

② 朱熹.朱子语类：卷第六十二 [M].黎靖德，编，王星贤，点校.北京：中华书局局，1986：1504.

③ 朱熹.朱子语类：卷第六十二 [M].黎靖德，编，王星贤，点校.北京：中华书局局，1986：1504.

④ 朱熹.朱子语类：卷第十七 [M].黎靖德，编，王星贤，点校.北京：中华书局，1986：374.

⑤ 朱熹.朱子语类：卷第十七 [M].黎靖德，编，王星贤，点校.北京：中华书局，1986：375.

⑥ 朱熹.周易本义·卷之二 [M].廖名春，点校.北京：中华书局，2009：218.

朱熹言："革，变革也。兑泽在上，离火在下，火然则水干，水决则火灭……志不相得，故其卦为革也。"① 据此卦象看，水在火上意在灭火，而火在水下，意在把水烧干。阴阳双方如果相互没有制约，必然导致二者走向各自的极端而失去平衡。颠覆了这种平衡，阴具劣势便失去了个性没有了牵制力，阳具优势则更显著地表现出自己的属性。最后，当阴完全顺从阳的时候，阳就完全磨灭阴的合理性而取得绝对地位。这样，阴阳失去统一性，阳完全压制阴，形成统治和从属、压制和服从的关系。对此，朱熹言："此是'泽中有火'之象，便有那四时改革底意思。"② 在朱熹看来，任何事物处于这种从属状态之下就是要开始改革的时候了，进而复归阴阳二者的平衡。

当阴阳对立达到极致，双方就会开始向对方转换。就如泰卦和既济卦。《泰·象传》言："'泰，小往大来，吉，亨。则是天地交而万物通也，上下交而其志同也。内阳而外阴，内健而外顺，内君子而外小人。"既济卦是"水在火上，水火相交则为用矣。各当其用，故为既济"③。依此卦，阳居上，阴居下，局面在泰卦、既济卦中，发生了位置的颠覆。阴到了阳的位置而获得阳的差异性，阳到了阴的位置而获得阴的差异性。阴阳同时保存各自的属性，阳依据自己的趋势向上运行，阴依据自己的趋势向下运行，由此阴阳交替，天地万物条畅。可见，泰卦和既济卦中阴阳相交，各自保存了自己的个性，实现了各自存在的合理性，同时在互相结合中双方个性逐渐转化为普遍性。"合理性"体现为阴阳之分的"分殊"，"普遍性"体现为阴阳之合的"理一"。"理一"由"分殊"而成为可能，"分殊"也以"理一"为发展趋势，泰卦和既济卦反映的就是这种"分殊"和"理一"的统一性，"分殊"和"理一"缺一，泰、既济就不能生成。在朱熹看来，"理一分殊"就是事物生生转化的根本依据和发展规律。阴阳双方为何要相交？朱熹言："泰时则万物各遂其理，方始有裁成辅相处。"④ 在朱熹看来，阴阳双方各有优势，各有所向，而且一方之优势正是另一方之劣势，一方之富足正是另一方之短缺。因此，阳需要阴来弥补自己的弱点，阴也需要阳来弥补自己的不足，阴阳统一相互交往，才能形成上下一体的大全。

---

① 朱熹．周易本义·卷之二 [M]．廖名春，点校．北京：中华书局，2009：177.

② 朱熹．周易本义·卷之二 [M]．廖名春，点校．北京：中华书局，2009：177.

③ 程颢，程颐．二程集·周易程氏传卷第四 [M]．王孝鱼，点校．北京：中华书局，2004：1017.

④ 朱熹．朱子语类：卷第七十 [M]．黎靖德，编，王星贤，点校．北京：中华书局，1986：1760.

所以，朱熹言："天地间只有一个阴阳，故程先生云：'只有一个感与应。'所谓阴与阳，无处不是。且如前后，前便是阳，后便是阴。又如左右，左便是阳，右便是阴。又如上下，上面一截便是阳，下面一截便是阴。"① 可见，阳和阴的运动必要依靠对方，不可单就阳而言全体，亦不可单就阴而言全体，感应的本质就是结合阴阳两个个体而为全体，由个体的部分而趋向全体。个体必须为全体所驾驭，全体必须以个体为目的。就全体而言，阴即阳，阳即阴；从个体来看，阴非阳，阳非阴。全体反映阴阳的统一性，个体反映阴阳的特殊性。因此，这里所说的阴阳统一之"合处"并不是超越阴阳两者的抽象的统一，更不单纯是两者的结合物，而是一种阴阳相互交感而运转的状态，这就是阴阳之合。阴阳之分是双方运转的统一之中获得的特殊合理性，强调实现自己的特性。朱熹说："阴阳之理，有会处，有分处，事皆如此。"② 在朱熹看来，宇宙万物有两种规律："会处"和"分处"。"会处"体现阴阳之统一性规律，"分处"就是阴阳之特殊性规律。阴阳统一性和特殊性就是"理"所以然的特质。宇宙阴阳之理是阴阳之统一性和特殊性的统一，万物都有阴阳之理。阴阳的特殊性体现了双方保持自己固有之本质的趋向，阴阳的统一性体现了双方相互交感生成万物的趋向。这就是宇宙生成、运转的规律。在朱熹看来，宇宙之间的各种事物都按自然之理这一阴一阳之道而存在；就人而言，人的先天道德本质依据的同样也是自然之理。对此，朱熹引用《系辞传》的"一阴一阳之谓道，继之者善也，成之者性也"，指出："继之者善，方是天理流行之初，人物所资以始。成之者性，则此理各自有个安顿处。"③ 在朱熹看来，依据贯连至自然之理的人之先天道德本质，构成了合自然之理与人道的本体论。"天之道，不出乎阴阳；地之道，不出乎柔刚。是则舍仁与义，亦无以立人之道矣。"④ 虽然在朱熹看来，"理一分殊"的天理本质贯通于宇宙万物，但是映射到具体事物而呈现出来的形态却各不相同。天理映射于人则为仁义。"仁，只是流出来底便是仁，各自成一

① 朱熹. 朱子语类：卷第七十四 [M]. 黎靖德，编，王星贤，点校. 北京：中华书局，1986：1879.

② 朱熹. 朱子语类：卷第六十五 [M]. 黎靖德，编，王星贤，点校. 北京：中华书局，1986：1602.

③ 朱熹. 朱子语类：卷第七十四 [M]. 黎靖德，编，王星贤，点校. 北京：中华书局，1986：1897.

④ 曾枣庄，刘琳. 全宋文：第二百四十三册·卷五四三一 [M]. 上海：上海辞书出版社；合肥：安徽教育出版社，2006：62.

个物事底便是义。仁只是那流行处，义是合当做处。"① 依朱熹来看，天命之性在人的映射"流行"就是仁，是"理一"的体现；同时仁又以成全具体事物之特殊性为目的，这就是义，这是"分殊"的体现；最后，"仁义"相统一，即为"人之道"。进一步看，在治理模式中，"仁"体现了君臣上下一体的政治和谐性；"义"体现了君臣之间封建等级的政治秩序性。在朱熹看来，偏执于君臣之间的特殊性，就会忽视君臣之间的和谐统一性；偏执于君臣之间的统一性，就会忽视君臣之间的特殊性。在本体论层面，统一即特殊，特殊即统一。可见，朱熹政治哲学中，仁里有义、义里有仁，仁义是即统一即特殊的关系。

在朱熹看来，天地万物同为一理，即天理，但一物有一物之理，一事又有一事之理，此物理非彼物理。万物本一太极，此即理一；万物各有一太极，此即分殊。天上只有一个月亮，但是江河湖海中却映射了千百个月亮；这千百个月亮虽各有特质，但却都是共同出于天上月亮的映射，得到了天上月亮的全体，这就是"理一分殊"。为了更好地说明"理一分殊"，朱熹引进理气之辩："同者理也，不同者气也。"理即理一，气即分殊。万事万物统一于理，之所以形质各有不同乃气禀所致。理以成性，气以成形，理搭于气，理气结合方成物。"理"是宇宙万物的统一，是宇宙万物运行变化的本根。"气"乃万物之别，是宇宙万物"千百"不同之根本。

天地万物统一于理，天理是天地万事万物运动变化的依据或根源。一家一国虽是一具体社会组织，但亦是天地万物中之一物，故亦必有其必然之理和当然之则，这个必然之理和当然之则就是"理"在"国家"这个具体组织的"分殊"呈现。所以国家治理同样要以天理为准则，不能违背其基本原则。"一个国家依照国家之理去组织治理，那就是理想的国家；反之，一个国家如违背国家之理，就不是正当合理的国家，不正当不合理的国家不可能长治久安。"② 天理是治国的根本，执政者要顺应天理，以理治国，无论君臣民众都受天理的约束，以天理为最高准则行事，那么国家方会长治久安，民众才能安居乐业。

朱熹说，天地宇宙之间只是一个理，无论万事万物的生长化育，还是人类社会的礼法规范、人伦纲常，都只不过是理的流行、理在现实中的表现而已。在他看来，宇宙间人、事、物各为天理流行化育，天理乃万物之根本。同样，

① 朱熹.朱子语类:卷第九十八 [M].黎靖德，编，王星贤，点校.北京:中华书局，1986:2527.
② 李振纲.中国古代哲学史论 [M].北京:中国社会科学出版社，2004:231.

宇宙间事物变化规律，以及人与人、人与物之间的伦理纲常、行为准则亦是天理流行之体现。所以，人的日常伦理、行为准则要符合天理。同样，君王的意愿也要服从天理，而非以个人意识、欲望、情感为准则。"圣门日用工夫，甚觉浅近。然推之理，无有不包，无有不贯，及其充广，可与天地同其广大。故为圣，为贤，位天地，育万物，只此一理而已。"① 所以每个人都必须遵守这个必然之则。天理观是朱熹政治哲学的理论基础，这是理。而理气结合方可成物，所以从天理观出发，朱熹又构建出一套君主专制体系。他说，虽然万物各有一"太极"，且天理、物理、人理乃同出一源，但是此物非彼物，各物所据之具体之理不同，皆因气禀之异。所以如此一来，为君有为君之理，为臣有为臣之理，为子有为子之理，为父有为父之理，等等。君当仁，臣须敬，子为孝，父应慈。"物物各具此理，而物物各异其用，然莫非一理之流行也。"② 仁义为先、以民为本、为政以德等思想都是朱熹以天理观作为理论基础建构出的王道哲学内容。

第二节　"絜矩"与"格君心"之道

"絜矩之道"作为儒家伦理的重要思想，历来为中国传统社会执政者所重视，并成为维系和谐的人际关系的基本道德法则，在社会政治经济生活等领域获得了持续的社会认同。大力发掘和倡导"絜矩之道"的内涵及价值，对于激发人们的主体能动性、积极承担社会责任、维护人际关系、建设和谐社会，具有深刻的现实意义。

一、"絜矩之道"

"絜矩之道"是儒家的重要治国依据。《大学》"平天下在治其国"章载有曾子关于"絜矩之道"的论述。曾子后，学者多对这一论述进行诠释，其中最有代表性的就是朱熹。随着朱熹《四书章句集注》成为后世官方正统文本，朱熹对《大学》的诠释注解，特别是其中"絜矩之道"这一重要的治国方略，被

① 朱熹.朱子语类：卷第八［M］.黎靖德，编，王星贤，点校.北京：中华书局，1986：130.
② 朱熹.朱子语类：卷第十八［M］.黎靖德，编，王星贤，点校.北京：中华书局，1986：398.

提升至一个全新的高度。《大学》曰："所谓平天下在治国者，上老老而民兴孝；上长长而民兴弟；上恤孤而民不倍。是以君子有絜矩之道也。"① 朱熹认为，平天下的前提是治国，仁君是尊敬老人的典范，民众就会效仿而孝顺父母；仁君是尊重长辈的典范，民众就会效仿而尊重亲长；仁君是救助体恤孤寡的典范，民众就会效仿而对孤寡不离不弃。可见，凡仁君无一不是在践行"絜矩之道"。实现"絜矩之道"，必然要依据某种标准、规范。《大学》曰："所恶于上，毋以使下；所恶于下，毋以事上；所恶于前，毋以先后；所恶于后，毋以从前；所恶于右，毋以交于左；所恶于左，毋以交于右。此之谓絜矩之道。"② 在朱熹看来，不喜欢长辈、上司的做法，就不要按照这种做法去对待你晚辈、下属；不喜欢晚辈、下属的做法，就不要按照这种做法去对待你的长辈、上司；不喜欢前代人的做法，就不要让后代的人效仿这一做法；不喜欢后代人的做法，就要理解前代人的做法；不喜欢周围人的做法，就不要按照这种做法去对待你周围的人。此即是"絜矩之道"。

"絜矩之道"中的"絜"多指"度量"，原义是指用绳子计量圆筒形物体的粗细，引申为衡量；"矩"原义是指帮助画直角的工具，引申为法度、规范。在《礼记正义》中，郑玄指出："絜，犹结也，挈也；矩，法也。君子有挈法之道，谓当执而行之，动作不失之。"③ 据《礼记集说》中总结孔颖达疏之义曰："此经申明絜矩之义。上有不善之事加己恶之，则不可持此事使己下者。"至朱熹，其注为："如不欲上之无礼于我，则必以此度下之心，而亦不敢以此无礼使之。不欲下之不忠于我，则必以此度上之心，而亦不敢以此不忠事之。至于前后左右，无不皆然。则身之所处，上下、四旁、长短、广狭，彼此如一，而无不方矣。彼同有是心而兴起焉者，又岂有一夫之不获哉？"④ 在朱熹看来，以礼敬父母之心宽待民众，无论面对上下阶层、前后之人、左右之邻都要行忠恕之道，己所不欲勿施于人。仁君要把自己树立为良好的典范，民众就必然会效法。

"絜矩之道"是国家治理的终极依据。郑玄讲："絜矩之道，善持其所有，以恕于人耳。治国之要尽于此。"⑤ 朱熹评价为"所操者约，而所及者广。此平

① 朱熹. 四书章句集注 [M]. 北京：中华书局，1983：10.
② 朱熹. 四书章句集注 [M]. 北京：中华书局，1983：10.
③ 阮元. 十三经注疏：六 [M]. 清嘉庆刊本. 北京：中华书局，2009：3635.
④ 朱熹. 四书章句集注 [M]. 北京：中华书局，1983：10.
⑤ 阮元. 十三经注疏：六 [M]. 清嘉庆刊本. 北京：中华书局，2009：3635.

天下之要道也"①。许谦亦指出治平天下之道,乃在"絜矩之道"。质言之,曾子依据《大学》最后一章,提出"絜矩之道"的概念,并用了大量的事例来呈现絜矩之道。其中,作为画直角或方形用的工具,经过引申其内涵,"矩"成为儒家的仁义道德原则的标准;作为用绳子来量圆筒粗细的工具,经过引申其内涵,"絜"成为衡量、治理具体事务的准则;将"矩""絜"运用在具体的国家治理中,便可引申为如何处理君民关系、血缘关系、选才标准、义利等问题的标准。对此,曾子讲:"道得众则得国,失众则失国。是故君子先慎乎德。有德此有人,有人此有土,有土此有财,有财此有用。德者,本也;财者,末也。外本内末,争民施夺。是故财聚则民散,财散则民聚。是故言悖而出者,亦悖而入;货悖而入者,亦悖而出。"② 在曾子看来,执政者保有内在德性,是获得土地和财富的根本。若执政者轻德重财,与民争利,必然会"财聚则民散"。曾子认为,处理好德和财的关系事关国家存亡、民心向背。执政者是实现国家治理的重要力量和推动者,其自身的内在道德修养对天下而言具有表率作用,对天下民众影响重大。曾子以尧舜及暴君桀纣的事例来印证这一论述:"尧舜帅天下以仁,而民从之;桀纣帅天下以暴,而民从之;其所令反其所好,而民不从。"③

可见,"絜矩之道"的核心功能有四。

其一,上行下效的示范功能。

通过塑造民众的德性人格来端正社会风气。依儒家来看,个人的内在道德修养可以传导至他人,进而成为营造社会重德向善氛围的重要力量。孔子讲:"君子之德,风;小人之德,草。草上之风,必偃。"④ 在春秋时代的鲁国,因为盗匪猖獗,上卿季康子想以严刑峻法加以遏制,孔子不同意这一做法。在孔子看来,如果执政阶层品性优良,下层民众必然会效法,反之则必然导致盗匪猖獗。所以,执政者如风,民众如草。风如何吹,草便如何依附。所以,朱熹注曰:"为政者,民所视效,何以杀为? 欲善,则民善矣。"⑤ 孔子又言:"为政以德,譬如北辰,居其所而众星共之。"⑥ 在孔子看来,仁君以良好的德行来治

① 朱熹. 四书章句集注 [M]. 北京:中华书局,1983:10.
② 阮元. 十三经注疏:六 [M]. 清嘉庆刊本. 北京:中华书局,2009:3635.
③ 朱熹. 四书章句集注 [M]. 北京:中华书局,1983:9.
④ 朱熹. 四书章句集注 [M]. 北京:中华书局,1983:138.
⑤ 朱熹. 四书章句集注 [M]. 北京:中华书局,1983:138.
⑥ 阮元. 十三经注疏:十 [M]. 清嘉庆刊本. 北京:中华书局,2009:5346.

理国家，民众就会像参北斗的群星一般围绕在他的周围。"上好礼，则民莫敢不敬；上好义，则民莫敢不服；上好信，则民莫敢不用情。夫如是，则四方之民襁负其子而至矣!"① 执政者以身作则、树立表率，对于国家治理而言意义重大。"政者，正也。子帅以正，孰敢不正。"② 为政之道，在于走正道，"其身正，不令而行；其身不正，虽令不从"③。执政者为人正直，不必命令，民众会自觉效法；如果为人不正直，即便严刑峻法，民众也会抗拒而多行匪盗之事。"苟正其身矣，于从政乎何有？不能正其身，如正人何？"④ 因此，治理国家时，执政者要先做到正己之心，才能教化民众。这也是曾子讲的"上老老而民兴孝，上长长而民兴弟；上恤孤而民不倍。是以君子有絜矩之道"，强调为人正直的执政者依据"矩""絜"的度量准则和尺度以身作则的重要性。执政者率先垂范，教化民众孝悌忠信，民众自然心悦诚服地归顺。如文王以西岐一域而王天下，体现的就是这个道理，反之如商纣就会丧失天下人心直至亡国。正所谓"老吾老，以及人之老；幼吾幼，以及人之幼。天下可运于掌"⑤；"未有上好仁而下不好义者也，未有好义其事不终者也，未有府库财非其财者也"⑥。执政者不重视德性修养、好仁义，民众则不诚心追随，政治理想亦不能实现，国库财物不会获得保全。

其二，推己及人的传递功能。

修齐治平是曾子所认为的最高治理理想。絜矩之道是实现这一理想的关键。"所恶于上，毋以使下；……所恶于左，毋以交于右。此之谓絜矩之道。"⑦ 曾子继承发展了孔子的"推己及人"思想。在曾子看来，一方面，执政者首先要重视内在的道德修养，做到以己之心度人之心，及时了解民众的生存状态；另一方面，民众同样要理解执政者的体恤之心，用效仿执政者的德性来规范自己的思想和行为。如果上下君民都能以儒家理想的伦理价值来规范自己，做到上下有序、等级有别，整个天下必然会实现和谐有序的发展。"民之所好好之，民之所恶恶之，此之谓民之父母。"《大学》对此朱熹言："言能絜矩而以民心为

① 朱熹．四书章句集注［M］．北京：中华书局，1983：142.
② 朱熹．四书章句集注［M］．北京：中华书局，1983：137.
③ 朱熹．四书章句集注［M］．北京：中华书局，1983：143.
④ 朱熹．四书章句集注［M］．北京：中华书局，1983：144.
⑤ 朱熹．四书章句集注［M］．北京：中华书局，1983：209.
⑥ 阮元．十三经注疏：六［M］．清嘉庆刊本．北京：中华书局，2009：3636.
⑦ 朱熹．四书章句集注［M］．北京：中华书局，1983：10.

己心,则是爱民如子,而民爱之如父母矣。"① 在朱熹看来,"爱民如子""爱之如父母"是"人心之所同",依据此"同"不将自己的意思强加于人,是"絜矩之道"的关键所在。后来,他在回答门人的提问时进一步阐述了这一道理:"以己之心度人之心,知人之所恶者不异乎己,则不敢以己所恶者施之于人,使吾之身一处乎此则上下四方、物我之际各得其分,不相侵越,而各就其中校其所占之地,则其广狭长短又皆平均如一,截然方正,而无有余不足之处,是则所谓絜矩者也。"②

其三,发挥主体的能动功能。

关于运用"絜矩之道",曾子言:"所恶于上,毋以使下;……所恶于左,毋以交于右。"《大学》对此"絜矩之道",朱熹概括为"三折说",即"他人(上、左、前)<——>自我(主体)<——>他人(下、右、后)",指出自我(主体)在处理人际关系过程中作用重大。他说:"所谓絜矩者,如以诸侯言之,上有天子,下有大夫。天子扰我,使我不得行其孝弟,我亦当察此,不可有以扰其大夫,使大夫不得行其孝弟。"③ 在朱熹看来,要想实现人际和谐,就要运用主体自我的核心功能,自觉以内在德性之"矩"来克制非仁义的作为,由此可实现整个社会对"絜矩之道"的遵守,进而获得从人际关系到社会秩序的和谐统一。"絜矩之道"的应用和落实,需要执政者做到"民之所好好之;民之所恶恶之。此之谓民之父母"④。这就要求执政者要积极作为,想民众之所想,急民众之所急,才能成为民众的衣食父母。所以,"有国者不可以不慎,辟则为天下僇矣"⑤。执政者要时刻保持谨小慎微的心态,因为稍有差池,就会有被推翻的危险。此外,主体能动功能还体现在生产运营的财富积累中。对此,曾子言:"生财有大道,生之者众,食之者寡,为之者疾,用之者舒,则财恒足矣。仁者以财发身,不仁者以身发财。"⑥ 在曾子看来,获得财富要取之有道:民众要勤奋,要积极参与生产、积累财富;同时,消费时要节俭,不可铺张浪费。由此,财富才能日渐充盈。有修养的人相比物质财富则更注重修身养性获得内在境界

---

① 朱熹. 四书章句集注[M]. 北京:中华书局,1983:10.

② 丘濬. 大学衍义补:治国平天下之要(下)[M]. 金良年,整理,朱维铮,审阅. 上海:上海书店出版社,2012:559.

③ 朱熹. 朱子语类:卷第十六[M]. 黎靖德,编,王星贤,点校. 北京:中华书局,1986:363.

④ 朱熹. 四书章句集注[M]. 北京:中华书局,1983:10.

⑤ 朱熹. 四书章句集注[M]. 北京:中华书局,1983:10.

⑥ 朱熹. 四书章句集注[M]. 北京:中华书局,1983:12.

的提升，反之，修养不足的人或可能不惜以降低道德境界的代价去累积财富。同时还应看到，发挥主体能动功能时不免会遇到不可抗力的因素，如"见贤而不能举，举而不能先，命也"①，然而依然要积极向善，因为"见不善而不能退，退而不能远，过也"②。有修养的人不会因为"各有天命"的限制而不去与"恶"做斗争，因为"好人之所恶，恶人之所好，是谓拂人之性，灾必逮夫身"③。

其四，道德上的平等功能。

曾子认为，每个人不仅不能把自己不喜欢的行为强加于别人，还应该把这一"忠恕之道"之价值传播至整个社会。这种价值体现了孔子"仁者爱人"的仁爱精神；至曾子，将这一价值扩展为对差异者的人格尊重。对差异者的压制，违背了人的主体人格和自由意志，损坏人际交往间的基于道德本心的平等原则。梁启超曾经讲过："所谓絜矩者，纯以平等对待的关系而始成立，故政治决无片面的权利义务……须人人共絜此矩，各絜此矩，故政治乃天下人之政治，非一人之政治。"④ 而且，"非相互间各承认此矩之神圣焉不可"。在梁启超看来，国家治理的"絜矩之道"依据道德本心，体现出来的一个主要原则就是人际交往间的平等原则，即人人都是"絜矩"秩序的主体，由此才能彰显"絜矩"的最普遍的超越性，进而为当时的中国式的"启蒙"提供理论支撑。

朱熹的王道思想中的"絜矩之道"是以天理观为理论基础，以内圣之修求得外王之道为理论进路的。但是从正心、诚意到为政之道的一体贯之中，如何由道德工夫开出外王功业？这是一个现实问题，亦是宋代儒学家迫切需要做出解答的问题。所以，朱熹将视角定格在《大学》的"絜矩之道"。而这一思想成为晚年朱熹《大学章句》的又一核心。

朱熹在《大学章句》的修订中就曾对"絜矩"章做了专门的详细阐述。《大学》中曰："所谓平天下在治其国者：上老老而民兴孝，上长长而民兴弟，上恤孤而民不倍，是以君子有絜矩之道也。"朱熹这样解释："老老，所谓老吾老也。兴，谓有所感发而兴起也。孤者，幼而无父之称。絜，度也。矩，所以为方也。言此三者，上行下效，捷于影响，所谓家齐而国治也。亦可以见人心之所同，而不可使有一夫之不获矣。是以君子必当因其所同，推以度物，使彼

①　朱熹. 四书章句集注 [M]. 北京：中华书局，1983：12.
②　朱熹. 四书章句集注 [M]. 北京：中华书局，1983：12.
③　朱熹. 四书章句集注 [M]. 北京：中华书局，1983：12.
④　梁启超. 先秦政治思想史 [M]. 北京：中华书局，1986：70.

我之间各得分愿，则上下四旁均齐方正，而天下平矣。"① 又云："所恶于上，毋以使下；所恶于下，毋以事上；所恶于前，毋以先后；所恶于后，毋以从前；所恶于右，毋以交于左；所恶于左，毋以交于右：此之谓絜矩之道……如不欲上之无礼于我，则必以此度下之心，而亦不敢以此无礼使之。不欲下之不忠于我，则必以此度上之心，而亦不敢以此不忠事之。至于前后左右，无不皆然，则身之所处，上下、四旁、长短、广狭，彼此如一，而无不方矣。彼同有是心而兴起焉者，又岂有一夫之不获哉？所操者约，而所及者广，此平天下之要道也。"②

"絜矩之道"就是内圣外王的政治哲学，是国家治理的基本原则。朱熹在《大学章句》中这样总结："此章之义，务在与民同好恶而不专其利，皆推广絜矩之意也。能如是，则亲贤乐利各得其所，而天下平矣。"简单说，朱熹所谓的"絜矩之道"也就是"推以度物""己所不欲，勿施于人""以民心为己心""与民同欲"而非"一己之偏"等，所以要"慎乎德""主忠信""以义为利"。这与传统儒学倡导的以仁为本、仁者爱人、忠恕一贯的道德律令异曲同工。朱熹"絜矩之道"的理论依据在于理一分殊、体用一源、心与理一。它的实现路径在于涵养持敬与格物穷理的修养工夫。它的意义与价值则在于国治、天下平。

朱熹《大学或问》中云："夫为天下国家，而所以处心制事者，一出于此（按，指絜矩之道），则天地之间，将无一物不得其所，而凡天下之欲为孝弟不倍者，皆得以自尽其心，而无不均之叹矣，天下其有不平者乎？"朱熹的"絜矩之道"为政治哲学划定了原则，表达了他对为政以德思想的崇尚。这样，朱熹借用对《大学》"絜矩"的阐释完成了南宋儒学家所面临的内圣开外王问题的解答，亦标志着朱熹工夫论的完成。

二、格君心之非的政治哲学

具体而言，"絜矩之道"运用于政治领域就是"格君心之非"，其中君臣关系是重要内容。如何处理好儒者与执政者之间的关系是儒家政治哲学中的一个重要环节。在孔子看来，"以道事君，不可则止"③，"勿欺也，而犯之"④。一直

---

① 朱熹. 四书章句集注［M］. 北京：中华书局，1983：10.
② 朱熹. 四书章句集注［M］. 北京：中华书局，1983：10.
③ 朱熹. 四书章句集注［M］. 北京：中华书局，1983：128.
④ 朱熹. 四书章句集注［M］. 北京：中华书局，1983：155.

以来，儒者与执政者之间保持着内在的紧张关系。如：出于"仁者爱人"的"以道事君"，就是主张依据"仁者爱人"这一内在道德本质来辅佐君主，其反映了儒家的重民、贵民的民本价值。再如："止"，执政者不依"仁""道"之劝谏，儒者就要适可而止，辞去庙堂，归于乡野。至孟子，其传承发展了这一价值导向，言曰："民为贵，社稷次之，君为轻。"① 在孟子看来，整个国家秩序虽然以"君臣父子"为纲，但是以执政者的视角看，必须要以"民"为"纲"，将民众作为施政的目的、社会发展的重要力量。因此孟子认为，臣不必对执政者言听计从，而是"君有过则谏，反复之而不听，则去"②。孟子所言"去"与孔子所言"止"之义相同。最后孟子言"人不足与适也，政不足间也，惟大人为能格君心之非"③。在孟子看来，对于"大人"而言，相较于指正执政者具体的选人用人、执政方略等治理措施，格正"君心之非"更为重要。究其原因，是因为仁政乃出于君主的内在道德本质，如果执政者不能贯彻这一本质，则无法实现仁政。如果能贯彻这一本质，则"君正，莫不正，一正君而国定矣"④。整个秦代，以法家思想治天下，建立了君主集权的政治体制。"汉承秦制"，不过儒家思想一方面吸取法家的治理模式，构建了"三纲"之论；另一方面也延续了先秦儒家民本仁政的主张和"格君心之非"思想。如汉代董仲舒提出"屈民而伸君，屈君而伸天"⑤，认为"伸君"表现为适应秦汉法家治理模式而主张的"三纲"之论，"伸天"则表现为对儒家民本仁政的思想的延续，即"天之生民，非为王也，而天立王以为民也"⑥，主张以"阴阳灾异"来格正"君心之非"。因此，汉代中期之后，治理之道开始从正君心开始："故为人君者，正心以正朝廷，正朝廷以正百官，正百官以正万民，正万民以正四方。四方正，远近莫敢不壹于正。"⑦

经魏晋、隋唐至两宋二程理学，虽然在形上学领域比前代儒学有很大的突

① 朱熹. 四书章句集注 [M]. 北京：中华书局, 1983：155.
② 朱熹. 四书章句集注 [M]. 北京：中华书局, 1983：324.
③ 朱熹. 四书章句集注 [M]. 北京：中华书局, 1983：285.
④ 朱熹. 四书章句集注 [M]. 北京：中华书局, 1983：285.
⑤ 董仲舒. 春秋繁露义证：卷第一 [M]. 苏舆, 撰. 钟哲, 点校. 北京：中华书局, 1992：11.
⑥ 董仲舒. 春秋繁露义证：卷第七 [M]. 苏舆, 撰. 钟哲, 点校. 北京：中华书局, 1992：220.
⑦ 班固. 汉书：卷五十六 [M]. 颜师古, 注. 中华书局编辑部, 点校. 北京：中华书局, 1962：2502-2503.

破，但在政治哲学上却不能和形上之道相连贯，往往只是对孟子的仁政思想的简单延续，而且并未能完全超越董仲舒的"阴阳灾异"思想。程朱在政道之说中尤为强调"三纲"之说，元明清三代之学者多认同此说；到近现代，随着封建王朝的覆灭、新文化的兴起，学者对"三纲"之学方才呈批判态度。程朱的"格君心之非"思想，最显著的表现是理学的民本思想与集权治理之间的内在紧张关系；近代以来，如何从民本治理发展至民主治理，是实现中国文化现代转型的一个重要尝试。

程颐说："圣明之主，无不好闻直谏，博采刍荛，故视益明而听益聪，纪纲正而天下治；昏乱之主，无不恶闻过失，忽弃正言，故视益蔽而听益塞，纪纲废而天下乱；治乱之因，未有不由是也。"① 可以看出，无论是劝说君主合理采纳臣下的"直谏"，还是促进君主"召对，面陈所学""以臣之学议天下之事"，都符合庆历新政中范仲淹倡导的士人当有的风气。在程颐看来，宋朝此时政局动荡、险象环生，"诚何异于抱火厝之积薪之下而寝其上，火未及然，因谓之安者乎？……况今百姓困苦，愁怨之气上冲于天，灾沴凶荒，是所召也"。其中"召"即"天人感应""同气相召"。程颐借引《尚书》"民惟邦本，本固邦宁"之论，指出"固本之道，在于安民；安民之道，在于足衣食"②。宋朝此时却"国家财用，常多不足"，为扩充财政收入，往往操之过急，"急令诛求""竭民膏血"，这必然导致民众"往往破产亡业，骨肉离散"③。所以程颐认为"彼庶民者，饥寒既切于内，父子不相保，尚能顾忠义哉？非民无良，政使然也"④。这一基于民本仁政的治理主张是对当时治理方式的驳斥，主张化解危机只有实行"王道"。程颐言："窃惟王道之本，仁也。臣观陛下之仁，尧舜之仁也。然而天下未治者，诚由有仁心而无仁政尔。"⑤ 在程颐看来，宋仁宗"有仁心"，只是不能向外扩充至"仁政"，这是对此时国家治理的一种积极看法。"王道"

---

① 程颢，程颐．二程集：文集卷第五［M］．王孝鱼，点校．北京：中华书局，2004：510.
② 程颢，程颐．二程集：文集卷第五［M］．王孝鱼，点校．北京：中华书局，2004：511.
③ 程颢，程颐．二程集：文集卷第五［M］．王孝鱼，点校．北京：中华书局，2004：511.
④ 程颢，程颐．二程集：文集卷第五［M］．王孝鱼，点校．北京：中华书局，2004：512.
⑤ 程颢，程颐．二程集：文集卷第五［M］．王孝鱼，点校．北京：中华书局，2004：513.

的实现不仅要有仁心，还要最终落实至"仁政"。由此，二程政治哲学之根本，便由主张执政者"正志先立"，转化为"格君心之非"。

程颐进一步强化了"民惟邦本"的思想，其中"保民之道，以食为本"是关键，由此提出了国家治理的"本"与"用"之分："今言当世之务者，必曰所先者：宽赋役也，劝农桑也，实仓廪也，备灾害也，修武备也，明教化也。此诚要务，然犹未知其本也。臣以为所尤先者有三焉，请为陛下陈之。一曰立志，二曰责任，三曰求贤。……三者本也，制于事者用也。有其本，不患无其用。三者之中，复以立志为本，君志立而天下治矣。所谓立志者，至诚一心，以道自任，以圣人之训为可必信，先王之治为可必行，不狃滞于近规，不迁惑于众口，必期致天下如三代之世，此之谓也。"①

在程颐看来，"立志"是执政者首先要解决的问题，这一主张与之后《上殿札子》中程颢的相关论述相一致。程颢认为"君道之大……在乎君志先定，君志定而天下之治成矣。所谓定志者，一心诚意，择善而固执之也。……自知极于明，信道极于笃，任贤勿贰，去邪无疑，必期致世如三代之隆而后已也"②。可以看到二程几乎同时发现了"君志先定"在国家治理中的重要性。庆历新政的失败以及此后的无所作为正是由于"君志"不定。③所以，在二程看来，"君志先定"是正确地择宰相"责任"、任贤臣"求贤"的根本，由此则"不患无其用"。否则，必然会"顾三者不先，徒虚言尔"。

此外，在宋英宗诏求臣僚"言时政阙失及当世利病"时，程颐以"阴阳灾异"论劝说执政者："臣闻水旱之沴，由阴阳不和；阴阳不和，系政事之所致。是以自昔明王，或遇灾变，则必警惧以省躬之过，思政之阙，广延议论，求所以当天心，致和气，故能消弥变异，长保隆平。……今陛下嗣位之初，比年阴沴，圣心警畏，下明诏以求政之阙，诚圣明之为也。"④

历史上执政者因"阴阳灾异"下"罪己诏"，广泛征求社会批评意见之事，并不少见。而在程颐看来，"阴阳不和"并不出于某种神秘力量，而是出于"政事之所致"，所以其主张，执政者要以"诚心"为依据"警惧以省躬之过"，而

---

① 程颢，程颐. 二程集：文集卷第五 [M]. 王孝鱼，点校. 北京：中华书局，2004：521.
② 程颢，程颐. 二程集：文集卷第一 [M]. 王孝鱼，点校. 北京：中华书局，2004：447.
③ 余英时. 朱熹的历史世界 [M]. 北京：生活·读书·新知三联书店，2004：455-456.
④ 程颢，程颐. 二程集：文集卷第五 [M]. 王孝鱼，点校. 北京：中华书局，2004：519.

不要只是把"罪己诏"作为一种惯例形式。

至宋神宗，程颢从"王霸之辩"的角度向执政者提出了他的政治主张："得天理之正，极人伦之至者，尧舜之道也；用其私心，依仁义之偏者，霸者之事也。……故诚心而王则王矣，假之而霸则霸矣，二者其道不同，在审其初而已。……故治天下者，必先立其志。正志先立，则邪说不能移，异端不能惑，故力进于道而莫之御也。"①

在程颢看来，他从"王霸之辩"的层面，劝诫君主知道"立志"的重大意义，希望执政者"知尧、舜之道备于己，反身而诚之，推之以及四海，择同心一德之臣，与之共成天下之务"②。可以看出，最初程颐也是强调执政者首先要"立志"，"正志先立"才能"任贤勿贰，去邪无疑"，并以此为基础提出以"致世如三代之隆"为依据实现"王道"的政治主张。

此后，程颢从"师友、六官、经界、乡党、贡士、兵役、民食、四民、山泽、礼制"十个方面向宋神宗提出具体的治理方法，"以为三代之法有必可施行之验"③。此时正值宋神宗任用王安石为参知政实施"熙宁变法"时期。程颢受神宗委托到各地视察农田、水利、赋役等发展状况。此后在落实"均输法"和"青苗法"过程中，暴露了"熙宁变法"急功近利、急于求成的问题，进而引发了神宗年间"新党""旧党"之争。对此，程颐言："神宗素知先生名，召对之日，从容咨访……前后进说甚多，大要以正心窒欲、求贤育才为先。先生不饰辞辨，独以诚意感动人主。……尝言：'人主当防未萌之欲。'……时王荆公安石日益信用，先生每进见，必为神宗陈君道以至诚仁爱为本，未尝及功利。……荆公浸行其说，先生意多不合，事出必论列，数月之间，章数十上。……荆公与先生虽道不同，而尝谓先生忠信。……而言路好直者，必欲力攻取胜，由是（荆公）与言者为敌矣。"④

可以看出，程颢与王安石施政主张完全不同：在王安石看来，其变法主张

---

① 程颢，程颐．二程集：文集卷第一［M］．王孝鱼，点校．北京：中华书局，2004：450-451.

② 程颢，程颐．二程集：文集卷第一［M］．王孝鱼，点校．北京：中华书局，2004：451.

③ 程颢，程颐．二程集：文集卷第一［M］．王孝鱼，点校．北京：中华书局，2004：454.

④ 程颢，程颐．二程集：文集卷第十一［M］．王孝鱼，点校．北京：中华书局，2004：633.

是"以理财为方今先急"①，此处"理财"之义是国家应多筹并举迅速扩充财政，如"青苗法"实施过程中的"官放息钱"，即国家向民众放贷，然后除本金外再收取20%的高昂利息；而程颢，因"王道"理想贯穿始终，所以劝导执政者要从提升内在修养出发，"以正心窒欲、求贤育才为先""陈君道以至诚仁爱为本，未尝及功利"，其中的王霸、理欲、义利之辩是其与王安石论争的要点。

"均输法"和"青苗法"大行其道之时，程颢"数月之间，章数十上"，批评"熙宁变法"，"辅臣不同心，小臣与大计，公论不行，青苗取息，卖祠部牒，差提举官多非其人及不经封驳，京东转运司剥民希宠不加黜责，兴利之臣日进，尚德之风浸衰"等。②程颢主张"外汰使人之扰，亟推去息之仁"③，罢免贯彻新法施行、扰乱地方治理的官员，以"去息"的仁政取代取息牟利的"青苗法"。在程颢看来，宋神宗未能"正志先立"，使"熙宁变法"成为唯利是图的"变法"。很多不赞成"熙宁变法"的官员被大量罢官，王安石大量任用"晓财利"的官员，形成"兴利之臣日进，尚德之风浸衰"的局面，使程颐所向往的"任贤勿贰，去邪勿疑"的治理理想完全落空。

程颢"独以诚意感动人主"来阻止"熙宁变法"，甚至在《再上疏》中搬出"天意"来奉劝执政者。其言："矧复天时未顺，地震连年，四方人心日益摇动，此皆陛下所当仰测天意，俯察人事者也。"④与程颢一样，程颐也多次借论"天意"来阐明主张，"彗之为变多矣，鲜有无其应者，盖上天之意，非徒然也"⑤，试图以"天戒"唤醒宋神宗的敬畏，"省己之存心，考己之任人，察己之为政，思己之自处，然后质人之言"⑥，以内在的"诚意"感动"天心"，消弥灾害，"奋然改为"。

---

① 李焘.续资治通鉴长编：卷二百二十［M］.上海师范大学古籍整理研究所，华东师范大学古籍整理研究所，点校.北京：中华书局，2004：5351.

② 程颢，程颐.二程集：文集卷第十一［M］.王孝鱼，点校.北京：中华书局，2004：634.

③ 程颢，程颐.二程集：文集卷第一［M］.王孝鱼，点校.北京：中华书局，2004：457.

④ 程颢，程颐.二程集：文集卷第一［M］.王孝鱼，点校.北京：中华书局，2004：458.

⑤ 程颢，程颐.二程集：文集卷第五［M］.王孝鱼，点校.北京：中华书局，2004：530.

⑥ 程颢，程颐.二程集：文集卷第五［M］.王孝鱼，点校.北京：中华书局，2004：530.

在"熙宁变法"执行过程中，二程隐退散居洛阳，"玩心于道德性命之际，有以自养其浑浩冲融……身益退，位益卑，而名益高于天下"①。归隐期间，二程道学的思想体系初具规模，并把王安石新学视为超过释氏之害的"大患"。此时二程在治学层面主张要先整顿"介甫之学"；在政治层面，从要求执政者"正志先立"，转化为"格君心之非"。二程言："治道亦有从本而言，亦有从用而言。从本而言，惟从格君心之非，正心以正朝廷，正朝廷以正百官。若从事而言，不救则已，若须救之，必须变。大变则大益，小变则小益。"②"君仁莫不仁，君义莫不义，天下之治乱系乎人君仁不仁耳。……夫政事之失、用人之非，知者能更之，直者能谏之。然非心存焉，则一事之失，救而正之，后之失者，将不胜救矣。格其非心，使无不正，非大人，其孰能之？"③

从主张治国之本是"君志先定"，到主张治国之本是"格君心之非"，虽然二程思想一以贯之，但残酷的现实让二程不免对执政者不能够自觉"立志"感到失望。可见此时在二程看来，"君心之非"是实现儒家"外王"理想的最大障碍。

至宋哲宗，太皇太后垂帘听政，反对"熙宁变法"的司马光、吕公著得以出任左右仆射。同时，程颢也获准入朝任宗正寺丞，但是其还未到任就病逝了。程颐言："周公没，圣人之道不行；孟轲死，圣人之学不传。道不行，百世无善治；学不传，千载无真儒。无善治，士犹得以明夫善治之道，以淑诸人，以传诸后；无真儒，天下贸贸焉莫知所之，人欲肆而天理灭矣。先生生千四百年之后，得不传之学于遗经，志将以斯道觉斯民。"④从表面看，这段话是程颐对程颢的歌颂，实际上彰显的是二程对传承儒学"道统"的责任、担当。在程颐看来，"善治"必然要以"真儒"来实现，"政统"更要以"道统"为依据来确保合法性，因此，"道统"是较"政统"更为神圣、超越的存在。

宋哲宗时，在司马光、吕公著的推荐下，程颐也获准入朝，并得到了太皇太后的召见，被任命为西京国子监教授、崇政殿说书。在仁宗、英宗和神宗三朝，程颐多未出仕，其儒家"外王"的政治抱负只能深埋于心中；到了哲宗年间，随着其获得御前讲论经史的资格，并成为天子的启蒙老师，程颐可以将其

---

① 程颢，程颐．二程集：遗书附录［M］．王孝鱼，点校．北京：中华书局，2004：332.
② 程颢，程颐．二程集：遗书卷第十五［M］．王孝鱼，点校．北京：中华书局，2004：165.
③ 朱熹．四书章句集注［M］．北京：中华书局，1983：286.
④ 朱熹．四书章句集注［M］．北京：中华书局，1983：377.

政治哲学理念培植至执政者心中，进而使其"道统"驾驭"政统"、恢复三代之"仁政"的理想成为可能。程颐在为执政者讲论经史时，"每当进讲，必宿斋豫戒，潜思存诚，冀以感动上意。而其为说，常于文义之外，反复推明，归之人主"①。如哲宗"在宫中起行漱水，必避蝼蚁"，程颐问："有是乎？"哲宗答："然，诚恐伤之尔。"其进而说"愿陛下推此心以及四海，则天下幸甚"。一次程颐讲论经史即将结束，哲宗"忽起凭槛，戏折柳枝"，程颐言"方春发生，不可无故摧折"。哲宗对此劝谏明显"不悦"。② 此外，程颐还借"天人感应"来表达其政治主张。如他对哲宗言："天人之间甚可畏，作善则千里之外应之，作恶则千里之外违之。昔子陵与汉光武同寝，太史奏客星侵帝座甚急。子陵匹夫，天应如此。况一人之尊，举措用心，可不戒慎。"③

对于程颐在为执政者讲论经史时"格君心之非"的尝试，明代薛瑄言："伊川经筵疏皆格心之论。三代以下为人臣者，但论政事、人才而已，未有直从本原如程子之论也。"④ 显然此处"本原"，就是以"格君心之非"为国家治理的"本原"。

可以看出，程颐在为执政者讲论经史、启蒙其德时呕心沥血、诚心尽义；但就哲宗来看，程颐以师道自居，教导严厉，哲宗内心非常"不悦"。同时，哲宗时期，党争愈演愈烈，程颐经常被各党诽谤诋毁，最终失去了崇政殿说书的职位，调任管勾西京国子监。至此程颐决定坚守儒者"进退之大节"离开庙堂隐居归隐，为此他连续写了三道《乞归田里状》、两道《乞致仕状》。这期间，程颐为父亲治丧，再次上《再辞免表》："……惟今日冒死，为陛下陈儒者进退之道，为臣去就之义，觊望有补，乃区区上报之心也。"⑤ 此言在天子看来"怨望轻躁"，再调其任管勾嵩山崇福宫，程颐又以"腰疾寻医"而推辞。至宋哲宗亲政，欲托以重任，程颐仍然推辞，再上《再辞免状》："臣窃思之，岂非朝廷以臣微贱，去就不足为轻重，故忽弃其言。陛下不经省览，而辅臣莫以告也。臣诚微贱，然臣之言，本诸圣贤之言；臣之进退，守儒者进退之道。虽朝廷不

---

① 程颢，程颐.二程集：遗书附录［M］.王孝鱼，点校.北京：中华书局，2004：341.

② 程颢，程颐.二程集：遗书附录［M］.王孝鱼，点校.北京：中华书局，2004：341.

③ 程颢，程颐.二程集：遗书卷第二十三［M］.王孝鱼，点校.北京：中华书局，2004：309.

④ 黄宗羲.宋元学案：卷十六［M］.全祖望，补修.陈金生，梁运华，点校.北京：中华书局，1986：651.

⑤ 程颢，程颐.二程集：文集卷第六［M］.王孝鱼，点校.北京：中华书局，2004：558.

见省察，臣恐天下后世有诵其言、思其义，而以进退儒者之道议朝廷也。"① 可以看出，在这些辞免状中程颐常言的"儒者进退之道，为臣去就之义"反映了程颐政治哲学的"治道"主张被执政者的政治权势压制后，只能以隐居乡野的方式在强大的王权面前守护儒家"治道"理想的纯洁性，以备"不得行于时，尚当行于己，不见信于今，尚期信于后"②。

宋哲宗亲政后，重用新党，将旧党打入"元祐党案"，"司马光以下，各以轻重议罪，布告天下"。程颐再次被罢免，此后"辅臣因历数元祐言者过当"，其中哲宗"怒颐为甚"，"放归田里人程颐送涪州编管"。③ 而正是在涪州编管期间，程颐写成了《伊川易传》。至宋徽宗，"言者论其因奸党论荐得官，虽尝正罪罚，而叙复过优，今复著书毁朝政，有旨追毁出身文字，所在监司觉察所著书"④。程颐"下河南府体究。学者往别，因言世故，先生曰'三代之治，不可复也。有贤君作，能致小康，则有之'"⑤。在这段时期，北宋政治氛围愈发昏暗，程颐的三代之治的"治道"愈发不可实现，其只能退而求其次，"有贤君作，能致小康"。然而，在程颐看来，"君心之非"仍然是儒家"治道"理想的最大障碍。程颢言："先王之世，以道治天下；后世只是以法把持天下。"⑥ 这里的"把持天下"即把天下视为一己之私，显然与儒家仁政理想的"公天下"思想相违背。程颐进一步指出君主制的得失："大抵五帝官天下，故择一人贤于天下者而授之。三王家天下，遂以与子。论其至理，治天下者，当得天下最贤者一人，加诸众人之上，则是至公之法。后世既难得人而争夺兴，故以与子。与子虽是私，亦天下之公法，但守法者有私心耳。"⑦ 这里可以看出程颐政治理想的纠结，一方面把五帝的禅让制看作"至公之法"，一方面又不得不认同后世世袭制也出于"天下之公法"。但依据世袭"公法"，不免"守法者有私心耳"，

---

① 程颢，程颐．二程集：文集卷第六［M］．王孝鱼，点校．北京：中华书局，2004：560-561.

② 程颢，程颐．二程集：文集卷第六［M］．王孝鱼，点校．北京：中华书局，2004：556.

③ 李焘．续资治通鉴长编：卷四百九十三［M］．上海师范大学古籍整理研究所，华东师范大学古籍整理研究所，点校．北京：中华书局，2004：11704.

④ 孙奇逢．理学宗传：卷之三［M］．万红，点校．南京：凤凰出版社，2015：33.

⑤ 程颢，程颐．二程集：外书卷第十一［M］．王孝鱼，点校．北京：中华书局，2004：414.

⑥ 程颢，程颐．二程集：遗书卷第一［M］．王孝鱼，点校．北京：中华书局，2004：4.

⑦ 程颢，程颐．二程集：遗书卷第十八［M］．王孝鱼，点校．北京：中华书局，2004：228.

所以儒者要求执政者要"正心窒欲",自身也能担当起"格君心之非"的职责。事实上,在君主集权的体制下,执政者的"私心"无以制衡、难以格正,是难以化解的儒家传承"三代""先王之道"的政治理想的根本问题。

至朱熹,其继承发展了二程的政治哲学,把"格君心之非"作为实现儒家政治哲学理想的"根本"。而南宋的执政者与北宋的执政者的治理模式并无变化,所以和二程一样,朱熹的政治理想也同样难以实现。

宋高宗时,朱熹第一次向执政者进"封事"。至宋孝宗,朱熹认为,秦桧代表的旧党退出政坛是"大有为之大机会"。借孝宗以"诏求直言"为契机,朱熹上《壬午应诏封事》向孝宗进言"帝王之学不可以不熟讲"。这里所讲"帝王之学"即《大学》"内圣外王之道"的格物、致知、正心、诚意、修身、齐家、治国、平天下"八纲领"之说。对此,朱熹言:"盖致知格物者,尧舜所谓'精一'也。正心诚意者,尧舜所谓'执中'也。自古圣人口授心传而见于行事者,惟此而已。"① 在朱熹看来,执政者只有诚心请教深明大义的"真儒"才能洞悉《大学》之要,"置诸左右,以备顾问",使《大学》之要"研究充扩,务于至精至一之地而知天下国家之所以治者不出乎此,然后知体用之一原,显微之无间,而独得乎尧、舜、禹、汤、文、武、周公、孔子之所传矣。"②。可见,朱熹此时的政治理想,是将二程所注重的儒学"道统"与南宋的"政统"合于一处,而此前提就是执政者能够做到"正心诚意",抵御一己之私,实现"道心"的"惟精惟一,允执厥中",由此才能由体而至用,由内圣开外王。朱熹又言:"熹常谓天下万事有大根本,而每事之中又各有要切处。所谓大根本者,固无出于人主之心术,而所谓要切处者,则必大本既立然后可推而见也。如论任贤相、杜私门,则立政之要也。择良吏、轻赋役,则养民之要也。公选将帅,不由近习,则治军之要也。乐闻警戒,不喜导谀,则听言用人之要也。推此数端,余皆可见。然未有大本不立而可以与此者,此古之欲平天下者所以汲汲于正心诚意以立其本也。"③ 此言全面系统地反映了朱熹的政治考量。在朱熹看来,治理问题包括任贤相、杜私门以立政,择良吏、轻赋役以养民,公选

---

① 曾枣庄,刘琳. 全宋文:第二百四十三册·卷五四二八[M]. 上海:上海辞书出版社;合肥:安徽教育出版社,2006:9.

② 曾枣庄,刘琳. 全宋文:第二百四十三册·卷五四二八[M]. 上海:上海辞书出版社;合肥:安徽教育出版社,2006:9-10.

③ 曾枣庄,刘琳. 全宋文:第二百四十四册·卷五四六九[M]. 上海:上海辞书出版社;合肥:安徽教育出版社,2006:264-265.

将帅、不由近习以治军等方面。解决这些具体问题的根本在于执政者是否做到"正心诚意"这一仁政之"根本"，使"人主之心术"归于正。

朱熹第二次向宋孝宗上"封事"言："天下国家之大务，莫大于恤民，而恤民之实在省赋，省赋之实在治军。若夫治军、省赋以为恤民之本，则又在夫人君正其心术以立纪纲而已矣。"① 之后其多次引董仲舒"正心以正朝廷，正朝廷以正百官，正百官以正万民，正万民以正四方"之言。可见，从董仲舒到二程再到朱熹，儒家仁政王道思想一脉相承。在论"恤民""省赋""治军"之后，朱熹又"昧死"进言："纲纪不能以自立，必人主之心术公平正大，无偏党反侧之私，然后纲纪有所系而立。君心不能以自正，必亲贤臣，远小人，讲明义理之归，闭塞私邪之路，然后乃可得而正也。古先圣王所以立师傅之官，设宾友之位，置谏净之职……惟恐此心顷刻之间或失其正而已。原其所以然者，诚以天下之本在是，一有不正，则天下万事将无一物得其正者，故不得而不谨也。"②

在朱熹看来，"君心不能以自正"与二程时期君主不能自觉"正志先立"的情况一样，因此必须要由修养极高的儒学"大人"时刻"格君心之非"。之后朱熹又附文言："治天下当以正心诚意为本。……比年以来，乃闻道路之言，妄谓陛下恶闻'正心诚意'之说，臣下当进对者，至相告戒，以为讳忌。臣虽有以决知其不然，然窃深虑此语流传，上累圣德，下惑群听。伏望睿明更赐财幸。"③ 由此可知宋孝宗"恶闻'正心诚意'之说"已经由来已久，而朱熹依然讲"决知其不然"，反映了朱熹守护其政治理想的执着。当然，这一执着换来的必然是宋孝宗在看完这篇"封事"后，呵斥"是以我为妄也"的龙颜大怒。④幸有宰相赵雄劝谏"熹狂生，词穷理短，罪之适成其名。若天涵地育，置而不问，可也"⑤，孝宗才没有治罪于朱熹。朱熹在担任江西提刑之后再次进言，

---

① 曾枣庄，刘琳．全宋文：第二百四十三册·卷五四二八［M］．上海：上海辞书出版社；合肥：安徽教育出版社，2006：17.

② 曾枣庄，刘琳．全宋文：第二百四十三册·卷五四二八［M］．上海：上海辞书出版社；合肥：安徽教育出版社，2006：20-21.

③ 曾枣庄，刘琳．全宋文：第二百四十三册·卷五四二八［M］．上海：上海辞书出版社；合肥：安徽教育出版社，2006：22.

④ 李心传．建炎以来朝野杂记：乙集卷八［M］．徐规，点校．北京：中华书局，2000：634.

⑤ 脱脱，等．宋史：卷三百九十六［M］．中华书局编辑部，点校．北京：中华书局，1985：12074.

"是行也，有要之于路，以'正心诚意'为上所厌闻，戒以勿言者"①，"吾平生所学，惟此四字，岂可隐默以欺吾君乎"②。这次进言，朱熹有"五札"之论，前四"札"是论刑狱与赋税方面，第五"札"论"正心诚意"，指出孝宗即位以来"因循荏苒，日失岁亡，了无尺寸之效"，其症结在于"天理者有未纯""人欲者有未尽"，只有重视"舜、禹、孔、颜所授受者"，"存天理，去人欲"，"推而至于言语动作之间，用人处事之际，无不以是裁之……如此则圣心洞然，中外融彻，无一毫之私欲得以介乎其间，而天下之事将惟陛下之所欲为焉，无不如志矣"。③

除进言执政者，宣扬儒家王道理想外，在形而上学领域，朱熹与陆九渊还进行了"无极太极之辩"。然而在政治理想方面，朱熹和陆九渊并无不同。朱熹给陆九渊去信言："熹两年冗扰，无补公私，第深愧歉。不谓今者又蒙收召……所恨上恩深厚，无路报塞，死有余憾也。"④ 陆九渊回信言："吾人进退，自有大义，岂直避嫌畏讥而已哉。……孟子曰：'幼而学之，壮而欲行之。'所谓行之者，行其所学以格君心之非，引其君于当道，与其君论道经邦，燮理阴阳，使斯道达乎天下也。"⑤ 可见，陆九渊对于朱熹的"格君心之非"之论非常认同并给予极大鼓励。

之后在获得朝廷任命时，朱熹和程颐一样回以"辞免"，并进言："臣窃观今日天下之势，如人之有重病，内自心腹，外达四肢，盖无一毛一发不受病者。……是必得如卢扁、华佗之辈，投以神丹妙剂，为之湔肠涤胃，以去病根，然后可以幸于安全。"⑥ 在朱熹看来，"重病"之下的"医国之方"仍是执政者要以"正心"为"天下之大本"，外加以六事为急务，其言："盖天下之大本者，陛下之心也。今日之急务，则辅翼太子、选任大臣、振举纲维、变化风俗、

① 曾枣庄，刘琳．全宋文：第二百八十八册·卷六五五九［M］．上海：上海辞书出版社；合肥：安徽教育出版社，2006：436．

② 脱脱等．宋史：卷四百二十九［M］．中华书局编辑部，点校．北京：中华书局，1985：12757．

③ 曾枣庄，刘琳．全宋文：第二百四十三册·卷五四三二［M］．上海：上海辞书出版社；合肥：安徽教育出版社，2006：91．

④ 曾枣庄，刘琳．全宋文：第二百四十五册·卷五四九六［M］．上海：上海辞书出版社；合肥：安徽教育出版社，2006：300．

⑤ 曾枣庄，刘琳．全宋文：第二百七十一册·卷六一二九［M］．上海：上海辞书出版社；合肥：安徽教育出版社，2006：244-245．

⑥ 曾枣庄，刘琳．全宋文：第二百四十三册·卷五四二九［M］．上海：上海辞书出版社；合肥：安徽教育出版社，2006：25．

爱养民力、修明军政六者是也。……臣之辄以陛下之心为天下之大本者,何也?天下之事,千变万化,其端无穷,而无一不本于人主之心者,此自然之理也。故人主之心正,则天下之事无一不出于正;人主之心不正,则天下之事无一得由于正。"①

朱熹的进言万字有余,进至宫中时,"夜漏下七刻,上已就寝,亟起秉烛,读之终篇"②。可是,宋孝宗对于当时儒家"好为高论而不务实"的成见很深,尤其厌恶朱熹的"正心诚意"之论。

至宋光宗,宋代政治秩序更加混乱,理学大家多被罢官出朝。朱熹的多次进言,因为当时恶劣的政治环境而未能上达朝廷。之后陆九渊被朝廷任命为知荆门军,他给朱熹去信言:"新天子即位,海内属目,然罢行升黜,率多人情之所未喻者,群小骈肩而骋,气息怫然,谅不能不重勤长者忧国之怀。"③ 朱熹回信言:"荆门之命,少慰人意。今日之际,惟避且远,犹或可以行志,想不以是为厌。三年有半之间,消长之势,又未可以预料,流行坎止,亦非人力所能为也。"④ 可见,朱熹与陆九渊虽然在"无极太极之辩"中有所论争,但他们在儒家政治理想方面却志同道合。对于当时的政治环境,朱熹言"非人力所能为也",体现出面对恶劣的政治生态,即使是"大人",对于"君心之非"也力不从心。

朱熹给朝中大员赵汝愚去信言:"今日之事,第一且是劝得人主收拾身心,保惜精神,常以天下事为念,然后可以讲磨治道,渐次更张。"⑤ 而当时宋光宗因"皇后李氏杀黄贵妃","宫闱妒悍,内不能制,惊忧致疾",患严重精神分裂,"自是政治日昏,孝养日怠"。此外,光宗与太上皇孝宗"两宫不和",使朝中大臣惊慌失措、惊恐万状,执政者的"君心"已经到了不可收拾的局面,"讲磨治道"还有什么意义呢。

---

① 曾枣庄,刘琳.全宋文:第二百四十三册·卷五四二九[M].上海:上海辞书出版社;合肥:安徽教育出版社,2006:25-26.
② 曾枣庄,刘琳.全宋文:第二百八十八册·卷六五五九[M].上海:上海辞书出版社;合肥:安徽教育出版社,2006:439.
③ 曾枣庄,刘琳.全宋文:第二百七十一册·卷六一二九[M].上海:上海辞书出版社;合肥:安徽教育出版社,2006:249-250.
④ 曾枣庄,刘琳.全宋文:第二百五十册·卷五六一六[M].上海:上海辞书出版社;合肥:安徽教育出版社,2006:258.
⑤ 曾枣庄,刘琳.全宋文:第二百四十五册·卷五四七八[M].上海:上海辞书出版社;合肥:安徽教育出版社,2006:5.

至宁宗继立，朝廷任命朱熹为焕章阁待制、侍讲。和哲宗年间程颐御前讲论经史、启蒙执政者一样，晚年的朱熹也以"帝王师"自居。向宁宗论述《大学》时，朱熹劝诫宁宗对于"修身为本"的《大学》之根本要"深加省察，实用功夫"，"如其不然，则今日区区之讲读，亦徒为观听之美而已，何益于治道有无之实，以窒夫祸乱之原哉?"① 在此期间，朱熹又进言"都城之内忽有黑烟四塞，草气袭人，咫尺之间，不辨人物"②，指出这是"阴聚包阳、不和而散之象"，告诫宁宗由灾异要"克己自新，早夜思省，举心动念、出言行事之际，常若皇天上帝临之在上，宗社神灵守之在旁，懔懔然不敢复使一毫私意萌于其间，以烦谴告"③。可见朱熹仍然延续了二程对董仲舒"灾异谴告"之说的借用。此外，朱熹还诚心诚意地劝导执政者。宁宗和之前君主一样，对儒家"治道"之说也颇为反感。朱熹入职仅四十六天后，宁宗写了一道"悯卿耆艾，方此隆冬，恐难立讲，已除卿宫观"的批示，便将朱熹罢免。此后，在"庆元党禁"中，朱熹被诬陷为"伪学之魁"。庆元六年（1200），朱熹在郁郁不得志中病逝。

综上所述，朱熹晚年被诬陷为"伪学之魁"的原因是其所传承的儒家政治主张与君权之间有着不可避免的紧张关系。这种紧张关系是儒学仁政民本思想与君主集权治理之间的矛盾。"惟以一人治天下，岂将天下奉一人"，这一对联正揭示了这一矛盾，其一直贯穿于中国封建时代和儒学发展史中。虽然残酷的现实是"格君心之非"几乎不能实现，但历代儒者依然坚信"惟大人为能格君心之非"，不厌其烦地以"屈君伸天""阴阳灾异"来劝告执政者。

第三节 朱熹政治哲学的历史定位及评价

在《朱熹的历史世界》一书中，余英时先生指出："宋代儒学的整体动向是秩序重建……道学虽然以'内圣'显其特色，但'内圣'的终极目的不是人人都成圣成贤，而仍然是合理的人间秩序的重建。"同时在他看来，"'内圣外王'一旦应用到全面政治革新的层次，便必然会落在'得君行道'的格局之内。全

---

① 曾枣庄，刘琳. 全宋文：第二百五十一册·卷五六三六 [M]. 上海：上海辞书出版社；合肥：安徽教育出版社，2006：202.

② 曾枣庄，刘琳. 全宋文：第二百四十三册·卷五四三四 [M]. 上海：上海辞书出版社；合肥：安徽教育出版社，2006：111.

③ 王懋竑. 朱熹年谱：卷之四 [M]. 何忠礼，点校. 北京：中华书局，1998：246-247.

面失败是无可避免的结局"。因为"理学家虽然以政治主体的'共治者'自待，但毕竟仍旧接受了'君以制命为职'的大原则"①。其引《朱子语类》卷第一百四《自论为学工夫》言："先生多有不可为之叹。汉卿曰：'前年侍坐，闻先生云：天下无不可为之事，兵随将转，将逐符行。今乃谓不可为。'曰：'便是这符不在自家手里。'"②

在余英时看来，"'这符不在自家手里'是权力世界的典型语言……'行道'的发动权力在皇帝而不在士大夫，朱熹晚年对此已有深切的体会"③。正是"这符权力不在自家手里"，朱熹才"多有不可为之叹"，使得宋儒的"秩序重建""得君行道"理想不可避免地落空。这既体现了历史的局限，又体现了程朱理学自身的局限。宋儒普遍认同"君以制命为职"的"原则"，因为认同、接受这一"大原则"，所以就必须要将这一"原则"升华至形上的"天理"的层面。

此外，梁启超在其所著《论中国学术思想变迁之大势》中，阐明了宋明理学的局限是从前秦至秦汉儒学之局限的一个延展。始于汉代的"阴阳灾异"之说，在梁启超看来，"势不得不以一国之权托诸君主，而又恐君主之权无限，而暴君益乘之以为虐也。于是乎思所以制之，乃于《春秋》特著'以元统天，以天统君'之义，而群经亦往往三致意焉。……是盖孔子所殚思焦虑，计无复之，而不得已出于此途者也。……虽其术虚渺迂远，断不足以收匡正之实效，然用心盖良苦矣"④。

在梁启超看来，汉代公羊学家的"阴阳灾异"之说出自孔子所作的《春秋》。此说虽然体系庞杂甚至逻辑紧密，但还是"不足以收匡正之实效"。在此观点基础上，梁启超指出"儒教"化儒学的最大缺陷："儒教之所最缺点者，在专为君说法，而不为民说法。其为君说法奈何？若曰：汝宜行仁政也，汝宜恤民隐也，汝宜顺民之好恶也，汝宜采民之舆论以施庶政也。是固然也。若有君于此，而不行仁政，不恤民隐，不顺民之所好恶，不采民之舆论，则当由何道以使之不得不如是乎？此儒教所未明答之问题也。"又"试观二千年来，孔教极

---

① 余英时. 朱熹的历史世界 [M]. 北京：生活·读书·新知三联书店，2004：917.
② 朱熹. 朱子语类：卷第一百四 [M]. 黎靖德，编，王星贤，点校. 北京：中华书局，1986：2622.
③ 余英时. 朱熹的历史世界 [M]. 北京：生活·读书·新知三联书店，2004：455-456.
④ 梁启超. 饮冰室文集之七：论中国学术思想变迁之大势 [M]. 上海：上海古籍出版社，1997：64.

盛于中国，而历代君主，能服从孔子之明训，以行仁政而事民事者，几何人也？然则其道当若何？曰：不可不钳制之以民权。……虽然，其立言之偏，流弊之长，则虽加刀于我颈，我固不得为古人讳也"①。

梁启超认为，儒学这一缺点是只有君主视角下的"民本"思想，但没有民众视角下的"民权"思想。以此思路，儒学倡导的民本思想要想真正实现，就必须在儒学所论"治道"之上开出新的"道"，依梁启超，此即对执政者"不可不钳制之以民权"。当代李存山教授在《中国的民本与民主》和《明代的两大儒与五四时期的德赛二先生》等文中也提出了与之类似的从民本走向民主的观点。此观点在黄宗羲的《明夷待访录》中已有端倪。近代以来的中国民主进程不仅是学习西方的文化，而且亦符合中国文化自身发展的逻辑。② 即便是五四新文化运动时期极端地把现代民主精神与中国传统文化完全对立，中国的民主也不能真正绕开传统民本精神。如陈独秀言"国家而非民主，则将与'民为邦本'之说背道而驰"③。在陈独秀看来，中国式的现代民主思想构建应该顺应传统民本思想而不是背离。

而晚清时，张之洞也曾言："圣人所以为圣人，中国所以为中国"就在于"三纲"，"董子仲舒所谓'道之大原出于天，天不变，道亦不变'之义本之"，"故知君臣之纲，则民权之说不可行也"。④ 可以看出，在儒家的思想中，"民本"的价值要高于对君主权力的肯定，也就是说，"民本主义"高于"王权主义"⑤。换言之，无论董仲舒视"三纲"依据于"天"还是程朱视"三纲"依据于"天理"，都未能超越其所在时代的历史局限。对此黄宗羲在《明夷待访录》中就极力批驳历史局限中"三纲"之论，如其言："小儒规规焉以君臣之义无所逃于天地之间……后世之君，欲以如父如天之空名禁人之窥伺者……"⑥至梁启超，这一批判更加明确具体，其言"道德之立，所以利群也"，"德也者，

① 梁启超．饮冰室文集之七：论中国学术思想变迁之大势［M］．上海：上海古籍出版社，1997：69-70.
② 李存山．中国的民本与民主［J］．孔子研究，1997（4）：4-15；李存山．明代的两大儒与五四时期的德赛二先生［J］．传统文化与现代化，1997（5）：3-11.
③ 陈独秀．今日之教育方针［J］．青年杂志，1915（2）：10-15.
④ 章太炎．国故论衡疏证：下之二［M］．庞俊，郭诚永，疏证．北京：中华书局，2008：495.
⑤ 李存山．"人本"与"民本"［J］．哲学动态，2005（6）：21-25.
⑥ 黄宗羲．明夷待访录：原君［M］．何朝晖，点校．南京：凤凰出版社，2017：5.

非一成而不变者也。"① 事实上，民本精神"利群"之"公"才符合儒家最根本的价值导向。儒家"治道"的实现，不能仅是关注"天理"或"本心"这些"内圣""外王"的形上依据，还要关注不同时代背景下"内圣""外王"时时变化的具体内容。

具体而言，对朱熹政治哲学的历史定位要集中于三个方面：一是朱熹对儒家王道思想发展的贡献；二是对其道义优先的理想政治的基本价值取向进行评价；三是指明朱熹政治哲学的价值及历史局限性。

一、朱熹对儒家王道思想的发展

朱熹对儒家王道思想的发展首先体现在对"格君心之非"概念的创新性解读。在儒家看来，国家治理在君主，而君心是君主言行的重要基础。朱熹认为，实现三代先王之道政治理想的关键是执政者在"吾心义利邪正之间"端正其施政方略，辨析内心义利之辩，积极推行王道治理。可以看出，朱熹所论"格君心之非"是以人之为人的道德本质制约君主集权以及执政者出于一己之私的人欲，使施政方略符合儒家倡导的王道价值，实现仁政民本的理想。在朱熹看来，宋代社会"纲维解弛，衅孽萌生"之弊的症结就是人欲之私，所以"可以应天下之务"的关键在"正心克己"。

朱熹的"格君心之非"论，是对孟子"民为贵，社稷次之，君为轻"② 的民本思想的继承发展。在儒家看来，国家治理要重民、利民。《大学》引《诗》言："乐只君子，民之父母。""民之所好好之，民之所恶恶之，此之谓民之父母。"在朱熹看来，"以民心为己心，则是爱民如子，而民爱之如父母矣"。③ 可见，朱熹主张"夫天下之治，固必出于一人，而天下之事，则有非一人所能独任者"。君民如水和舟，水可以载舟，亦可覆舟，得道多助，失道则寡助。执政者能明明德，方可万众归心，国家才有凝聚力；凝聚力强，则必然财政丰盈、国运昌盛。国家施仁政，君民融合为一，首先，人君必须做到正其心，诚其意。朱熹言："若夫人君，则以一身托乎兆民之上，念虑之间一有不实，不惟天下之人皆得以议其后，而祸乱乘之，又将有不可遏者。其为可畏，又不止于十目所

---

① 梁启超. 梁启超选集：新民说 [M]. 上海：上海人民出版社，1984：216.
② 朱熹. 四书章句集注 [M]. 北京：中华书局，1983：367.
③ 朱熹. 四书章句集注 [M]. 北京：中华书局，1983：10.

视、十手所指而已。"① 又说:"圣人'赞天地之化育'。盖天下事有不恰好处,被圣人做得都好。丹朱不肖,尧则以天下与人。洪水泛滥,舜寻得禹而民得安居。桀纣暴虐,汤武起而诛之。"② 由此观之,朱熹显然是偏向于贵民轻君的儒家传统观念的。其次,君主之心,天下之本也。在中国古代封建社会,君主确是国家兴盛衰败的关键。朱熹在当时就已意识到君主的决策乃国家之根本。所谓"天下之大本",在于君正其心以立纲纪。"以正吾之心而为天下万事之本。"③ 是也!接着,朱熹又指出如何正君心:"然邪正之验著于外者,莫先于家人而次及于左右,然后有以达于朝廷而及于天下焉。若宫闱之内端庄齐肃,后妃有《关雎》之德,后宫无盛色之讥,贯鱼顺序,而无一人敢恃恩私以乱典常,纳贿赂而行请谒,此则家之正也。退朝之后,从容燕息,贵戚近臣、侧仆奄尹陪侍左右,各恭其职,而上惮不恶之严,下谨戴盆之戒,无一人敢通内外、窃威福,招权市宠,以紊朝政,此则左右之正也。内自禁省,外彻朝廷,二者之间,洞然无有毫发私邪之间,然后发号施令,群听不疑,进贤退奸,众志咸服,纪纲得以振而无侵挠之患,政事得以修而无阿私之失,此所以朝廷百官、六军万民无敢不出于正,而治道毕也。"④

朱熹着力强调正君心诚君意,亦不忽视民众的为己之修。因为内圣外王这一王道理想的实现,是以君臣民众各自止于至善的道德内在修身工夫为基础的。只有社会群体中的每个结构、每个存在都能正心诚意,各安其位,"存天理,灭人欲",才能达到社会的和谐,才能维护社会秩序的稳定,才能像满天星斗杂而不乱,永恒地运行。如此,天人即合一。

朱熹之所以在王道问题上与先秦儒家有不同的理解,主要是因为他在很大程度上摆脱了重参验的思维方式,从而可以在形而上学的层面上讨论政治治理的理想模式。在朱熹看来,政治治理中的道义原则先验地存在于历史现实之外,是不依据任何历史经验的普遍性原则。王道是对普遍法则的服从,而不是对历史经验的服从。朱熹之所以可以把道义原则理解为一种先验的普遍法则,主要

① 曾枣庄,刘琳.全宋文:第二百五十一册·卷五六三六[M].上海:上海辞书出版社;合肥:安徽教育出版社,2006:201.

② 朱熹.朱子语类:卷第六十四[M].黎靖德,编,王星贤,点校.北京:中华书局,1986:1153.

③ 曾枣庄,刘琳.全宋文:第二百四十三册·卷五四二九[M].上海:上海辞书出版社;合肥:安徽教育出版社,2006:26.[M].上海:上海辞书出版社,2006:26.

④ 曾枣庄,刘琳.全宋文:第二百四十三册·卷五四二九[M].上海:上海辞书出版社;合肥:安徽教育出版社,2006:26.

得益于他对理气问题的讨论。在朱熹的思想体系中，"气"具有形象，可以由感性来把握，是形而下的存在。"理"或"道"是事物的本原和所以然，超越感觉和时空，是形而上的存在。理是万物的原因，也决定万物的属性，"天地之间，有理有气。理也者，形而上之道也，生物之本也。气也者，形而下之器也，生物之具也。是以人物之生，必禀此理然后有性；必禀此气然后有形"①。理作为现实世界的本原与根据，在逻辑上存在于万物之先，所以说，"未有天地之先，毕竟也只是理。有此理便有此天地，若无此理便亦无天地，无人无物，都无该载了。有理便有气流行，发育万物"。又说："万一山河大地都陷了，毕竟理却只在这里。"② 理作为万物所以然的原因，相对于气来说，逻辑上先在，而且不会随着现实万物的变化而发生改变。理既是宇宙的普遍法则，也是人类社会的普遍法则，"宇宙之间，一理而已。天得之而为天，地得之而为地，而凡生于天地之间者，又各得之以为性。其张之为三纲，其纪之为五常。盖此理之流行，无所适而不在"③。在朱熹的哲学中，人类生活所应遵循的所有的伦理道德原则都来源于作为本体的天理，它先验地存在于人类社会之前，对于任何时期的人来说都具有普遍性。朱熹在构建一个精密的宇宙论与本体论的同时，把伦理与道德提高到超道德的本体地位，使其成为人必须遵守的绝对法则，这表明思想家已经在更抽象的水平上把握了人类社会的道德法则。

用形而上学的方法把握"道"或"天理"的同时，朱熹也对王道这一概念做出了不同于先秦两汉思想家的理解。朱熹已经明确地认识到，政治生活所应遵守的道义原则不是来源于三代圣王的历史经验，而是来源于作为世界本原的天理。道义原则是人类社会政治生活所必须遵守的普遍法则与绝对命令，即使是圣人也必须绝对地遵守，所以他说："道者，古今共由之理。……尧所以修此道而成尧之德，舜所以修此道而成舜之德。"④ 在朱熹看来，先王之道是一种历史存在，本身不能等于道。三代以上圣王的治理之所以具有理想的意义，是因为他们的统治符合了作为普遍法则的天理。在这里，朱熹所理解的"王道"已

---

① 曾枣庄，刘琳．全宋文：第二百四十八册·卷五五七［M］．上海：上海辞书出版社；合肥：安徽教育出版社，2006：275.
② 朱熹．朱子语类：卷第一［M］．黎靖德，编，王星贤，点校．北京：中华书局，1986：4.
③ 曾枣庄，刘琳．全宋文：第二百五十一册·卷五六四七［M］．上海：上海辞书出版社；合肥：安徽教育出版社，2006：349.
④ 朱熹．朱子语类：卷第十三［M］．黎靖德，编，王星贤，点校．北京：中华书局，1986：222.

经不再是先王的政治传统，而是符合天理的政治治道。

可见，朱熹对王道的理解与先前思想家的不同之处在于，他在"先王之道"之上又加上了一个独立于现实存在之外的"天理"，王道所应遵守的道义原则来源于天理，而不是来源于先王的经验。如果说先秦两汉思想家王道思想的逻辑起点是历史中的"先王"，那么朱熹的王道思想的逻辑起点则是存在于现实之外的天理。两者相对比，显然是朱熹的理解更为深刻。在政治哲学的层面上讲，王道是传统儒家所设想的政治理想。作为一种理想，王道不过是思想家提供的一种理论模型，这种理论模型的意义在于批判和引导现实政治。历史之所以不可以作为指导现实的理想模型是因为历史本身并不能告诉人什么样的政治生活是合理的，所以，任何历史中有过的政治原则往往反映的是政治理想的表象，而非理想的本身。朱熹把王道理解为符合天理的政治，就是要以道义为标准，对古往今来的一切政治做出衡量。虽然朱熹也极力美化三代圣王之治，但逻辑上朱熹已经不承认经验性的历史过程可以作为王道的原型，只不过由于儒家传统的思维模式，他不可能把以往儒家，特别是孔子所称赞的三代彻底否定。

二、朱熹道义优先理想政治的价值性取向

在朱熹看来，王道是符合天理的政治秩序，道义原则是社会治理的核心价值；良好的国家治理必须依据道义原则，而不能出于一己之私违背道义原则。朱熹政治哲学中道义优先的价值取向主要体现在以下三个方面。

其一，以理去欲。在宋代，理欲之辩是道义原则与物质欲望之间的关系问题。在朱熹看来，道义原则必须驾驭物质欲望，"据"天理还是纵人欲的施政方略是判断政治秩序优劣的关键标准。在一次与朱熹的辩论中，陈亮曾言："近世诸儒遂谓三代专以天理行，汉唐专以人欲行。"[①] 从中可以清晰判断出"革尽人欲，复尽天理"[②] 是朱熹在理欲之辩上倡导的基本价值导向，并由此实现其儒家王道治理的政治理想。朱熹回信陈亮言："圣人之教，必欲其尽去人欲而全复天理也。……尧舜禹相传之密旨也。"[③] 在朱熹看来，三代圣王能够行王道的根本原因在于其能够明天理、人欲之别，存天理，去人欲，所以可言"彻头彻尾，

---

① 陈亮. 陈亮集：卷之二十八 [M]. 邓广铭，点校. 北京：中华书局，1987：340.

② 朱熹. 朱子语类：卷第十三 [M]. 黎靖德，编，王星贤，点校. 北京：中华书局，1986：222.

③ 曾枣庄，刘琳. 全宋文：第二百四十五册·卷五四九七 [M]. 上海：上海辞书出版社；合肥：安徽教育出版社，2006：321.

无不尽善"①；反之，未行王道之君必陷于人欲，"在利欲场中头出头没"②，由此与天理渐行渐远，置于不善境地。

近代以来，朱熹"存天理，去人欲"之论被看作与现代自由精神相违背的封建枷锁，受到广泛批判。当代一些学者从义务论伦理学的角度对朱熹思想中的理欲关系进行重新认识。陈来教授指出："仅就理欲之辩而言，如果我们不能了解宋明理学'存天理，去人欲'，的本来意义何所指，更对康德为代表的强调理性主体的义务论伦理学一无所知，文化的启蒙与批判就永远只能停止在宣传意义之上，而经不起任何理论的、历史的考验，更无法提升到高水平的人文反思了。"③ 可见，关于"存天理，去人欲"，我们要摒弃主观倾向，以更全面、客观的态度去审视。康德就不赞成把感性经验与欲望作为构建道德法则的依据。事实上，"快乐"没有一个客观的普遍性标准，也并不必然与"欲望"相对应，而最圆满的"善"除了道德法则之外必然包括幸福，因此实现道德法则与幸福的同一才是人类理性的终极希望。执着于人欲有悖于道德法则，同时，执着于去除人欲同样有悖于道德法则。从这一意义上讲，王道仁政的实现，是自然法则与道德法则统一下的实现。自然欲望不在于消灭，而在于理性的疏导。

其二，重义轻利。先秦以来，儒家以"义"为先，并作为仁政的基础。在孟子看来，重义、重利是区分王道、霸道的重要依据。后世关于义利王霸之辩成为儒家政治哲学中的重要论题。在朱熹看来，义与利对立不二决定了王霸之别，把王道与霸道看作性质截然不同的两种国家治理模式，"尧、舜、三代自尧、舜、三代，汉祖唐宗自汉祖唐宗，终不能合而为一也"④。以义利作为评判国家治理的标准得出的结论是：符合道义的治理模式即是王道；不符合道义原则而只在功利上下功夫的治理模式即是霸道。可见，是否符合道义是王道与霸道的根本区别。

在儒家看来，王道与霸道二者之间的关系还有另一种论述视角，即功利主义。以功利主义的视角来看，王道与霸道之间的根本区别不在于是否符合道义

① 曾枣庄，刘琳．全宋文：第二百四十五册·卷五四九七［M］．上海：上海辞书出版社；合肥：安徽教育出版社，2006：321.
② 曾枣庄，刘琳．全宋文：第二百四十五册·卷五四九七［M］．上海：上海辞书出版社；合肥：安徽教育出版社，2006：321.
③ 陈来．宋明理学［M］．上海：华东师范大学出版社，2004：1-2.
④ 曾枣庄，刘琳．全宋文：第二百四十五册·卷五四九七［M］．上海：上海辞书出版社；合肥：安徽教育出版社，2006：323.

标准，而是依据于二者所获得事功的多少。因此，王道、霸道二者之间的差别不是善与恶层面上的质的差别，而是获得事功多少的量的差别。南宋功利主义学者陈亮言："汉唐之君……谓之杂霸者，其道固本于王也。诸儒自处者曰义曰王，汉唐做得成者曰利曰霸，一头自如此说，一头自如彼做；说得虽甚好，做得亦不恶。如此却是'义利双行，王霸并用'。如亮之说，却是直上直下，只有一个头颅做得成耳。"① 依据"近世诸儒"的观点，义与利、王与霸都是截然对立的概念。在陈亮看来，行王道和取得更多的事功是必然的因果关系，取得更多的事功就是行王道，所以不能把这些概念对立起来。陈亮与朱熹在王霸之辩上的差异在于，前者注重的是有无更多事功这一结果，认为无论什么手段，只要结果好就是行王道；后者更注重的是国家治理的道德依据这一前提，认为只要出于道德本心就是行王道。可以看出，陈亮体现的是现实主义的政治哲学，朱熹体现的是理性主义的政治哲学。在朱熹看来，功利主义者没有真正分清王道与霸道二者之间质的差别，所以才以利益多寡来区分王道与霸道。由此"若以其能建立国家，传世久远，便谓其得天理之正，此正是以成败论是非，但取其获禽之多，而不羞其诡遇之不出于正也"②，必然导致"推尊汉、唐，以为与三代不异；贬抑三代，以为与汉、唐不殊"③ 的恶果。在朱熹看来，功利主义将义理与功利混为一谈，必然会使道义陷落，王道之治也将无法实现。④

朱熹与陈亮之间的争论是中国历史上道义论与功利论的第一场正面论争。近代以来，相较于朱熹"迂腐"的道义主张，陈亮的功利主义似乎更符合进取有为的现代精神，所以学者多认同陈亮富国强邦的功利主义，批判朱熹空谈性命义理的道义理想，甚至有些人认为正是这种"务虚"性导致了中国在封建社会晚期全方位落后于西方国家。然而，如果站在道义主义政治哲学立场上看，功利主义并非绝对的"务实"，道义主义也并非绝对的"务虚"。如美国政治哲学家约翰·罗尔斯（John Bordley Rawls）就指出，以功利作为目标的国家治理可能会导致以功利之名损正义之实，所以追求功利主义不能作为国家治理的方向。在一个治理良好的国家，保有正义是最基础的价值导向，这一导向必须优

① 陈亮. 陈亮集：卷之二十八［M］. 邓广铭，点校. 北京：中华书局，1987：340.
② 曾枣庄，刘琳. 全宋文：第二百四十五册·卷五四九七［M］. 上海：上海辞书出版社；合肥：安徽教育出版社，2006：317.
③ 曾枣庄，刘琳. 全宋文：第二百四十五册·卷五四九七［M］. 上海：上海辞书出版社；合肥：安徽教育出版社，2006：321.
④ 陈登原. 国史旧闻：第1卷［M］. 北京：中华书局，2000：29.

先于功利主义原则。正义原则不受政权交替与社会利益转换的影响，获得社会利益最大化不能绝对保证没有违反正义原则，获得社会利益最大化更不能成为损害正义原则的借口。朱熹"存天理，去人欲"的主张与罗尔斯强调确保正义是国家治理的基础价值导向的观点，就内涵而言是一致的。无论正义还是道义，在他们看来都是具有超越性的绝对标准。正义与非正义、道义与非道义之间的界限黑白分明，没有相融合的"灰色地带"。在罗尔斯看来，任何不符合正义的制度，无论其如何有效，也是不可取的。在朱熹看来，王道与霸道之间有本质的差别，其关键在于是否依据道义原则；霸道治理模式下，无论获得多少事功也不能称之为行王道。

其三，重动机轻效果。在朱熹看来，看某一治理模式是否符合了王道标准，不能看其治理效果，要看治理过程中执政者的动机是否出于先天本有的道德本心。朱熹在给陈亮的信中言："尝谓天理人欲二字，不必求之于古今王伯之迹，但反之于吾心义利邪正之间，察之愈密则其见之愈明，持之愈严则其发之愈勇。"① 在朱熹看来，王道与霸道的区别"在心不在迹"，出于道德本心动机的治理模式才合于天理之正，才是真正的行王道。"古之圣贤从本根上便有惟精惟一功夫，所以能执其中，彻头彻尾，无不尽善。"② 在朱熹看来，三代圣王因为道德动机纯粹，才能摒弃一己之私，始终守护道义，这是行王道。而以治理效果来审视汉唐帝王的统治，必然会形成与注重动机相反的结论。"老兄视汉高帝、唐太宗之所为，而察其心果出于义耶？出于利耶？出于邪耶，正耶？若高帝，则私意分数犹未甚炽，然已不可谓之无。太宗之心，则吾恐其无一念不出于人欲也。直以其能假仁借义以行其私。"③ 就动机而言，汉唐两代的君王往往出于一己私利，与三代圣王依据道德本心的治理完全不同。据此，朱熹将三代与汉唐两代进行了鲜明的对照，其言："后来所谓英雄，则未尝有此功夫，但在利欲场中头出头没，其资美者乃能有所暗合，而随其分数之多少以有所立，然其或中或否，不能尽善则一而已。来喻所谓'三代做得尽，汉唐做得不尽'者，正谓此也。然但论其尽与不尽，而不论其所以尽与不尽，却将圣人事业去就利

---

① 曾枣庄，刘琳 . 全宋文：第二百四十五册·卷五四九七［M］. 上海：上海辞书出版社；合肥：安徽教育出版社，2006：311.

② 曾枣庄，刘琳 . 全宋文：第二百四十五册·卷五四九七［M］. 上海：上海辞书出版社；合肥：安徽教育出版社，2006：325.

③ 曾枣庄，刘琳 . 全宋文：第二百四十五册·卷五四九七［M］. 上海：上海辞书出版社；合肥：安徽教育出版社，2006：316.

欲场中比并较量，见有仿佛相似，便谓圣人样子不过如此，则所谓毫厘之差，千里之缪者，其在此矣。"① 在朱熹看来，汉唐两代取得的治理成效有目共睹，这方面与三代相比似乎并无不同。但是，根据这一外在表现并不能把三代和汉唐两代等同视之。朱熹认为，评判二者的关键是看其尽与不尽道德本心。具体而言，古之圣人在道德上满是"惟精惟一"动机，而汉唐之君却只是在"利欲场中头出头没"，这才是王道与霸道的根本区别。

三、朱熹王道思想的政治哲学价值及局限性

近代以来，对朱熹基于王道思想的政治哲学，学者多持否定意见，认为朱熹整个思想体系都充斥着空谈性命理及阻碍富国利国的学说。这一主张有其合理性因素，但同时也不免存在误解。实际上，在儒学领域中，朱熹对王道思想的认识达到了以往儒者所没有的高度。

首先，朱熹的王道思想，特别是王霸之辩，丰富了中国儒家政治哲学的内容。在孟子看来，王霸之辩就是其政治哲学的核心论题。至两宋，道学家又赋予王霸之辩更加丰富的内容。从逻辑上讲，行王道必然指向符合道义的国家治理。无论先秦还是两汉的儒者都没有在理论上将其论证彻底。在先秦，儒家论王道的重点在于如何从先王之道中获得行王道、平天下的方法；在汉代，经学家论王道的重点是如何依据王道找到维护专制政治秩序的意义。因此陈亮言："自孟、荀论义利王霸，汉唐诸儒未能深明其说。"② 宋代自二程后，道学家把义利关系与王霸分界结合在一起加以讨论，使王霸之辩的内容较之以往大为丰富。在朱熹与陈亮的王霸之辩中，涵盖了理与欲、义与利、内圣与外王、动机与效果等方面的问题。针对儒学的这些重点命题，朱熹以新的方式对其进行了重新诠释，使其内涵超越以往儒者而达到了新境界。此外，朱熹对王霸之辩的创新论述对后世学者也产生了深远影响。甚至到清代，儒学领域的王霸之辩，依然以朱熹对王霸之辩的论述为蓝本。

其次，朱熹基于天理的王道理论深化了对国家治理中道义原则的认识。在朱熹的政治哲学中，国家治理的本质、目的、原则与评价标准只能依据"天理"。"天理"具有永恒的价值，用它可以品分古往今来所有的治理模式。判断

① 曾枣庄，刘琳. 全宋文：第二百四十五册·卷五四九七 [M]. 上海：上海辞书出版社；合肥：安徽教育出版社，2006：105.
② 陈亮. 陈亮集：卷之二十八 [M]. 邓广铭，点校. 北京：中华书局，1987：340.

治理好坏的标准不是治理过程中所取得的成果，而是治理的动机与治理过程本身是否符合了"天理"的要求。如果动机不纯，背离天理，即便取得再大的政绩也是与仁政王道相背离的霸道。在朱熹看来，王道治理更强调道义原则，其依据的"天理"是国家治理的价值源头，是否合于"天理"决定了执政者治理国家的正当性和合法性。与之对应的功利主义的唯目的论，过分强调结果的重要性，会诱导为了实现目的而唯利是图甚至不择手段，这显然与道义原则相违背。虽然功利主义者强调的是目的的重要性，并非主张不择手段的方式，但他们从来不认同国家治理要依据道义原则。朱熹所主张的道德优先则强调国家治理要符合"天理"，要求这一过程"敛然于规矩准绳不敢走作之中"①。

最后，王道思想蕴含着积极的社会批判意识。正是历史与现实的政治治道都不尽如人意，所以思想家才要在理念中构建一个完美的理想之世，以此来批判、指引现实中的政治生活。从这个意义上讲，"古代思想家论辩王霸义利的真实目的，是试图使社会政治生活最大限度地与王道理想相吻合"②。从王道理想的高度进行审观，即使是盛极一时的汉、唐之治也不过是"牵补度日"，更何况是弊病丛生的南宋时政，所以，所有的现实政治都应按照王道之标准建立统治秩序。朱熹认为，三代以下的统治不复王道之治的根本原因就在于执政者放弃了对天理道义的追求，任凭人欲横流，因此，重现王道理想的根本途径就在于执政者将其政治行为求诸"吾心义利邪正之间"，根据道义原则行使自己手中的权力。实际上，朱熹的王道理论是希望以道义原则约束君主权力的运行，从而使政治过程符合理性的标准。

朱熹的王道思想表明了思想家对于政治生活认识的深化。然而，作为封建时代的思想家，朱熹最终并没有超出传统儒家的思想范围。在传统思维模式的作用下，他的王道思想不可避免地带有时代的局限性。

第一，朱熹的王道思想在思维方式上与西方道义论有一定程度的相似，然而这种相似也仅仅是思维方式上的相似，在类似的思维方式下包含着完全不同的实质内容。自康德以来，西方道义论所讨论的正义的核心内容是人的权利、平等与自由。朱熹所理解的符合道义的应然安排当然不是基于人的平等与权利，而是基于人的差别。朱熹所说的天理的具体内容实际上就是"三纲五常"的伦理道德观

---

① 曾枣庄，刘琳. 全宋文：第二百四十五册·卷五四九七 [M]. 上海：上海辞书出版社；合肥：安徽教育出版社，2006：316.

② 孙晓春. 中国政治思想史论 [M]. 长春：吉林人民出版社，2003：165.

念和封建的等级制度。儒家理想中的王道表面上反映了封建等级制度，从更深层次看，思维水平的提高最终为儒家纲常伦理在形而上学领域找到了依据。

第二，朱熹认为实现王道的途径是"格君心之非"。只要执政者明察"吾心义利邪正之间"，在内心明辨义利，就可遵道义而行，行王道于天下。这是传统儒家所谓的"内圣外王"的逻辑，即通过执政者在道德上的圣化，修己及人，从而实现政治的完善。在现实政治生活中，掌握政治权力的执政者的道德水平的提高的确有利于公正地行使政治权力，但是寄希望于"格君心之非"来实现王道并不可靠。独掌权力的封建帝王，其野心的膨胀是无限的，把政治生活良善的希望全部寄托于执政者道德修养的完善，会导致君权的神化。在缺乏外在制度制约的情况下，权力主体可能会借口高尚的动机来行使专断的权力。从这个意义上讲，朱熹虽然也强调了政治生活中的道义优先原则，但却无法找到可以实现的有效途径。

第三，所谓"王道"，不过是一种"乌托邦"，是人们在主观上假定的尽善尽美的政治治道，体现的是人们对于完美政治生活的心理追求。罗尔斯在他的正义理论中谈到，完全正义的政治只是一种理论模型，它只存在于人的理念之中，而无法复原为经验性的历史过程。正义原则是"健全推理"的结果，而不是人类社会生活中存在的事实，这就像"一种清晰的独角兽的概念并不表明实际存在独角兽一样"，人们讨论符合正义原则的理性秩序，并不等于实际上确实存在着这种理性秩序。[①] 同罗尔斯所说的"完全正义的政治"一样，朱熹的王道理论也是思想家在追求理想政治过程中所建立的理论模型。在这一点上，朱熹颠覆了先秦儒家把王道作为一种历史存在的思想，使传统儒家的王道理论更加具有了"理论模型"的意义。但是，中国古代思想家重视参验的思维方式，使得朱熹又试图把理论意义上的"王道"求证于历史过程。三代是历代儒家所美化的理想的历史时期，对此朱熹并没能做出全盘的颠覆，而是公开表彰三代"彻头彻尾，无不尽善"，这使朱熹的王道思想又不可避免地带有复古主义倾向。另外，虽然朱熹对三代以下政治治道的批判是勇敢的，可是把三代以下千百年间的历史说成"架漏过时，牵补度日"，显然是不符合历史事实的。朱熹等宋代理学家之所以对实际的历史过程做出如此错误的判断，其根本原因在于，他们没有正确把握经验的世界与理性世界之间的关系，把经验的世界错误地看成了理性的世界。

---

① 罗尔斯．正义论［M］．何怀宏，译．北京：中国社会科学出版社，1986：125-126.

结　语

　　"四书"单经自汉唐以来几经变迁，直到南宋朱熹合之为《四书》，并在朱熹的注释和构建下展现出新的生命色彩。"一些学者认为朱熹《四书章句集注》强烈的人文意识与浓厚的理性精神，在进一步强化儒学的理性化、人文化的同时，也强化了儒学的信仰，从而强调了儒学的宗教功能。"① 可以说，"四书"在朱熹的哲学推动下，进一步完善和系统化为内圣外王的工夫与本体体系，对朱熹和后朱熹时代的人文社会和自然社会有着前所未有的影响与冲击，在中国几千年的思想史和文化史上掀起了意义深远的"四书学"浪潮。

　　唐末宋初时期的社会动荡促成了中国社会、文化的转型。南宋之初的"靖康之变"使得赵构虽登上大宝之位，但宋王朝始终处在金兵的强大攻势之下。国之无力，民之不安。同时，北方游寇及农民起义也在不同程度上摧残着南宋政权。于是，高宗铤而走险予以武将自行扩军、带兵作战、参与内阁要务的权力，结果军阀习气、跋扈作风的形成又成了朝廷的一大隐患。而在如此内忧外患的交困下，朝廷却对百姓血腥镇压，致使君与民之间的矛盾日趋尖锐。"面对将心之贪、民心之诈、蛮夷之凶残，'人心惟危'恐怕不再仅仅是纸上的一句圣贤语录，它具有了检视历史现实的深刻意义，如何求得内圣外王的'中庸'之道，拯救家国于危亡祸乱之际。"② 在此背景下，朱熹以求内圣开外王为目标，以儒家修养工夫论为核心的"四书学"诞生了。他一生致力于出仕为官、教书传道。所谓出仕为官即外王理想的现实追求，教书传道则是求内圣的实现之路径。朱熹一生为"四书"作注，以"四书"为标准，以"正心诚意"为"吾平生所学"，③ 大讲"为学之道，莫先于穷理"，君臣父子纲常伦理以及明明德、

---

　　① 朱汉民，肖永明．宋代《四书》学与理学［M］．北京：中华书局，2009：302.
　　② 张勇．朱熹理学思想的形成与演变［D］．西安：西北大学，2008.
　　③ 脱脱，等．宋史：卷四百二十九［M］．中华书局编辑部，点校．北京：中华书局，1985：12757.

亲民、止于至善的圣人之学。"处处表现出一位理学名臣的道德理想主义。"①
不幸的是，朱熹身陷宋廷的朋党之争，朱熹思想也被冠以"伪学"，在当时引起
了一场讨伐朱学的学术风波。尽管如此，朱熹毅然"恪守着'志于道'的士人
理想和传道、授业、解惑的文化使命，以'夭寿不贰，修身俟命'的坚定信念，
保持着穷理尽性的理学价值的独立性，以著书讲学终其一生"②。就这样，朱熹
用尽毕生心血投入弘扬以"四书"道德理想为价值的理学事业中，却背负着
"伪学"之名告别人世。虽然"四书学"并未因朱熹的离世而就此隐没，甚至
于元明清三代更是盛极一时，但是呕心沥血于一生之学术思想被冠以"伪学"
之名，这对朱熹来说无疑是一大憾事和不幸。直到宁宗嘉定二年（1209），御赐
朱熹谥号"朱文公"，大力批判以权力压抑学术的错误，才为其洗刷了冤屈，朱
熹和朱子学得以翻身。到元代时的"四书学"官学化，使"四书学"一跃占据
科举考试的官学地位，达到了"四书学"的学术顶峰。"四书学"的官学化和
科举化直接影响了明清两代"四书学"的发展趋势，并对中国后期封建社会思
想意识形态的形成有着深远影响。

元仁宗延祐科举，第一次将朱熹"四书"注纳入科举考试当中，使"四
书""科举化"，首次实现了"四书学"官学地位的制度化，并延续明清两代。
这一举措无疑是"四书学"史上一个历史性的里程碑。但是元代"四书学"在
义理上相对沉寂，并无大的发展。到了明代，由于科举取士而出现了大量为科
举而作的"四书学"著作，但仅仅是为科举而作，在义理和注释上都没有大的
作为，甚至对原文的理解亦失之偏颇。至晚明，"四书学"诠释由朱熹的理学化
开始向王阳明的心学化转化，呈现出"四书学"的多元化局面。

到清代，由于对学术思潮的反思以及清朝文化的转向，"四书学"研究呈现
出了新的特点。学者们开始向史学和原典处用力，以各种史实为研究基础，以
回归"四书"原典义理为研究方向，促成了清代考据学风的形成，这也是清代
"四书学"的特点。可以说，元代的"四书"官学化直接影响了明清两代"四
书学"的形成特点。在这一学术历史演变过程中不乏"四书学"研究者和著作，
其中以明清之际著名思想家王夫之（1619—1692）的"四书学"最具代表性。
王夫之"四书学"思想以朱熹"四书"注为本，主要体现在对《大学》《中庸》
《孟子》部分的阐释。有关船山对朱子态度的说法，学术界有两种看法：有学者

---

① 李振纲. 中国古代哲学史论 ［M］. 北京：中国社会科学出版社，2004：232.
② 李振纲. 中国古代哲学史论 ［M］. 北京：中国社会科学出版社，2004：232.

认为船山早年对朱子推崇较高，以朱子学为正宗，如其《礼记章句》中曾论《大学》《中庸》两篇"朱子之述，皆圣功深造体验之实"，而其只是"僭承朱子之正宗而为之衍"①，晚年则从朱子移向张子，认为张载思想乃"正学"是也；也有学者认为船山后来"对朱子的推崇是明显加重"，认为船山后期"四书学"思想依旧是宗承朱熹。史实我们无从考究，但可以肯定的是，王夫之思想尤其"四书学"思想研究是以孔孟程朱之学为主流，以朱熹"四书"注为文本，在注释和思想建构上大多受到了朱熹学的影响，是对朱熹"四书学"辩证扬弃的继承。之所以说是辩证扬弃的继承，是因为船山"四书学"理论并不拘囿于朱熹思想，而是同朱熹一样，是一套注释与建构并存，创发而成的理论体系。简单说，王夫之亦是借朱熹《四书集注》来阐发自己的哲学观点，对朱熹"四书"思想有继承亦有批判，褒贬相加，这就是王夫之对朱熹"四书学"的态度。第一，在为学次第上，朱熹以《大学》定规模，认为"《大学》之书，古之大学所以教人之法也"②。这一点，王夫之予以充分肯定，也认为"格物"为"《大学》始教"，以格物作为为学之始，所谓"学之始事必于格物"，"格物之为大始"实属此意！王夫之进一步阐明："古人之致知，非虚守此灵明之体而求白也，非一任吾聪明之发而自信也，以为凡吾之理皆一因乎万物固然之理，则物物有当然之则。凡天下之物接于吾身者，皆可求其得失顺逆之则，以寓吾善恶邪正之几，故有象可见，有形可据，有原委始终之可考，无不尽吾心以求格，则诗书礼乐之教，人官物曲之事，皆必察焉。而《大学》之为学，于斯焉极矣。此学之始事必于格物也，而详略大小精粗得失无不曲尽，故足以为身心意知之益，而通乎天下国家之理。始终之次序，安可忽哉！夫自身而心，而意，而知，以极乎物，莫不极致其功。而知格物之为大始，则详于求格者，知至善之必于此而备也。于是而格之功已深，则物可得而格矣。"③ 王夫之之所以推崇格物作为为学之始的为学次第，乃在于其对佛老陆王等主观唯心主义理论的批判，认为佛老陆王直接求理于心、以格物为非的心学工夫虽是有志于圣人之道，却难免又"畏难苟安"。第二，在认识方法上，王夫之一方面肯定朱熹格物致知、即物穷理的道问学，一方面又吸取陆王心官思辨的理论内涵，扬弃整合了程朱陆王的认识论，提出耳目与心官并用，学问与思辨结合。以格物致知与格

① 徐世昌，等.清儒学案：卷八［M］.沈芝盈，梁运华，点校.北京：中华书局，2008：376.

② 朱熹.四书章句集注［M］.北京：中华书局，1983：1.

③ 王夫之.船山全书：第7册［M］.长沙：岳麓书社，2011：48.

致相因论对《大学》格致论做出了历史性的总结。第三，在"四书学"研究中将格致说与知行观相结合，进一步系统化和完善了知行说，认为求理为知，应事为行。在知行关系上，王夫之以重行为特征。他在前人成果的基础上从知的来源、目的、功用、检验标准等方面全面总结了行的决定地位和作用，为经世思想奠定了认识论基础。第四，对朱熹的理本论进行了批判。在宇宙本体和事物本质上，王夫之以一统于气、天道自然、凡命皆气的理气观否定了朱熹以理为本的理本论，继承发展了气一元论和天道自然思想，认为理与气不相离，否定朱熹理气分离说。朱熹把"理"当作最高范畴，认为万事万物都是循理而行，社会发展也是因天理支配而运行着；王夫之站在唯物角度否定这种理本论，认为社会发展是合乎自然规律的一个自然历史过程，而非受外在某一个虚空缥缈的东西支配。在天命观上，王夫之认为凡命皆气，反对朱熹独以气言命，他以气一元论和自然规律论天命。就人而论，王夫之以有为论人性，以性体心用论心性，以遏欲存理论性理。宇宙的本质不是空，而是实，不是无，而是有，故其以实有论诠释《中庸》"诚"说；在心性论上亦反对朱熹厚性薄情论，认为性与情同为实有；在方法论上则以"中者，体也；庸者，用也"，"中庸者，言中之用也"，主张一切从事物的固有属性出发，以实有为基，从存在的内在本质出发，而非朱熹所主张的不偏不倚、无过无不及的虚妄"中庸观"。而遏欲存理的性理论则是强调性欲合一，理欲合一，批判和否定了朱熹及宋明理学的禁欲主义。虽然这是对朱熹"存天理，灭人欲"的误解，但可贵的是，王夫之看到了这一弊端。尽管如此，由于时代的局限，王夫之的性理论无论在建构还是批判上都是不够的。

"四书"究其根本就是教人如何做人，如何行事，而朱熹"四书学"亦是以此为根本，其思想的核心价值就在于对人道德本质的觉察以及道德本质的呈现和运用。人是构成社会大家庭的一个单元，是社会发展的主体和动力所在。人在进行社会改造、促进社会发展的同时必然要与外界的人与物相接触，那么人与人之间、人与物之间、人与内在心灵之间就形成了一个矛盾统一体。这种关系的和谐与否直接影响着社会的发展与进步。首先，外在的和谐。人作为一个独立的个体存在于自然社会和人类社会中，就势必会与周围的客观存在产生关系，大到国家与国家之关系，人类与自然之关系，小到个人与个人、个人与事物之关系。这就构成了人的外在关系。外在关系的和谐与否直接影响着个体或整体的存在与发展。其次，内在的和谐。人与动物的本质区别就在于人有意识，有思维。这种意识和思维正是人之内在本心的表现。所以对个人来讲，心灵的和谐就是人的内在和谐。这种内在的和谐直接影响着外在关系的和谐与否。所以说，没有内在心灵的和谐就没有外在关系的和谐，没有外在关系的和谐就没有长久的安定。不能长久不能安定，就更谈不上心灵的和谐。看来，此二者亦是相辅相成的关系，对人的存在也起着至关重要的作用。这正是构建当今和谐社会的一大关键所在。那么，如何达到内外和谐？朱熹"四书学"理论给予了明确指引，即以圣人为榜样，以圣人之境为最终归宿，从内在工夫与外在行事做起。朱熹又通过理本论阐释了人何以能够通过内在工夫和外在行事达到内外之和谐。他说："要看圣贤气象则甚。且如看子路气象，见其轻财重义如此，则其胸中鄙吝消了几多。看颜子气象，见其'无伐善，无施劳'如此，则其胸中好施之心消了几多。此二事，谁人胸中无？虽颜子亦只愿无，则其胸中亦尚有之。圣人气象虽非常人之所可能，然其如天底气象，亦须知常以是涵养于胸中。"① 人禀理成性，聚气成形。有理，所以尽复天理便能尽人性、尽物性；有气，所以不能没有私欲，故要通过内在修养工夫，反省慎思，克尽私欲之偏便能内外合一，呈现圣贤气象。此人学意义之所在。

国家作为一种社会组织，也是社会的组成部分，亦是天地万物之一"物"，故其亦有所必然之理和所当然之则。依所必然之理和所当然之则去管理家国百姓，这个国家就会长治久安，与天地万物共生。这是理想的社会状态。倘若一个国家无纪无法，为所欲为，根据君王臣主的个人意愿去管制国家百姓，那就会招致国家的衰败。既然天地万物乃天理流行化育而生，那么人与国家亦是天理流行，所以只要时刻反省内心，克尽私欲，复归天理，按照事物的必然之理和当然之则行事，就是以"理"修身、治国、平天下，就是朱熹所谓的行王道之治。此政治学意义之所在。

无论人之内在修养还是国之王道政治，都是主体——人在起作用。而人最大的特点在于人有道德意识。正是人的这种道德普遍性，才使人与万物从根本上区分开来。朱熹正是站在这一基点上，试图把传统儒家所倡导的伦理纲常和礼仪规范内化为人的道德自觉，在人的思想中潜移默化为自然而然的条件反射，并试图通过圣人以身作则的言传身教，使人能够自律，坚守道德准则，并以成圣为最终目标。此伦理学意义之所在。

总的来说，朱熹"四书学"就是试图以人学、政治学、伦理学的内在关系，

---

① 朱熹. 朱子语类卷第二十九 ［M］. 黎靖德，编，王星贤，点校. 北京：中华书局，1986：758.

在逻辑上论证伦理权威高于政治权利和人的现实要求，突出表明道德意识和道德理性才是人与社会和谐与否之关键。不过，正如王宏海学长在《以人学为视角的朱熹理学研究》一文中所言："本来道德是相对的，不是绝对的，在天理面前平等也是相对的，而朱熹却猛力宣传道德的内在心灵和谐，容易使人安于现状。这种理论必然会走向保守，成为社会发展的阻力。而同样的理由也可以促进社会的进步，使人能够从内心服从制度的安排，各行其是，各尽其职，融合人与人，人与自然，人与社会的关系，为整个社会系统的和谐运行提供了可靠的心灵支撑。"①

　　不可否认，朱熹"四书学"所宣扬的道德理性的至高无上性和道德修养工夫的有效性，无疑是对封建社会伦理纲常的夸大其词，但是朱熹"四书学"对解决当时南宋士人群体的信仰危机，以及用道德理性的至高无上性来限制君主权力和整个封建政统还是起到了一定的积极作用。但是，如李振纲老师在《中国古代哲学史论》中所说："一种理论自身追求的理想价值和批判功能，与该理论在当时社会现实经济、政治结构中所产生的实际结果，并非总是完全一致的。"② 朱熹"四书学"一旦官学化，它的原始理论价值就会被扭曲，成为封建统治阶级的工具，那么其理论的社会效应与其理论目的就会发生严重的偏差。这不仅是朱熹"四书学"的历史宿命，更是众多先贤哲学理论的历史宿命。

---

① 王宏海. 以人学为视角的朱熹理学研究［D］. 保定：河北大学，2007.
② 李振纲. 中国古代哲学史论［M］. 北京：中国社会科学出版社，2004：233.

参考文献

一、古籍

[1] 朱熹. 四书章句集注 [M]. 北京：中华书局，1983.

[2] 朱熹. 朱子语类 [M]. 黎靖德，编，王星贤，点校. 北京：中华书局，1986.

[3] 曾枣庄，刘琳. 全宋文 [M]. 上海：上海辞书出版社；合肥：安徽教育出版社，2006.

[4] 朱熹. 周易本义：卷之二 [M]. 廖名春，点校. 北京：中华书局，2009.

[5] 朱杰人，等. 朱子全书 [M]. 修订本. 上海：上海古籍出版社，2010.

[6] 王懋竑. 朱熹年谱 [M]. 何忠礼，点校. 北京：中华书局，1998.

[7] 司马迁. 史记 [M]. 裴骃，集解. 司马贞，索隐. 张守节，正义. 中华书局编辑部，点校. 北京：中华书局，1982.

[8] 班固. 汉书. [M]. 颜师古，注. 中华书局编辑部，点校. 北京：中华书局，1962.

[9] 脱脱，等. 宋史 [M]. 中华书局编辑部，点校. 北京：中华书局，1985.

[10] 阮元. 十三经注疏 [M]. 清嘉庆刊本. 北京：中华书局，2009.

[11] 左丘明. 国语集解 [M]. 徐元诰，集解. 王树民，沉长云，点校. 北京：中华书局，2002.

[12] 孔颖达. 礼记正义 [M]. 北京：北京大学出版社，1999.

[13] 黄宗羲. 宋元学案 [M]. 全祖望，补修. 陈金生，梁运华，点校. 北京：中华书局，1986.

　　[14] 黄宗羲 . 明夷待访录 [M] . 何朝晖，点校 . 南京：凤凰出版社，2017.

　　[15] 李焘 . 续资治通鉴长编 [M] . 上海师范大学古籍整理研究所，华东师范大学古籍整理研究所，点校 . 北京：中华书局，2004.

　　[16] 孙希旦 . 礼记集解 [M] . 沈啸寰，王星贤，点校 . 北京：中华书局，1989.

　　[17] 孔颖达 . 礼记正义 [M] . 北京：北京大学出版社，1999.

　　[18] 董仲舒 . 春秋繁露 [M] . 朱方舟，整理 . 朱维铮，审阅 . 上海：上海书店出版社，2012.

　　[19] 韩愈 . 韩愈全集 [M] . 钱仲联，马茂元，点校 . 上海：上海古籍出版社，1997.

　　[20] 周敦颐 . 周敦颐集 [M] . 陈克明，点校 . 北京：中华书局，1990.

　　[21] 程颢，程颐 . 二程集 [M] . 北京：中华书局，2004.

　　[22] 程颢，程颐 . 二程遗书 [M] . 上海：上海古籍出版社，1992.

　　[23] 张载 . 张载集 [M] . 章锡琛，点校 . 北京：中华书局，1978.

　　[24] 胡宏著 . 胡宏集 [M] . 吴仁华，点校 . 北京：中华书局，1987.

　　[25] 朱松，朱槔 . 韦斋集 [M] . 朱熹，编 . 朱杰人，严佐之，刘永翔，主编 . 上海：华东师范大学出版社，2010.

　　[26] 陆九渊 . 陆九渊集 [M] . 钟哲，点校 . 北京：中华书局，1980.

　　[27] 王守仁，著 . 王文成公全书 [M] . 王晓昕，赵平略，点校 . 北京：中华书局，2015.

　　[28] 丘濬 . 大学衍义补 [M] . 金良年，整理，朱维铮，审阅 . 上海：上海书店出版社，2012.

　　[29] 王夫之 . 读四书大全说（上册）[M] . 北京：中华书局，1975.

　　[30] 吕留良 . 吕子评语 [M] . 俞国林 . 吕留良全集：第 7 册 . 北京：中华书局，2015.

　　[31] 曹端 . 曹端集 [M] . 王秉伦，点校 . 北京：中华书局，2003.

　　[32] 王梓材，冯云濠 . 宋元学案补遗 [M] . 沈芝盈，梁运华，点校 . 北京：中华书局，2012.

　　[33] 陈亮 . 陈亮集 [M] . 邓广铭，点校 . 北京：中华书局，1987.

　　[34] 罗大经 . 鹤林玉露 [M] . 王瑞来，点校 . 北京：中华书局，1983.

　　[35] 赵汝愚 . 宋朝诸臣奏议 [M] . 上海：上海古籍出版社，1999.

［36］李心传．建炎以来朝野杂记［M］．徐规，点校．北京：中华书局，2000．

［37］徐世昌，等．清儒学案［M］．沈芝盈，梁运华，点校．北京：中华书局，2008．

［38］王夫之．船山全书［M］．长沙：岳麓书社，2011．

［39］梁启超．先秦政治思想史［M］．北京：中华书局，1986．

［40］梁启超．饮冰室文集之七［M］．上海：上海古籍出版社，1997．

［41］梁启超．梁启超选集［M］．上海：上海人民出版社，1984．

［42］章太炎．国故论衡疏证［M］．庞俊，郭诚永，疏证．北京：中华书局，2008．

二、今人论著

［1］吕思勉．理学纲要［M］．上海：商务印书馆，1928．

［2］陈钟凡．两宋思想述评［M］．上海：商务印书馆，1933．

［3］马宗霍．中国经学史［M］．上海：商务印书馆，1936．

［4］张立文．朱熹思想研究［M］．北京：中国社会科学出版社，1981．

［5］周予同．周予同经学史论著选集［M］．朱维铮，编．上海：上海人民出版社，1983．

［6］侯外庐，等．宋明理学史（上）［M］．北京：人民出版社，1984．

［7］刘述先．朱子哲学思想的发展与完成［M］．台北：学生书局，1984．

［8］张立文．宋明理学研究［M］．北京：中国人民大学出版社，1985．

［9］钱穆．朱子新学案［M］．成都：巴蜀书社，1986．

［10］侯外庐，等．宋明理学史（下）［M］．北京：人民出版社，1987．

［11］刘子健．两宋史研究汇编［M］．台北：台湾联经出版事业公司，1987．

［12］陈荣捷．朱子新探索［M］．台北：台湾学生书局，1988．

［13］束景南．朱子大传［M］．福州：福建教育出版社，1992．

［14］陈登原．国史旧闻［M］．北京：中华书局，2000．

［15］张岱年．中国古典哲学概念范畴要论［M］．北京：中国社会科学出版社，2000．

［16］冯友兰．三松堂全集［M］．郑州：河南人民出版社，2001．

［17］牟钟鉴．儒学价值的新探索［M］．济南：齐鲁书社，2001．

[18] 黄俊杰. 东亚儒学史的新视野 [M]. 台北: 台北喜马拉雅基金会, 2001.

[19] 漆侠. 宋学的发展和演变 [M]. 石家庄: 河北人民出版社, 2002.

[20] 刘子健. 中国转向内在: 两宋之际的文化内向 [M]. 南京: 江苏人民出版社, 2002.

[21] 孙晓春. 中国政治思想史论 [M]. 长春: 吉林人民出版社, 2003.

[22] 钱穆. 中国学术思想史论丛 [M]. 合肥: 安徽教育出版社, 2004.

[23] 陈来. 宋明理学 [M]. 上海: 华东师范大学出版社, 2004.

[24] 李振纲. 中国古代哲学史论 [M]. 北京: 中国社会科学出版社, 2004.

[25] 蔡方鹿. 朱熹经学与中国经学 [M]. 北京: 人民出版社, 2004.

[26] 余英时. 朱熹的历史世界: 宋代士大夫政治文化的研究 [M]. 北京: 生活·读书·新知三联书店, 2004.

[27] 陈来. 古代宗教与伦理: 儒家思想的根源 [M]. 台北: 台湾允晨出版公司, 2005.

[28] 李明辉. 儒家视野下的政治思想 [M]. 北京: 北京大学出版社, 2005.

[29] 李有兵. 道德与情感: 朱熹中和问题研究 [M]. 北京: 中国传媒大学出版社, 2006.

[30] 余英时. 宋明理学与政治文化 [M]. 长春: 吉林出版集团有限责任公司, 2008.

[31] 朱汉民, 肖永明. 宋代《四书》学与理学 [M]. 北京: 中华书局, 2009.

[32] 熊公哲. 荀子今注今译 [M]. 重庆: 重庆出版社, 2009.

[33] 陈来. 朱子哲学研究 [M]. 北京: 生活·读书·新知三联书店, 2010.

[34] 牟宗三. 心体与性体(下) [M]. 长春: 吉林出版集团有限责任公司, 2013.

[35] 黄俊杰. 儒家思想与中国历史思维 [M]. 上海: 华东师范大学出版社, 2016.

[36] 周之翔. 朱子明德观的内涵 [M]. 赵平略, 陆永胜. 王学研究: 第5辑. 北京: 社会科学文献出版社, 2016.

[37] 蒋伯潜. 四书读本 [M]. 上海：上海辞书出版社, 2017.

[38] 李泽厚. 论语今读 [M]. 北京：世界图书出版有限公司北京分公司, 2019.

[39] 罗尔斯. 正义论 [M]. 何怀宏, 译. 北京：中国社会科学出版社, 1986.

[40] 让-马克·夸克. 合法性与政治 [M]. 佟心平, 王远飞, 译. 筱娟, 校. 北京：中央编译出版社, 2002.

[41] 戴维·米勒, 韦农·波格丹诺. 布莱克维尔政治学百科全书 [M]. 邓正来, 译. 北京：中国政法大学出版社, 2002.

三、期刊论文

[1] 吴其昌. 朱子著述考 [J]. 国学论丛, 1927 (9).

[2] 冯友兰. 朱熹哲学 [J]. 清华学报, 1932 (7).

[3] 高名凯. 朱子论理气 [J]. 正风月刊, 1935 (6).

[4] 冯友兰. 朱子所说理与事物之关系 [J]. 哲学评论, 1936 (127).

[5] 唐君毅. 朱子之形而上学导言 [J]. 论学, 1936 (8).

[6] 钱穆. 朱子学术述评 [J]. 思想与时代, 1947 (47).

[7] 钱穆. 周程朱子学派论 [J]. 学原, 1948 (6).

[8] 钱穆. 朱子心学略 [J]. 学原, 1948 (10).

[9] 张立文. 试论朱熹关于动静变化的学说 [J]. 浙江学刊, 1981 (3).

[10] 张立文. 论朱熹哲学的逻辑结构 [J]. 中国哲学史研究, 1981 (4).

[11] 贾顺先. 论朱熹哲学思想的二重性 [J]. 社会科学研究, 1982 (3).

[12] 任继愈. 朱熹与宗教 [J]. 中国社会科学, 1982 (5).

[13] 张立文. 关于朱熹思想研究的几点认识 [J]. 中国社会科学, 1984 (2).

[14] 李宗桂. 朱熹对张载"民胞物与"思想的利用和改造 [J]. 福建论坛, 1984 (5).

[15] 张立文. 朱熹的"体"与"用"范畴 [J]. 学术月刊, 1984 (7).

[16] 陈来. 朱熹理气观的形成和演变 [J]. 哲学研究, 1985 (6).

[17] 张岱年, 等. 朱熹哲学体系的形成和发展 [J]. 文献, 1986 (4).

[18] 陈来. 朱熹哲学的"心统性情"说 [J]. 浙江学刊, 1986 (4).

[19] 张立文. 再谈关于朱熹思想研究的几点认识 [J]. 南京大学学报, 1987 (1).

[20] 张立文. 略论朱熹道的思想 [J]. 中州学刊, 1987 (3).

[21] 蔡方鹿. 朱熹和张栻关于仁的讨论 [J]. 江西社会科学, 1989 (2).

[22] 顾歆艺.《四书章句集注》成书考略 [J]. 中国典籍与文化论丛, 1995 (3).

[22] 李振纲. 现代中国人面临的道德困境及其补救 [J]. 中国人民大学学报, 1997 (1).

[23] 吴光. 仁本礼用：儒家人学的核心观念 [J]. 文史哲, 1999 (3).

[24] 李华瑞. 宋史研究新特点 [J]. 河北大学学报, 2000 (6).

[25] 李振纲. 理性与道德理想主义：论朱子学的精神 [J]. 河北大学学报, 2001 (1).

[26] 李振纲. 象山心学与朱陆之辩 [J]. 河北大学学报, 2004 (4).

[27] 朱汉民. 实践—体验：朱熹的《四书》诠释方法 [J]. 中国哲学史, 2004 (4).

[28] 朱汉民. 朱熹《四书》学与儒家工夫论 [J]. 北京大学学报（哲学社会科学版）, 2005 (1).

[29] 陈来. 朱熹《中庸章句》及其儒学思想 [J]. 中国文化研究, 2007 (2).

[30] 李锋. 天理与道义的彰显：朱熹王道思想的政治哲学解析 [J]. 贵州师范大学学报（社会科学版）, 2008 (4).

[31] 周天庆, 詹石窗. 国内"四书学"研究的现状、问题与出路 [J]. 哲学动态, 2012 (3).

四、学位论文

[1] 王宏海. 以人学为视角的朱熹理学研究 [D]. 保定：河北大学, 2007.

[2] 张勇. 朱熹理学思想的形成与演变 [D]. 西安：西北大学, 2008.